Egon Cäsar Conte Corti

Untergang und Auferstehung von Pompeji und Herculaneum

Egon Cäsar Conte Corti

Untergang und Auferstehung von Pompeji und Herculaneum

Mit einem Anhang:
Die jüngsten Entdeckungen
in den Vesuvstädten

Herausgegeben
von Theodor Kraus

Bruckmann München

Umschlag/Vorderseite: Ausbruch des Vesuvs.
Nach einem neapolitanischen Gouachebild
aus dem 19. Jahrhundert.
Umschlag/Rückseite:
Ausgrabung des Epheben (Abb. S. 131).

1. Auflage 1940
9. ergänzte Auflage 1978
© 1940/1978 Verlag F. Bruckmann KG, München
Graphische Kunstanstalten
Printed in Germany
ISBN 3 7654 1714 9

INHALT

Wenn ein Buch in unserer schnellebigen Zeit innerhalb von elf Jahren sieben Auflagen erlebt hat, ist sein Wert voll und ganz unter Beweis gestellt. Conte Cortis Werk hat auch heute, fast ein Vierteljahrhundert nach seinem ersten Erscheinen, nichts von seiner Frische eingebüßt; es ist noch genauso lebendig und packend wie am ersten Tag, so faszinierend wie sein Gegenstand, die immer wieder von neuem anziehenden Vesuvstädte Pompeji und Herculaneum, die einst eine einzige furchtbare Katastrophe von der Erdoberfläche getilgt hatte, um sie einer staunenden, ihre Wunder aufspürenden Nachwelt in einem beispiellosen Erhaltungszustand zu überliefern.

Alljährlich ist Pompeji das Ziel einer schier unübersehbaren Schar von Besuchern, die durch seine alten Straßen und Gassen wandern, von Haus zu Haus ziehen und sich von dem Zauber der stillen Höfe und der verlassenen, halb zerfallenen Häuser einnehmen lassen. Und unermüdlich sind die Ausgräber und Restauratoren wie vor Jahrhunderten am Werk, um dem Boden neue Schätze abzuringen und sie wiederherzustellen und zu erhalten. So haben auch heute, wo die Reiselust sich immer weitere Ziele steckt und die Archäologie sich rund um das Mittelmeer ganz neue Räume erschlossen hat, Pompeji und Herculaneum nichts von ihrer Aktualität verloren.

Conte Cortis Buch stellt eine ganz eigene Leistung dar, es ist durch kein anderes je ersetzt worden. Gerade jetzt, wo man soviel vom »Abenteuer der Archäologie« spricht, rufen seine so anschaulich geschriebenen Seiten eindringlich ins Bewußtsein, welch erregende Kapitel in der Geschichte der Altertumswissenschaft sich im Kernlande der klassischen Kultur selbst abgespielt haben und wie sie den Abschnitten der europäischen Geschichte gleichliefen. Diese Besinnung tut im Augenblick besonders not, da wir Gefahr laufen zu vergessen, daß unsere gesamte abendländische Kunst und Kultur auf den Schultern Griechenlands und Roms ruht.

Als der Verlag mir anbot, den Text des Buches, dessen Verfasser nach einem reichen Leben im Jahre 1953 für immer die Augen schloß, für einen Neudruck durchzusehen, habe ich mich dieser Aufgabe gern unterzogen. Zugrunde lag die letzte Auflage von 1951, in der versucht wurde, Unstimmigkeiten, die dem Verfasser unterlaufen waren, durch geringfügige Retuschen richtigzustellen. Dies wurde so behutsam wie möglich getan. Ich habe mehr als einmal, wo ich anderer Ansicht war, nach langem Zögern den alten Wortlaut schließlich doch belassen, um einen Eingriff in Conte Cortis Text zu vermeiden; in mehreren Fällen wurde in einer Anmerkung, die als eigener Zusatz durch eckige Klammern gekennzeichnet ist, nur die Literatur genannt, die die Meinung des Textes korrigiert. Im Bewußtsein jedoch, daß das Buch sich in erster Linie an den Kunstfreund und nicht an den Fachmann wendet, und auf ausdrücklichen Wunsch des Verlages, bin ich mit all dem sparsam umgegangen. Denn ein Werk wie das vorliegende ist so sehr aus einem Guß, daß jede zu große Änderung einer Verfälschung, jeder zu heftige Strich einer Amputation gleichkäme. Daß die so vorgenommene Bearbeitung sich in erster Linie auf die archäologischen Aussagen bezog, ja nahezu beschränkte, ergibt sich aus dem Beruf des Bearbeiters.

Für die neunte Auflage wurde der Anhang S. 261 ff. neu geschrieben und dementsprechend das Register erweitert. In den Anmerkungen wurden einige wichtige, seit der achten Auflage erschienene Arbeiten nachgetragen. Im veränderten Abbildungsteil wurden die Bildunterschriften neu bearbeitet. Darüber hinaus sind nur einige Druckfehler korrigiert, einige Versehen richtiggestellt worden.

So seien dem Buch alle guten Wünsche mit auf den Weg gegeben, vor allem die sichere Hoffnung, daß es alte Freunde Pompejis erfreuen und neue werben möge für eine Stätte, mit deren Namen die deutsche Forschung seit langem so innig verknüpft ist.

Rom, 1963/1978   THEODOR KRAUS

VORWORT DES VERFASSERS

Historische Vorarbeiten sind in gewisser Hinsicht mit einer Art Jagd zu vergleichen, bei der man das Wild – in diesem Fall die Dokumente – in den Blätterwäldern der Archive der Heimat ebenso wie in jenen ferner Gegenden aufzuspüren hat. Auf dieser Jagd in den Archiven all der Städte kam ich auch in das herrliche Neapel, wo ich vorher einmal nur flüchtig als Tourist geweilt hatte. Die Geheimnisse der verschütteten Städte Pompeji und Herculaneum zogen mich von jeher magisch an, aber die Erklärungen der Fremdenführer und der eigene, zu oberflächliche Augenschein genügten mir nicht, und ich suchte in der Literatur nach einem Buche, das mir einen nicht allzu in die Einzelheiten gehenden, allgemeinverständlichen und klaren Überblick nicht nur über den welthistorischen Ausbruch des Vesuv im Jahre 79 n. Chr., sondern auch über die Geschichte des Wiederentdeckens und der Auferstehung der dabei verschütteten Stätten antiken Lebens vermittle. So ungeheuer viele verdienstliche und eingehende einschlägige Einzelarbeiten archäologischer und historischer Natur es auch gibt, eine kurze, volkstümliche und doch das Wesentliche erschöpfende Zusammenfassung gab und gibt es nicht. Und ich entschloß mich daher, um mich selbst zu belehren, dies aus der Literatur und aus eigenen Forschungen in der mir vorschwebenden Form zu versuchen.

Meiner archäologischen und sonstigen Unvollkommenheit voll bewußt, hätte ich mich nicht an eine solche Arbeit herangewagt, wenn ich mir nicht die Unterstützung sowie die bessernde und prüfende Mitarbeit des zur Zeit hervorragendsten lebenden Kenners der Verhältnisse Pompejis und Herculaneums hätte sichern können. Seine Exzellenz, das Mitglied der römischen Akademie und Oberintendant der antiken Schätze der Provinzen Neapel, Avellino und Benevent, Professor Dr. Amedeo Maiuri, hat mich in der gütigsten Weise bei meinen Arbeiten in Neapel, Pompeji und Herculaneum unterstützt, mir Museen und Archive geöffnet, schließlich meine Arbeit durchgesehen und verbessert. Auch zur Bebilderung hat er in reichstem Maße beigetragen. Ich bin also diesem meinem hohen Mitarbeiter zu tiefstem Danke verpflichtet.

Ebenso aber habe ich Seiner Exzellenz, dem Senator Benedetto Croce, dann in besonderer Weise auch dem durch seine hervorragende Tätigkeit in Pompeji und zahllose, mir zur Verfügung gestellte ausgezeichnete Sonderarbeiten darüber berühmt gewordenen Professor Matteo della Corte sowie dem Direktor des Nationalarchivs in Neapel, Grafen Riccardo Filangieri di

9

Candida Gonzaga, und seinem liebenswürdigen Helfer Cavaliere Dr. Onofrio Pasanisi sowie den Damen und Herren des Nationalmuseums in Neapel aufs herzlichste zu danken. In Rom bin ich dem so gefälligen Bibliothekar des Archäologischen Instituts Dr. Jan W. Crous außerordentlich verpflichtet. Wenn sich trotz allem Bemühen Unstimmigkeiten eingeschlichen haben sollten, so möchte ich betonen, daß es besonders schwierig ist, in einem noch so umstrittenen und weit zurückliegenden Stoff, wo so vielerlei noch ungeklärt und dem Widerstreit der Meinungen preisgegeben ist, stets den richtigen Weg zu finden. Aber im großen ganzen glaube ich doch, daß der Leser in Bild und Wort einen Überblick gewinnen wird, der ihn zum Besuch dieser ewig denkwürdigen Stätten wiederauferstandenen antiken Lebens anregt und ihm dann die Möglichkeit gibt, sie mit viel größerem Verständnis auf sich wirken zu lassen, als es vielen Tausenden von Touristen beschieden war, die vorher nicht die gesamte gewaltige Literatur durchzuarbeiten imstande waren.

So hoffe ich, daß diese meine Schrift Interesse und Verständnis für die in Pompeji und Herculaneum geleistete gewaltige Kulturarbeit in weiten Kreisen wecke, fördere oder vertiefe und damit auch die Freude an jener wissenschaftlichen Ruhmestat, die durch das Aufdecken dieser unvergleichlichen Abbilder antiken Lebens geleistet wird.

Im Sommer 1940 EGON CÄSAR CONTE CORTI

»Ich weiß nicht leicht etwas
Interessanteres . . .«
Goethe über Pompeji am 13. März 1787

I

VORGESCHICHTE UND ENTSTEHUNG POMPEJIS
UND HERCULANEUMS

Die Urgeschichte des Lebens auf der von der Natur so gesegneten Apenninenhalbinsel, die das Mittelmeer in zwei Teile scheidet, ist auch heute noch
wenig geklärt. Wir besitzen schon längst wissenschaftlich erhärtete, sichere
geschichtliche Daten von vielen anderen, an den Ufern dieses gewaltigen
Beckens angesiedelten Völkern, während noch alles, was jene Halbinsel
betrifft, sagenumwoben in tiefem Dunkel ruht. Die Fragen, wer die ersten
Einwanderer in das heutige Italien waren und von woher dessen steinzeit-
liche Bewohner gekommen sein mögen, bewegen sich noch im unsicheren
Fahrwasser von Vermutungen[1]. Fest steht nur, daß sich die Urbevölkerung
teils in jenen Räumen zuerst ansiedelte, die durch ihre Höhenlage größere
Sicherheit gegen Feinde boten, teils aber auch dort, wo besondere Fruchtbarkeit die Siedler anlockte. In den Gebirgsgegenden lebten die Menschen
meist in Bauerngehöften zerstreut, weil jeder sich leicht selbst schützen
konnte; in den ebenen, fruchtbaren, aber auch schwerer zu verteidigenden
Gebieten schlossen sich oft mehrere Familien zu einem Gemeinwesen zusammen und umgaben ihr Lager zum Schutz gegen äußere Feinde mit Grä-
ben und Pfählen. Bald entstanden daraus feste Heimstätten und damit der
Keim zu Siedlungen, die allmählich zu Dörfern und Städten erblühten.
Zu diesen letztgenannten Gebieten gehörte auch das Land um den gottbe-
gnadeten Golf des heutigen Neapel, der wegen seiner runden Form schon
in den ältesten Zeiten »der Krater« genannt wurde. Am Nordrande dieses
zum Meer offenen Kreises, dann aber auch in den Höhen östlich von Neapel
zeugten Anzeichen, wie die äußere Form der Berge, warme Schwefelquellen
und dergleichen von dem vulkanischen Charakter weiter Teile des an den
Golf grenzenden Landes. Auch Erdbeben waren in dieser Gegend häufig,
die oft das Festland und auch die Inselwelt nördlich und südlich des Golfs,
wie Ischia und Capri, heimsuchten. So gab man später auch dem oberen Teil
der Bucht von Neapel den noch heute nachklingenden Namen der »phlegräischen« oder »brennenden« Felder. Dafür aber, und gerade wegen des vul-

kanischen Charakters, war der Boden des Landes um den Golf von aller-
größter Fruchtbarkeit. Er brachte fast alles von selbst hervor, man brauchte
kaum etwas dazu zu tun. Äpfel und Birnen, Kirschen und Feigen, Melonen,
Mandeln, Quitten, Kastanien und Granatäpfel, aber auch Weizen und Hirse,
Gerste, Gemüse aller Art und vor allem Wein wuchsen da in bester Güte, und
die freundliche Natur gestattete oft zwei, ja sogar drei Ernten in einem Jahr.
Den Golf überragt weithin ein Berg, heute Vesuv genannt, der zu den vul-
kanisch tätigen Gebilden der Gegend gehörte und in grauer Vorzeit bei
furchtbaren Ausbrüchen die Gegend ringsum mit Strömen glühend-flüssiger
Gesteinserde, der sogenannten Lava, übergoß. Bei einer solchen Gelegenheit war ein besonders gewaltiger Lavastrom vom Vesuv aus in südöstlicher
Richtung geflossen und endlich, ungefähr einen halben Kilometer bevor er
das Meer erreicht hätte, unweit einer Flußmündung (des Sarno), jäh zum
Stehen gekommen und erkaltet. So bildete sich dort in der Ebene nächst
der See ein vereinzelter, freilich bloß etwa 30 bis 40 Meter hoher, langge-
streckter Hügel. Er endete gegen das Meer zu dort, wo die Lava in zwei
Zungen plötzlich abgebrochen war und sich aufgestaut hatte. Bei jenem
Vulkanausbruch, über den keine Überlieferung etwas kündet, starben oder
flohen wohl auch die ältesten Bewohner dieser Gebiete, aber bei der vorerst
spärlichen Besiedlung und den daher gewiß geringen Opfern ging das Ereignis im Wechsel der Zeiten völlig unter.
Als der Vesuv dann durch viele Jahrhunderte, ja vielleicht Jahrtausende
wieder untätig blieb, der Krater sich völlig schloß und der Berg sich bis hoch
hinauf mit Weinstöcken und Bäumen bedeckte, vergaß man die Gefahr im
Laufe der Zeit gänzlich, und nur in Sagen blieb eine dunkle Erinnerung
daran zurück. Man faselte nur noch von einem Kampf von Giganten mit den
Göttern. Die donner- und blitzebewehrten siegreichen Herren des Himmels
hätten die Unterlegenen sodann in die Erde hinabgezwungen; da lagen die
Giganten nun unter der Last der Berge und schüttelten sich nur ab und zu
in dem wilden Bestreben, sich aus ihren Gräbern zu befreien; dies aber fühlten dann die Menschlein oben als Erdbeben. Soweit die Sage, die dies besonders auch von dem erloschenen Vulkan auf der Insel Ischia erzählt; die Wirklichkeit aber ruhte auf natürlicheren Grundlagen.
Der große erkaltete Lavastrom aus dem Ausbruch jener dunklen Vorzeit
überdeckte sich langsam mit einer Humusschicht und herrlichem frischem
Grün. Er bot einem einwandernden Völkersplitter, insbesondere bei dem
sonst sumpfigen Gelände des Sarnoflusses, willkommene Möglichkeit, sich
seine Ansiedlung in trockener und etwas geschützter, die Gegend ein wenig

überragender Lage zu bauen. Der Vesuv selbst war indes völlig zur Ruhe gekommen; dort wo einst der große Krater gewesen sein mußte, war nur mehr eine ebene, kahl und unfruchtbar gebliebene Fläche, die mit ihren rußigen Bimssteinen und aschenfarbigen Schlacken immer noch den Eindruck erweckte, als habe da einmal etwas gebrannt[2]. Dies aber war das im Laufe der Jahrhunderte einzig übriggebliebene Anzeichen dafür, daß der Vesuv Unheimliches in sich bergen könnte, und auch das fiel nur mehr einzelnen klug beobachtenden, geistig höherstehenden Menschen auf. Die meisten Bewohner machten sich gar keine Sorgen mehr, sie dachten nicht im entferntesten an eine vom Berge her drohende Gefahr, erbauten sich ihre Heime ruhig auf dem erkalteten Lavastrom, und so entstand allmählich die kleine Ortschaft, die später den Namen Pompeji erhielt, dessen Herkunft trotz zahlloser Deutungsversuche heute noch immer strittig und nicht endgültig geklärt erscheint[3].

Wehrhaft aber waren die so entstandenen Gemeinwesen damals noch wenig. Sie konnten sich nur gegen wilde Tiere oder höchstens einzelne Menschen verteidigen, waren jedoch einem geschlossenen und größeren Angriff einer kultivierten und daher besser bewaffneten Völkerschaft wehrlos preisgegeben. Die ältesten Bewohner, die den Volksnamen Osker führten, beobachteten im Kampf um das tägliche Brot und die persönliche Sicherheit gegen Gefahren aller Art die Natur rund um sich viel zu wenig und hielten das Land, auf dem sie lebten, bauten und schliefen, für völlig unveränderlich, fest und sicher.

So standen die Dinge, als ungefähr um 1100 v. Chr. von Norden her ein Zustrom neue Wohnstätten suchender Völker, die sogenannte dorische Wanderung, nach Griechenland stattfand. Bald war dieses kleine, meerumflossene Gebiet nicht mehr groß genug, um seiner eigenen Urbevölkerung und den dorischen und sonstigen Einwanderern genügend Platz zu bieten. In Verfolg der sich daraus ergebenden Kämpfe und Wirren mußten viele der besten Männer aus den Stämmen des altgriechischen Volkes, wie die Äoler und Jonier, ihre Heimat verlassen und sich an den Küsten des Ägäischen und Schwarzen Meeres, ja bald an den meisten Gestaden des Mittelmeerbeckens eine neue Heimat suchen. Auf diese Weise gelangten jonische Schiffer als erste an die südlichen Ränder der stiefelförmigen Halbinsel, für die es damals noch gar keinen Gesamtnamen gab, und setzten sich dort zuerst fest, wo natürliche Häfen ihren Schiffen Schutz und Unterkunft boten. Schon im 8. Jahrhundert v. Chr. gründeten sie eine Handelsniederlassung namens Cumae am nördlichen Teil des Golfes von Neapel und besiedelten von Sizilien aus die Südspitze der Halbinsel sowie den Meerbusen von Tarent. Die Einwanderer waren entzückt über die Fruchtbarkeit des Landes, das sie besetzten, und lobten vor allem seinen Reichtum an Vieh. Nun begann sich allmählich der angeblich vom oskischen Wort viteliú=vitulus=das Kalb abgeleitete Name Italien über das ganze, somit als »kälberreich« bezeichnete Halbinselland auszubreiten.

Die griechischen Einwanderer, die dem sehr anpassungsfähigen ionischen Kaufmannsvolk angehörten, verständigten sich leicht mit der Urbevölkerung und vermischten sich mit ihr, ohne daß es weiter zu größeren Kämpfen gekommen wäre. Einer lernte von dem anderen, natürlich der oskische Stamm viel mehr vom höher gebildeten griechischen. So wurde mit der Zeit das gesamte Randgebiet des Neapolitanischen Golfes vom Vorgebirge Misenum über Cumae, Pozzuoli und Parthenope, dann auch bald das östlich von Pompeji gelegene Nuceria mit Griechen besiedelt, die aber doch vornehmlich an den Küsten des Meeres blieben. Die Niederlassung auf dem Gebiete des heutigen Neapel hieß damals zunächst noch Parthenope nach jener sangeslustigen und gefährlichen Sirene gleichen Namens. Von alters her zog sich von da entlang der Küste ein Weg hin, der zu Füßen des Vesuv nach Pompeji führte und sich dort in zwei Zweige teilte, deren einer sich auf der den Golf südlich begrenzenden Halbinsel (von Sorrent) fortsetzte, während der andere über Nuceria (Nocera) der Südspitze Italiens zustrebte, wo die Ortschaft Rhegion (Reggio) entstand.

Die Griechen fanden auch geistig fast gar keine Gegenwirkung; wohl bewahrten die Ureinwohner ihre Sprache, erlagen aber sonst den Einflüssen der fremden Eroberer. Bald entstand ein Kranz von griechischen Ansiedlungen rund um den Golf, verschiedentlich legte man befestigte Küstenstationen an, und als solche wurde zunächst auch die Ortschaft Herculaneum zwischen Pompeji und Parthenope (Neapel) nächst der Küstenstraße zu Füßen des Vesuv gegründet. Während diese aber vorerst bloß eine Durchzugsstation in allerdings anmutiger Lage darstellte, zeigte sich bald, daß das etwas weiter gelegene, nächst der hafenbildenden Mündung des schiffbaren Sarnoflusses auf dem Lavahügel am Kreuzungspunkt wichtiger Straßen erbaute Pompeji die Voraussetzungen besaß, eine bedeutende Handelsstadt zu werden. So wandten die Griechen ihre Aufmerksamkeit mehr dieser Ortschaft zu und bewiesen dies dort durch Bauten, in denen die zäh bewahrte, kulturelle und religiöse Eigenart ihrer Heimat zum Ausdruck kam.

Im übrigen Italien war allmählich die Wanderung der Volksstämme auf der Apenninenhalbinsel zur Ruhe gekommen. In dem heutigen Toskana lag der zur Zeit stärkste Stamm der Etrusker, östlich anschließend jenseits des Tiber und im nördlichen Apennin hausten die Umbrer und Sabiner und südlich des Flusses die Latiner und Volsker. Weiter in den unmittelbar an das gesegnete Golfland angrenzenden Bergen wohnte das zähe und kriegerische Volk der Samniten. Noch aber waren die Verhältnisse unter diesen Stämmen nicht ganz geklärt. Am mächtigsten unter ihnen waren die durch Seehandel und Seeraub großgewordenen Etrusker, die sich bald bis nördlich an den Po und südlich über Rom und die Landschaft Latium bis in das schöne Golfland Neapels ausbreiteten. Es ist zweifellos, daß die Etrusker Capua besetzten; möglicherweise breiteten sie sich noch viel weiter nach Süden aus, und so hätten vorübergehend auch die Orte Herculaneum und Pompeji unter ihre Botmäßigkeit gelangen können. Sicher ist dies aber keineswegs, nicht einmal, ob dort etruskischer Einfluß auch nur in Religion und Baukunst fühlbar war. Hier steht in der Gelehrtenwelt Ansicht gegen Ansicht.

Vom 8. bis zum Beginn des 5. Jahrhunderts dauerte die Zeit der größten Machtentfaltung der Etrusker, dann begann sie dahinzuschwinden. Die unteritalischen und sizilischen Griechen machten nach schweren Kämpfen in einer Schlacht, die nächst Cumae 474 v. Chr. ausgefochten wurde, der weiteren Herrschaft jenes Volkes im Süden der Halbinsel ein Ende.

Indessen war in der Ebene des Tiber in äußerst günstiger Lage auf hügeligem Gelände unweit des Meeres eine Ansiedlung entstanden, Roma genannt, die ihren ersten Aufschwung zunächst unter der Regierung einiger etruskischer Könige nahm. Als es der Stadt dann knapp vor 500 v. Chr. gelang, die fremden Gebieter abzuschütteln, begann Roms Ausdehnung zuerst über Latium und dann allmählich über alle angrenzenden Völkerschaften, was den Keim zur Herrschaft der Stadt nicht nur über ganz Italien, sondern auch über das Mittelmeer, ja endlich über die gesamte damals bekannte Welt legte. Doch so schnell ging diese Entwicklung nicht vor sich; außer den Sabinern gab keiner der Stämme rings um Rom seine Freiheit und Unabhängigkeit so leicht aus der Hand. Aber gerade die Notwendigkeit, sich die Oberhoheit erst in zähem Ringen zu erkämpfen, übte und stärkte römische Waffenmacht und Tüchtigkeit und befähigte sie schließlich zum Anspruch auf die Weltherrschaft.

Um die gleiche Zeit gelang es griechischem Wesen, die am schönen Golf von Neapel gelegenen oskischen Ortschaften zu durchdringen. Schon erhob sich in Pompeji, dort, wo der Lavastrom dereinst in jähem Fall nach Süd und West zum Stocken gekommen war, auf einem so entstandenen dreieckigen natürlichen Schutzwall das heute sogenannte Forum triangolare, eine Art

Akropolis mit einem weithin ragenden dorischen Tempel. Er stand am höchsten Punkt des dreieckigen Platzes auf dem Lavahügel, der nicht nur eine schöne Aussicht, sondern auch die Möglichkeit bot, einen herankommenden Feind rechtzeitig zu erspähen. Zu jenen Bauten verwendete man häufig einen Kalkstein, der an den Ufern des Sarno gebrochen wurde. Aus ihm wurden auch schon Tore und Mauern erbaut, mit denen die wachsende Stadt bei zunehmendem Reichtum allmählich die alten Pfahlgürtel ersetzte. Seit 500 v. Chr. stieg Pompejis Bedeutung fortgesetzt, denn bald zeigte sich, daß nicht nur der Handelsverkehr von Parthenope (Neapel) nach Stabiae und Sorrent auf der Stabianer Straße, sowie jener nach Nuceria, Pompeji als Umschlagplatz benutzten, sondern auch die auf dem schiffbaren Sarno herangeführten Erzeugnisse des Binnenlandes hier auf griechische Schiffe verfrachtet werden konnten. Um Pompeji wuchs viel herrlicher Wein, wunderbares Obst und Gemüse gab es da, und überdies stellte die Stadt eine äußerst schmackhafte, aus Fischen bereitete, sehr beliebte Tunke her, die weithin Absatz fand. Neben den landwirtschaftlichen Erzeugnissen bildete auch der am nahen Vesuv und allüberall im Gelände massenhaft vorhandene Bimsstein als Schleif- und Reinigungsmittel einen beliebten Ausfuhrgegenstand.

Zunächst wurden die meisten Häuser der entstehenden Stadt noch aus Kalkstein erbaut, und zwar in der ältesten Form: Um ein »Atrium«, den Haupt- und Mittelraum, ordneten sich die kleinen Schlaf- und Speisezimmer an. Dieses Atrium, so genannt nach dem Rauch des Herdes, der die Wände schwärzte (ater = schwarz), besaß ein Dach, das sich gegen die Mitte zu herabsenkte und eine rechteckige Öffnung frei ließ. Sie diente zum Abzug des Rauches sowie zur Beleuchtung und ließ das Regenwasser ein, das am Boden in einem flachen Becken gesammelt wurde. Ursprünglich wurde dieses nach innen schief abfallende Dach nur von zwei Balken getragen[4], später aber wurde die Öffnung des Atriums häufig an ihren vier Ecken durch Säulen gestützt.

Natürlich waren solche Häuser noch eng und klein, und da das Licht bloß von der Dachöffnung herkam, auch dunkel. Im Atrium wurde anfangs nicht nur gekocht, sondern auch gespeist, und so spielte sich eigentlich das ganze Leben in diesem Raume ab. Nachteilig war dabei nur die Unberufenen so gegebene Möglichkeit, durch das Dach das private Leben der Hausbewohner auszuspähen zu können, was nur zu häufig geschah und Lustspieldichtern, wie Plautus, Stoff zu ihren Komödien gab. Nur des Nachts zog man sich in die angrenzenden, ganz kleinen Schlafräume zurück. Erst mit zunehmendem Wohlstand beginnt auch das pompejanische und herculanische Haus reicher und bequemer zu werden. Bald schloß man an das Atrium einen, ja oft auch mehrere große, mit Säulen umgebene Höfe (Peristyle) an, um die herum weitere Wohnräume angebaut wurden. So entstanden zahlreiche Häuser in den Städten um den Golf, die eine Vermischung des hellenistischen mit dem altitalischen Baustil darstellten.

Außer dem kleinen dreieckigen Forum bestand noch ein zweites in rechteckiger Form; zunächst nur als Markt gedacht, wurde es zum vornehmsten Versammlungsplatz des Volkes. In der Folge erwuchsen hier stolze Tempel und prunkvolle Amtshäuser der Stadt, deren Bevölkerung um etwa 400 v. Chr. auf etwa dreitausend Menschen geschätzt werden kann, wovon etwa zwei Drittel der Urbevölkerung angehörten.

Wohl war Pompeji bereits von einer Mauer umgeben, aber weder die kolonisierenden Griechen noch die bodenständigen Osker waren besonders kriegerischen Sinnes. Die herrliche Luft, das warme Klima, die wunderbare, so fruchtbare Gegend, die den Bewohnern förmlich alles in den Schoß warf, erhöhten wohl den Reichtum, verweichlichten aber die Leute auch und ließen sie in ihrem Aufschwung und wachsenden Wohlstand ein beneidetes und begehrtes Wunschziel für die viel rauheren und kriegerischen Stämme der Samniten werden, die die nahen Berge im Osten bewohnten.

In der Folge hatte die ganze Gegend um den Golf bis an die Grenze der Samniterberge den Namen Campanien angenommen und nicht nur Pompeji, sondern auch alle übrigen griechischen Städtegründungen in diesen Gebieten reizten die samnitische Beutegier. Die Parthenope genannte erste Ansiedlung (nördlich des heutigen Castell dell'Ovo in Neapel) hatte sich zur »alten Stadt« Paläopolis erweitert. Im 5. Jahrhundert entstand durch Zuzug von der griechischen Insel Euböa die »neue Stadt« Neapolis, die schließlich die zwei früheren Ansiedlungen aufsaugte und in sich aufnahm. Auch ihr durch den Handel nach Griechenland wachsender Reichtum bei geringen Vorsorgen gegen feindlichen Überfall trug zu dem schließlichen Eroberungszuge des in ärmlichen Verhältnissen lebenden Hirten- und Bergvolkes der Samniter bei. Bald drang es aus seinem Gebirgsland gegen West und Süd an die Küste vor, und in Kürze war ganz Campanien und das herrliche Gebiet am Golf und damit auch die älteste griechische Kolonie Cumae in seinen Händen. Dazu kamen bald auch Herculaneum und Pompeji, während sich im fernen Griechenland das hellenische Volk im Peloponnesischen Bruderkrieg zerfleischte und den Kolonien daher keine Hilfe bringen konnte. Dies geschah im letzten Drittel des 5. Jahrhunderts, etwa um 420 v. Chr.

Körperlich und soldatisch waren wohl die Samniten die stärkeren, aber geistig zeigten sich die unterworfenen Griechen und hellenisierten Osker ihnen überlegen, und es dauerte nicht lange, da nahm auch das erobernde Bergvolk griechische Kultur und Sitte an. Der Sieger gewöhnte sich auch seinerseits an gutes Leben sowie ebenso an Schönheit in der Kunst wie im Alltag an schmucke und bequeme Wohnhäuser und öffentliche, dem allgemeinen Wohl dienende Bauten. Dieser dreifache Einfluß bestimmte nun unter Vorrang des samnitischen in der nächsten Zeit das Schicksal der Gemeinden Pompeji und Herculaneum ebenso wie das ganz Campaniens. Aber mehr oder weniger blieb alles beim alten; die griechischen Gottheiten Zeus, Apollo und Athena wurden nach wie vor geehrt, die Handelsgeschäfte weitergeführt, nur der Befestigung der Städte, insbesondere aber Pompeji, wurde verstärktes Augenmerk zugewandt. Die äußere, von den Oskern übernommene Mauer wurde zwischen 400 und 300 v. Chr. ganz neu und viel widerstandsfähiger gestaltet⁵, und dies war auch notwendig, denn Roms wachsende Macht strebte nach dem Besitz des schönen und fruchtbaren Campanien, das die den Römern bisher befreundeten Samniter in drei wechselvollen Feldzügen verteidigten.

In diese Zeit fällt die erste historisch beglaubigte Erwähnung Pompejis im Jahre 310 v. Chr. Der römische Flottenführer Cornelius Publius landete während des zweiten Samnitenkrieges mit einer Anzahl von Kriegsruderschiffen in der den Hafen Pompejis bildenden Mündung des Sarno. Die Mannschaft drang den Fluß hinauf vor, kam auch nach Nuceria und plünderte und raubte, was sie nur erraffen konnte. Da empörten sich die Bewohner der umliegenden Städte, die das gleiche für sich fürchteten. Sie rotteten sich zusammen, griffen die mit Beute schwer beladenen Römer an, entrissen ihnen ihren Raub wieder, töteten derer viele und jagten die übrigen auf ihre Schiffe zurück, die schleunigst das Weite suchten. Das war aber nur ein Zwischenfall; es gelang den Römern schließlich etwa um das Jahr 290 v. Chr., die Samniten gänzlich zu schlagen und sie unter römisches Joch zu beugen, wodurch auch die von Samnium abhängigen Landstriche und somit auch die Ortschaften Pompeji und Herculaneum in Gefahr kamen, unter römische Botmäßigkeit zu gelangen.

Noch aber waren die Römer zu sehr mit der Festigung und Ausbreitung ihrer Herrschaft über die zahlreichen widerstrebenden italischen Völkerschaften und übrigen griechischen Küstenstädte und Kolonien beschäftigt. Dazu mußten sie sich auch vorerst der wachsenden Macht Karthagos erwehren, bevor sie sich gänzlich der Romanisierung Süditaliens und insbesondere des neapolitanischen Golfes widmen konnten. Daher hofften die Samniten und die von ihnen abhängig gewesenen Landesteile und Städte ihre Unabhängigkeit von Rom doch noch einmal wiedererlangen zu können und verfolgten mit eifersüchtigem Interesse die Wechselfälle der Kämpfe der Tiberstadt, während gleichzeitig auf dem Wege der griechischen Schiffsverbindungen zwischen Alexandria und Neapolis die Nachrichten von den gewaltigen Ereignissen im Osten der bekannten Welt herüberklangen, die sich an den Namen Alexanders des Großen knüpften. Das samnitische Element aber wurde aus Pompeji und Herculaneum nicht vertrieben; es blieb im Leben der Stadt und in den neuen Gebäuden, die nach den Kriegen überall entstanden, zunächst noch samnitisch-griechische Art bestimmend.

Alles, was gebaut wurde, stand nach wie vor unter dem Einfluß des Hellenismus. Überall auf den öffentlichen Plätzen, an den Tempeln und in den Häusern Pompejis erhoben sich die malerisch schlanken Säulen verschiedener Ordnung. Das Baumaterial aber war wenig edel; der Kalkstein reichte schon lange nicht mehr, so wurde die um Nuceria gebrochene erhärtete vulkanische Asche des graugelben Tuffs auch ihrer leichteren Bearbeitungsmöglichkeit wegen immer häufiger verwendet, ohne daß man sich viel Gedanken darüber machte, wodurch dieses Baumaterial dereinst entstanden war. Mit der Friedenszeit nahm der Wohlstand der Bevölkerung wieder zu, und die Mauern der Häuser wurden, um dem wachsenden Bedürfnis nach Geltung nachzukommen, mit feinem Stuck überzogen, der Marmor und kostbares Gestein vortäuschen sollte. Das rechteckige Forum wurde gewaltig ausgestaltet. Nächst ihm wuchs auf hohem Podium rings von korinthischen Säulen umgeben ein stolzer Apollotempel in die Höhe. Ein herrliches Kultbild des Apoll[6] stand im Allerheiligsten und vor der Freitreppe zum Tempel der Altar, auf dem der Gottheit Brandopfer dargebracht wurden.

Mit der zunehmenden Wichtigkeit und Ausgestaltung des später mit großen Steinplatten gepflasterten Forums verlor das dreieckige allmählich seine Bedeutung, und als eines Tages aus noch ungeklärter Ursache dort, wo die Lava dereinst zum Stocken gekommen war, der älteste griechische Tempel in Trümmer fiel, scheint man beschlossen zu haben, diesen nicht wieder in alter Form aufzubauen. Aus dem dreieckigen Forum wurde mit der Zeit bei Beibehalten einer gottgeweihten Stätte eine Art öffentlichen Lustgartens. Dort sollten sich die Pompejaner erholen und in Ruhe den herrlichen Rundblick des Golfes genießen. Die Säulenhalle, die allmählich um den Platz herum gebaut wurde, bot auch im Falle plötzlich eintretenden Schlechtwetters Schutz, und man baute überdies Ruhebänke und Bequemlichkeiten aller Art. Vergnügungsbedürfnis und die durch griechischen Einfluß gehobene kulturelle Stufe der Bevölkerung gaben bald auch den Anstoß dazu, daß in der Nähe dieses nun nur mehr zur Erholung dienenden alten Forums bald auch der Bau eines Theaters in Angriff genommen wurde. Man berechnete es für etwa fünftausend Zuschauer, da Pompeji schon eine volkreiche Stadt geworden war. Das Gebäude war mit zuerst zwei, später drei Rängen versehen, ganz in der Nähe wurde eine Palästra, ein Turnplatz für die Jugend erbaut, während im Süden des Theaters eine große Anlage mit gewaltigen Säulenhallen entstand, die den Besuchern der Komödie bei Regenwetter Schutz zu bieten, aber auch den Schauspielern und sonstigen am Theater beschäftigten Leuten als Unterkunft zu dienen hatte. So war mit der Zeit im Anschluß an das dreieckige Forum eine Art Vergnügungsstadt entstanden, die sich bald mit zunehmender Bevölkerung und Bedeutung der Stadt um so mehr als zu klein erweisen sollte, als zu deren Festen auch die Bewohner nahe gelegener anderer Ortschaften pilgerten.

Etwa um das 2. Jahrhundert v. Chr. entstand schon merkbar unter römischem Einfluß eine riesige Badeanstalt, die Stabianer Thermen, so genannt, weil sie sich an der Ecke der Stabianer Straße und des gegen den Hafen führenden Verkehrsweges (Strada dell'Abbondanza) erhob. Diese Bäder vervollkommneten sich in den folgenden Zeiten ausnehmend. Auch gab es da einen großen Säulenhof als Platz für gymnastische Übungen. Alles war vorhanden; von der Einzelzelle bis zum großen gemeinsamen Schwimmbecken, vom Schwitzbad in trockener Luft bis zu verschieden warm abgestimmten Wannenbädern, je nach Wunsch; die Kleider wurden von bedienenden Sklaven in eigenen Nischen aufbewahrt. Kunstvoll war in doppeltem Boden die Heizung angelegt und für die verschiedenen Wärmegrade des Wassers vorgesorgt. Noch waren Frauen und Männer getrennt. Auch des Abends und des Nachts konnte offenbar gebadet werden, denn in allen Räumen fanden sich die flachen, irdenen Öllampen entweder einzeln oder zu vielen an hohen Kandelabern aufgehängt. So wurden die Thermen, allmählich mit Bequemlichkeiten und Zierat aller Art versehen, zu einem luxuriösen Aufenthalt der Erholung und des Vergnügens nach des Tages Last und Mühen.

Hand in Hand mit dieser Ausgestaltung der öffentlichen Gebäude ging in jener samnitischen Zeit mit noch nicht voll wirkendem römischem Einfluß auch der Fortschritt im privaten Häuserbau. Zunächst waren die Wohngebäude noch vorwiegend ebenerdig, nur ihre Fronten wurden aus Steinquadern erbaut, im übrigen aber benutzte man einen Kalkmörtel, in den Steinbrocken gelegt werden konnten. Aus diesem sogenannten opus incertum wurden die meisten Mauern errichtet. Im Innern des Hauses bemalte man wohl die Wände in verschiedenen Farben, aber nicht mit Bildern, es fehlte noch jede figürliche Malerei. Die Wände wurden geschickt in leuchtenden Farben bald gelb, bald rot, so bemalt, daß der Eindruck erweckt wurde, sie beständen sämtlich aus Quadern. Man hat sich gewöhnt, diesen Stil, der bis ins 2. Jahrhundert zurückreicht, den ersten zu nennen; er will uns täuschen und uns noch nicht wirklich bestehende Pracht vorgaukeln. Im zweiten Stil, der sich nach 80 v. Chr. auszubreiten begann, wiesen die Wände meist Architekturmalereien auf; einerseits sollte das Haus dadurch in der Wand gleichsam fortgesetzt werden und größer erscheinen, als es tatsächlich war, andererseits auch in Ermangelung echter Säulen, Bogen usw. prunkvoller wirken. Dieser Stil reichte bis in die Zeit des Augustus. Bald entstanden tatsächlich große und reichgeschmückte Häuser vornehmer und durch Erbschaft oder Handel reich gewordener Bürger. So eines an der Straße, die an das Osttor in der Richtung auf Nola führte, das sogenannte Haus des Fauns. Zwei Atrien sind da vorhanden, eines zeigte die älteste Form mit bloßen Tragbalken, das andere die schon von vier Säulen flankierte Atriumöffnung im Dach. Dort am Regen sammelnden Becken stand eine wunderschöne Statuette eines tanzenden Fauns; ringsum lagen die Wohn-, Speise- und Empfangsräume, schmale Gänge führten dann zu einem anschließenden prächtigen Peristyl, das heißt einer Säulenhalle nach griechischer Art, die schmückende Blumenbeete umgab. Dahinter lag in diesem Hause wie in anderen reicher Leute noch ein zweites riesiges Peristyl, das schon einen förmlichen Garten umsäumte. Der Bewohner dieses Gebäudes hatte mit Staunen und Bewunderung von den Taten Alexanders des Großen gehört, und sein Reichtum gestattete es ihm, ein hellenistisches Gemälde, das den persönlichen Zusammenstoß jenes Helden mit König Darius von Persien in der Schlacht von Issus 333 v. Chr. darstellte[7], in einem prachtvollen Mosaik nachbilden zu lassen. Das Kunstwerk schmückte den Fußboden eines weiten Saales, des vornehmsten Gesellschaftsraumes im Hause[8]. Es ist klar, daß hier eine reiche, vornehme Familie, entweder oskischer oder samnitischer Herkunft, zwei Häuser oder auch mehr, älterer und späterer Bauzeit vereinigt hatte und mit den neuesten Errungenschaften griechischen Fortschrittes und Prunks ausgestaltete. Noch schmückten außer den farbigen Architekturen keine Bilder die Wände, aber dafür boten die wunderschönen Mosaikarbeiten am Boden Ersatz. Da grüßte schon beim Eingang, in den Boden eingelassen, ein (H)Ave aus farbigen Marmorstückchen. Im Hause selbst gab es auch sonst reizende Darstellungen aus solchen Steinchen, weiße Tauben, die aus einem bunten Kästchen eine Perlenschnur ziehen, kleine

Vögel, Fische und Schaltiere, alles künstlerisch und technisch ausgezeichnet gestaltet. In diesem Heim eines reichen, kultivierten Pompejaners römischer Herkunft fanden sich gerade wegen seiner Entwicklung vom einfachsten zum reichsten Wohngebäude sämtliche Grundzüge, die in entsprechender Abstufung, je nach dem Wohlstand der Besitzer, für alle anderen gleichzeitigen Häuser der Stadt kennzeichnend waren.

Die politische Lage aber deutete immer noch auf Sturm, und die Folge war, daß in der zweiten samnitischen Periode Pompejis, also etwa in der Zeit von 200 bis 80 v. Chr., zum äußeren Mauerkranz, der die Stadt schon aus früherer Zeit umgab, auch noch ein innerer hinzugebaut wurde, der die Verteidigungsmöglichkeiten der Ortschaft wesentlich erweiterte.

Das auf halbem Wege zwischen dieser Stadt und Neapel gelegene, davon nur vier Kilometer entfernte kleinere Herculaneum hatte genau die gleiche griechisch-samnitische Einwirkung mitgemacht, der nun auch langsam römischer Einfluß folgte. Aber im übrigen hatte die am Hange des Vesuvs gelegene Küstenfeste lange nicht die gleiche Entwicklung genommen, die Pompeji zu seinem Wachstum verhalf, da sie schon von Hause aus nur als Durchgangsstation gedacht war. Herculaneum lag der großen Stadt Neapel zu nahe, um viel selbständige Tätigkeit zu entwickeln, und hatte überdies keine Verbindung mit dem Hinterland, weil es nicht wie Pompeji an einem schiffbaren Fluß lag. So war dort die Hauptbeschäftigung der Bevölkerung neben der Landwirtschaft die Fischerei, und langsam nur entstand ein oder das andere Patrizierhaus eines reichgewordenen Neapolitaners, der sich aus dem bewegten Treiben der Stadt hinweg nach mehr Ruhe in schöner Umgebung sehnte. Der Hafen des kleinen Ortes wurde zwar besser ausgebaut, aber das Städtchen selbst blieb klein, und man sorgte vornehmlich für das religiöse Bedürfnis der Bevölkerung durch den Bau mehrerer schöner Gotteshäuser.

Die Einigung Italiens unter römischer Führung hatte inzwischen in mannigfachen Kämpfen gewaltige Fortschritte gemacht. Rom war allmählich zur stärksten Militärmacht der um das Mittelmeer lebenden Kulturwelt geworden. Langsam war es nach Bezwingung der italischen Küstenstädte von seiner Hauptbeschäftigung, dem Ackerbau, zum Welthandel übergegangen, der notwendig die Seeherrschaft bedingte und damit eine großzügige Weltpolitik erforderte. Aber noch war nach dem ersten Punischen Kriege Karthago nicht gänzlich niedergeworfen. Eine vorläufige Entscheidung zwischen den beiden Weltmächten des Westens kam erst im Waffengang des zweiten Punischen Krieges, als Hannibal bei Cannä überwältigend über die

Römer siegte und diesen der Ruf »Hannibal vor den Toren!« schreckensvoll in den Ohren klang. Da hielten die Samniten sowie die meisten unteritalischen Griechenstädte und damit auch die dem Einfluß dieser beiden untertanen Ortschaften Pompeji und Herculaneum die Stunde für gekommen, um römischen Einfluß wieder gänzlich von sich abzustreifen. Die Stadt Capua schloß sich dem karthagischen Sieger an, öffnete ihm die Tore und erhoffte so völlige Unabhängigkeit von Rom zu erlangen. Aber im Jahre 215 v. Chr. siegten die Römer bei Nola über Hannibal, so daß dieser genötigt war, die verbündeten campanischen Städte, um der Rettung seiner Armee willen, im Stiche zu lassen. Capua wurde eingenommen und arg bestraft. Als dann die Schlacht bei Zama, die im Jahre 202 schon auf afrikanischem Boden geschlagen wurde, den gänzlichen Niederbruch Karthagos brachte, da war es klar, daß die Folge dieses Sieges die unbedingte Vorherrschaft Roms über das gesamte westliche Mittelmeergebiet, die völlige Romanisierung ganz Unteritaliens und damit auch aller Städte um den Golf von Neapel mit sich bringen mußte. Streitigkeiten ergaben sich nur immer noch in der Frage der Ausdehnung des römischen Bürgerrechtes und des Ausmaßes, inwieweit all die unterworfenen Stämme und Städte sich in der Folge weiter selbst verwalten und regieren durften.

Gern aber nahm niemand von ihnen das römische Joch auf sich; immer noch hofften die oskischen Ureinwohner des Gebietes, ebenso wie ihre früheren Herren, die griechischen Kolonisten und die Samniten, daß sich doch noch einmal Gelegenheit bieten würde, die römische Zwingherrschaft wieder abzuschütteln. Diese Erwartungen waren darin begründet, daß nun nach Beendigung der ausländischen Kämpfe die inneren Spannungen in Rom zum Austrag kamen. Erbitterter Streit um die Staatsform durchrüttelte die Stadt, und soziale Umwälzungen bedrohten die Senatsherrschaft. Da verschiedenen italischen Stämmen und Städten gleichzeitig das römische Bürgerrecht verweigert oder entzogen wurde, benutzten die Samniten die dadurch hervorgerufene Unzufriedenheit, um sich neuerdings an die Spitze einer Koalition zu stellen, die in dem sogenannten Bundesgenossenkriege zu offenem Kampf führte. Schnell wurden die Mauern noch mit Türmen verstärkt, dann erhoben sich auch Pompeji und Herculaneum sowie andere italische Städte im Jahre 91 v. Chr. und stellten sich dem die Römer befehligenden, brutal rücksichtslosen und energisch zugreifenden Lucius Cornelius Sulla entgegen, der die bedrohte Senatsherrschaft wiederaufgerichtet hatte und nun auch die aufständischen Stämme zu bekämpfen unternahm. Er stieß zunächst bei Stabiae, kaum zwei Stunden von Pompeji, auf das feindliche Heer, das von dem Samniten Pontius geführt wurde und auf dessen Seite viele Pompejaner kämpften. Aber dieser Heeresteil wurde von den Römern geschlagen und Stabiae furchtbar verwüstet. Sulla hatte zudem den Legaten Titus Didius nach Herculaneum entsandt, der die kleine Stadt erstürmte, aber dabei selbst fiel. Seine Legion stieß, nachdem sich Herculaneum auf Gnade und Ungnade ergeben hatte, wieder zum Heere Sullas, der nun zu Ende des Frühjahres 89 v. Chr. auf Pompeji marschierte. Der Römer griff die Stadt an ihrer Nordseite an und überschüttete besonders das Mauerstück zwischen der heute sogenannten Porta Vesuvio und der Porta Herculanensis mit schweren Steinwurfgeschossen. Dann wurde der Sturm angesetzt, aber vergebens. Zweimal wurden die Römer vor den Toren und Mauern Pompejis mit blutigen Köpfen zurückgeworfen. Noch heute zeugen Inschriften in oskisch-samnitischer Sprache an den Mauern von diesen Kämpfen. Sie wiesen die Wege für die Verteidiger, und auch der Name des Belagerers Sulla findet sich auf der Innenwand eines Turmes angeschrieben. Desgleichen kann man da die Befehlshaber einzelner Abschnitte lesen, so einen Lucius Popidius, dem ein wichtiger Teil, wenn nicht die ganze Streitmacht Pompejis unterstand. Der Mann gehörte einem der vornehmsten Geschlechter Pompejis an, das zu allen Zeiten Träger der wichtigsten Stadtämter stellte. Wohl litten die vor dem Verteidigungsgürtel liegenden Häuser und die Mauer selbst, aber für den Kern Pompejis war wenigstens im Augenblick das harte Schicksal Stabiaes abgewendet.

Immer noch widerstand die Stadt, da wurde ihr von den Bundesgenossen ein Hilfsheer unter Lucius Cluentius gesandt, das drohend nahe an Sullas Truppen heranrückte, ohne genügend auf die Ungunst des Geländes zu achten. So konnte es von dem Römer angegriffen und völlig zurückgeworfen werden. Sulla verfolgte den gegen Nola weichenden Cluentius und schlug ihn dort noch einmal so gründlich, daß der Römer in das Innere Samniums eindringen und auch dessen Hauptstadt Bovianum einnehmen konnte.

Pompeji war auf diese Weise wohl der direkten Einnahme und Zerstörung entgangen, aber den Römern der Endsieg zugefallen, den sie klug dadurch befestigten, daß sie sich entschlossen, den treu gebliebenen Bundesgenossen ebenso wie den nun neu hinzutretenden Völkerschaften das römische Bürgerrecht zu gewähren. Dem Aufstand wurden so die letzten Stützen entzogen, seine weitere Ausbreitung verhindert und damit die Erhebung Campaniens und Unteritaliens abgeschlossen. Nun waren das Land und seine Städte Rom gänzlich überantwortet. Die Sieger behandelten die Unter-

Karl III. (1716–1788), König von Neapel (1735–1759), dann König von Spanien. Unter seiner Regierung begannen die Ausgrabungen in Herculaneum und in Pompeji. (Stich von Filippo Morghen nach einem Gemälde von Camillo Paderni.)

Das Amphitheater von Pompeji, etwa um 70 v. Chr. erbaut, ist der älteste erhaltene Bau dieser Gattung. Die Si

ihen in Stein (cunei) sind frühestens in augusteischer Zeit angelegt worden, wie man den Inschriften entnehmen kann.

Das Herculaner Tor von Pompeji, wie es sich seinen Entdeckern 1763 darbot.

Im Jahre 1766 wird die Kaserne der Gladiatoren ausgegraben. (Nach Saint Non, Voyage à Naples.)

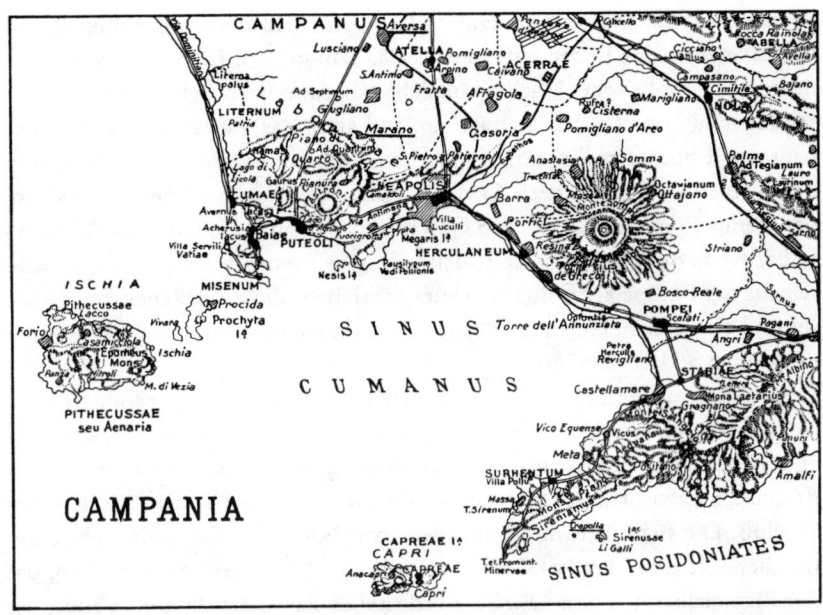

CAMPANIA

worfenen im allgemeinen milde, ließen ihnen mehr oder weniger die Selbst-
verwaltung und bauten diese nur in römische Form und römisches Recht
ein. Pompeji aber und seinen im Felde eigentlich nicht überwundenen
Widerstand vergaß Sulla nach seinem Sieg über Mithridates in Griechenland nicht. Als die Stadt, ebenso wie alle anderen campanischen Orte, den
Römern schließlich die Tore öffnete, befahl der Diktator im Jahre 80 v. Chr.
die Ansiedlung einer großen Anzahl Veteranen in Pompeji unter Führung
seines Neffen Publius Cornelius Sulla. Sie sollten als Sicherung gegen etwa
noch geplante Unabhängigkeitsregungen dienen. Ein Drittel des Landeigen-
tums der Stadt wurde beschlagnahmt und diesen Veteranen zugewiesen und
Pompeji so in gewissem Sinne für seinen Widerstand recht empfindlich bestraft. Das führte natürlich zu einiger Empörung und gewaltigen Streitigkeiten; wie sich aber zeigte, hatte das alles für die Stadt doch sein Gutes,
denn es war ihr damit auch eine gewisse Gewähr der Sicherheit und des
Schutzes gegen von außen drohende Gefahren gegeben.
Herculaneum erhielt zwar keine solche Kolonie, war aber trotzdem genauso abhängig von Rom. Von nun an war der Senat dieser Stadt für die Verwaltung ganz Campaniens zuständig; von Stund an durchdrangen römisches

Wesen und römische Sitte überall in Campanien, also auch in Pompeji und Herculaneum, das Leben aufs tiefste. Das samnitische Element verlor nunmehr seine politische Macht gänzlich, langsam wich selbst die oskisch-samnitische Sprache der lateinischen, und auch das äußere Bild der Städte paßte sich immer mehr dem römischen Vorbild an. Pompeji erhielt nun den Namen Colonia Veneria Cornelia Pompeianorum nach der Stadtgöttin, der Venus Pompeiana, und den Geschlechtsnamen Cornelius des Diktators Sulla. Er hatte Venus gewählt, denn sie war ebenso seine Lieblingsgöttin wie die der Pompejaner; ihrem Schutz schrieb er alle glücklichen Ereignisse seines Lebens, daher auch die Besitznahme dieser Stadt zu. Dazu kamen aber auch noch andere Einflüsse.

Der rege Schiffsverkehr mit dem hellenistischen Osten, insbesondere dem ägyptischen Hafen Alexandria, half der dortigen Kunst nicht nur, alle griechischen Küstenstädte, natürlich auch Pompeji und Herculaneum, zu durchdringen, sondern bahnte auch schon seit 150 v. Chr. die Wege für religiösen Einfluß. Die Bevölkerung Campaniens war besonders für Kulte sehr empfänglich, die irgend etwas Geheimnisvolles und Mysteriöses enthielten, das der Phantasie Spielraum ließ. So wurde neben Zeus, Apollo und Venus, der Lieblingsheiligen der Pompejaner, auch die Verehrung der ägyptischen Isis übernommen, jener Herrin des Himmels, die zusammen mit ihrem Gemahl und Bruder Osiris am Nil zu den volkstümlichsten Gottheiten Ägyptens gehörte. Zauberei und Totenkult spielten eine große Rolle; Isis war vor allem die Beschützerin der Schiffahrt, und da Pompeji seine wachsende Bedeutung eben als Hafen- und Handelsstadt gewann, so wurde dieser Göttin ein Tempel in der Gegend des großen Theaters errichtet.

Der politische Umschwung, die Überleitung unter vollrömischen Einfluß, ging indes verhältnismäßig rascher und schmerzloser vonstatten, als man anfangs fürchten zu müssen glaubte. Die Bewohner der campanischen Städte erkannten bald die gewaltigen Vorteile an, die sich für sie aus der Zugehörigkeit zu einer Weltmacht ergaben, um so mehr als sie sahen, wie der Zaubergarten am Golf von Neapel und seine wunderbare landschaftliche Schönheit die immer zahlreicher auftretenden römischen Gäste entzückte und begeisterte. Schließlich war man auch früher nicht mehr ganz frei gewesen und die neue Herrschaft der rauhen samnitischen gewiß vorzuziehen. So treten Pompeji und Herculaneum in ihre rein römische Zeit ein.

2

UNTER DER HERRSCHAFT ROMS
DAS ERDBEBEN DES JAHRES 63 NACH CHRISTUS
80 v. Chr. bis 64 n. Chr.

Pompeji war aus den Wirren der Kriege mit einem blauen Auge davongekommen. Es hatte bloß Land und Anteil an der Stadtherrschaft an die römischen Kolonisten Sullas abtreten müssen, was wohl zu Weiterungen zwischen den erbgesessenen Bewohnern und den Eindringlingen führte, aber die Stadt selbst war unversehrt geblieben. Ihre Bedeutung als Handelsplatz war noch gestiegen, da man in dem nahe gelegenen, früher gefährlich wetteifernden Stabiae vorläufig alle Hände voll zu tun hatte, um den Wiederaufbau einzuleiten. So fiel ein großer Teil der bisherigen Aufgaben dieser Ortschaft nun Pompeji zu. Die Romanisierung der Stadt begann vor allem anderen hier wie auch in Herculaneum mit dem Ersetzen der früheren Machthaber durch römische Beamte und die Umwandlung ihrer Ämter in solche römischer Form. Als oberste Behörde wurde ein Rat der Stadt gebildet, der ungefähr dem Senat Roms entsprach. Der Versammlung dieser Stadträte (Decuriones) saßen zwei von der Bürgerschaft gewählte Männer vor (Duumviri), die den Rat einberiefen und überdies Recht zu sprechen hatten. Zudem mußten sie auch die Wahlen für die Gesamtverwaltung der Gemeinde leiten. Ihnen zunächst stand der Quästor als Finanzminister vor und zwei Stadtbauräte (Ädilen), denen die Überwachung der Straßen, Gebäude und Märkte sowie die Führung der Polizei und Rechtsprechung in weniger wichtigen Fällen oblag. Männer, die als Anwärter auf solch hohe Ämter auftraten, mußten dabei nachweisen, daß sie Vermögen besaßen, denn ihre Stellung war mehr eine Ehrenaufgabe; sie konnten nicht nur keine hohen Gehälter aus der Gemeindekasse einstecken, sondern waren im Gegenteil verpflichtet, aus eigenem großartige Bauten öffentlicher Nützlichkeit zu errichten und auch durch Veranstalten von Theatervorstellungen und sonstigen Spielen für das Vergnügen der Bevölkerung zu sorgen. Damit war die Gefahr ausgeschaltet, daß sich hohe Würdenträger auf Kosten der Allgemeinheit bereicherten.
Neben diesen Hauptbeamten gab es eine größere Zahl kleinere, mit geringeren Befugnissen ausgestattete Leute, die ebenso wie die führenden nunmehr fast sämtlich aus Römern oder aber aus solchen Pompejanern gewählt wurden, die sich der neuen Herrschaft mit Herz und Sinn verschrieben.

Die Folge war bald ein völliges Durchdringen der beiden Ortschaften Pompeji wie Herculaneum mit dem Geiste Roms und daher auch die Umwandlung des äußeren und inneren Stadtbildes nach römischer Bauart und Sitte. In Verfolg dieser Entwicklung begann die lateinische Sprache die oskische allmählich zu verdrängen. Auch Maße und Gewichte wurden verändert, und am Eichtisch auf dem Forum mußten die bisherigen oskischen den in Rom geltenden Einheiten weichen.

Es zeigte sich bald, daß die Bevölkerung der Stadt Pompeji, ja noch viel mehr Herculaneums, dieser Entwicklung nur sehr geringen Widerstand entgegensetzte. Das den Einwohnern der zwei Städte verliehene Bürgerrecht erleichterte die Versöhnung mit der neuen Ordnung. Von diesem Augenblicke an blühten sie auf, Handel und Wandel mehrten sich, und beide Ortschaften, insbesondere auch Herculaneum, wurden wegen der unvergleichlichen Lage am reizenden Golf von Neapel zu Villenorten und Erholungsaufenthalten vornehmer Römer, die sich für einige Zeit oder auch ganz aus dem politischen Wirbel der Hauptstadt in eine ruhige, friedliche, naturschöne Gegend zurückziehen wollten. Sie errichteten sich Villen und Luxushäuser, sie brachten Geld unter die Leute, und so begannen nun auch die öffentlichen Bauten, Plätze und Einrichtungen von diesen Verhältnissen Gewinn zu ziehen. Das galt vor allem anderen für den Hauptplatz, das rechteckige Forum, wo sich das politische und geschäftliche Leben der Bürgerschaft vornehmlich abspielte. Da es nicht in der Mitte der Stadt, sondern an deren Rand gegen das Meer zu lag, gestattete es ein leichteres Ausgestalten und Verbauen.

Der römische Einfluß, der sich nun bei allem bemerkbar machte, drückte wohl auf das bisher von den Griechen überkommene künstlerische Niveau, bedeutete aber einen entschiedenen Fortschritt in bezug auf Technik des Bauens und Art und Weise der Verwendung des Materials. Eine besonders rege Bautätigkeit setzte überall, vor allem aber am Forum, ein. Herrlich gelegen, mit dem Blick auf die lachende Bucht von Stabiae und im Hintergrund die Insel Capri sowie im Osten auf die Bergkette und im Norden den ragenden Vesuv, bot der an drei Seiten durch Vibius, aus dem hochangesehenen Geschlecht der Popidier, mit dorischen Säulen umgebene Platz mit seinen gewaltigen Gotteshäusern, dem Jupitertempel im Norden, dem nahen Apollotempel im Westen und der säulenumgebenen Basilika in der südwestlichen Ecke, einen prächtigen Anblick. Nun gingen die Römer daran, die Pflasterung mit Travertinblöcken zu unternehmen, auf die einfassende dorische Säulenreihe eine zweite in ionischer Ordnung aufzusetzen, den Platz mit Statuen von Gottheiten und angesehenen Bürgern zu schmükken und ganz neue Gebäude zu planen. Diese dachte man sich vor allem anderen an der Ostseite des Forums, wo damals noch einige Privathäuser standen.

Der große Tempel an der Nordseite, der höchsten Gottheit, dem Jupiter, geweiht, wurde auch noch dadurch hervorgehoben, daß rechts und links davon zwei gewaltige Triumphbogen errichtet wurden, die gleichzeitig auch einen prunkvollen Eingang für das Forum bildeten. Die Zugänge wurden für Wagen und Pferde abgeschlossen, damit die Bürger sich frei und ungehindert ergehen und der Marktverkehr sich glatt und leicht abspielen konnte. Man begab sich auf das Forum, um die Tempel zu besuchen und den Gottheiten Opfer zu bringen, traf seine Bekannten, sprach von Geschäften, ging in die Gemeindeämter, zahlte die Steuern. In der Basilika, einem gewaltigen Bau, der den Bedürfnissen des Handels und Marktverkehrs diente, suchte man seine Geschäftsfreunde und Advokaten auf, ließ sich Recht sprechen, kurz, es vereinigte sich hier alles, was man brauchte und wollte. Überdies legte man den Grundstein zu einer prunkvollen Badeanlage nächst dem Forum, damit auch diese Annehmlichkeit jenem Brennpunkt des ganzen Lebens der Stadt nahe sei. Das öffentliche Bad aus samnitisch-oskischer Zeit, das die Römer an der Stabianer Straße vorgefunden hatten, genügte den Anforderungen nicht mehr.

Zur Unterhaltung diente das große, offene Halbrundtheater, das in die Richtung gegen das Stabianer Tor zu gebaut wurde. Auch am Forum wurden in ältester Zeit Feste und religiöse Aufzüge abgehalten, ja selbst Stierkämpfe und sonstige Spiele, für die ein anderer Schauplatz noch fehlte. Die Römer liebten dergleichen selbst, aber wußten überdies, daß das Volk überall Zerstreuung sucht und braucht und man sich damit dessen Gunst leichter gewinnen kann.

So sehnte man sich vor 80 v. Chr. danach, einen gewaltigen öffentlichen Bau errichtet zu sehen, der so groß wäre, daß fast alle Bewohner der Stadt darin Platz fänden. Gab es einmal einen solchen Schauraum, so würden sich wohl auch die Mäzene finden, die darin auf ihre Kosten Gladiatorenspiele und Stierkämpfe veranstalten würden. Man erhoffte sich dies nicht umsonst von den steinreichen Erbauern des kleinen Theaters, dem Gaius Quinctius Valgus und Marcus Porcius, die sich denn auch nach ihrer Wahl zu den höchsten Ämtern der Stadt zur Errichtung eines solchen Riesenschauraumes entschlossen. Der eine von ihnen, Valgus, hatte in den Tagen von Sullas Kampf um die Macht in Rom, als unzählige Familien verbannt und vernichtet wurden, durch spekulativen Ankauf ihrer Güter ein ungeheures Vermögen erworben. Nun hatte er sich damit nach Pompeji zurückgezogen und versucht, hier auf diese Weise öffentliches Ansehen zu erwerben. Man errichtete das Amphitheater mit einem Fassungsraum von etwa sechzehntausend Menschen, wovon nicht weniger als dreizehntausend auch sitzen konnten. Da Pompeji damals höchstens etwa fünfzehntausend Einwohner zählte, so war bei dem Bau offenbar von vornherein das Wachstum der Stadt mit in Rechnung gezogen und daran gedacht, daß auch die Bewohner der Ortschaften der Umgebung zu den Aufführungen herbeiströmen würden. Da die Sonne in diesen Breiten mörderisch herabbrennt, wurde dafür Vorsorge getroffen, über Kampfplatz und Zuschauerraum ein riesiges Zeltdach spannen zu können. In der äußersten südöstlichen Ecke der Stadt errichtet, bildete das etwas versenkt gebaute Amphitheater den Ausgangspunkt für einen sportlichen Bezirk, der allmählich im Anschluß an dieses Gebäude entstand. Wunderbar war es von den Architekten eingeteilt und die Zu- und Abgänge so angelegt, daß sie ein ebenso rasches Füllen wie Leeren des Zuschauerraumes gestatteten. Pompeji konnte auf dieses gewaltige »Ringsumtheater« um so stolzer sein, als nicht einmal Rom noch um diese Zeit (80 v. Chr.) ein solches besaß. Allerdings, die grausamen Spiele, für die es bestimmt war und wobei bis zu blutigem oder tödlichem Ausgang Männer gegeneinander oder gegen wilde Tiere kämpften, waren eine menschliche Verirrung. Die Grausamkeit dieser Vorführungen hinderte jedoch nicht, daß die Bevölkerung von einer wahren Leidenschaft für solche Schauspiele erfaßt wurde, die sie gänzlich vergessen ließ, welch furchtbarem Schicksal die dort kämpfenden Menschen und Tiere damit geweiht waren. Manche Pompejaner waren davon so erfüllt, daß zum Beispiel einer, Umbricius Scaurus, ein Mann, der durch Verkauf und Herstellung der in Pompeji so beliebten Fischsauce reich geworden war, testamentarisch verfügte, es sei auf sein Grabdenkmal ein steinernes Hochbild zu machen, auf dem die Kämpfe von Gladiatoren untereinander sowie gegen wilde Tiere einzumeißeln wären. Unter dem Relief konnte man auch lesen, daß der Gladiator Bebryx, ein fünfzehnfacher Sieger, dem Nobilior mit seinen nur elf Erfolgen gegenübergestellt wurde. Die abgebildeten Kämpfe bezogen sich auf jene, die als Trauerfeier gelegentlich der Bestattung des Scaurus aufgeführt wurden. Da sieht man auch Löwen und Panther, Wildschweine, Stiere und Gazellen in Streit und Flucht, wobei zuweilen zwei Tiere, etwa Panther und Stier, um sie mehr zu reizen und ein Fliehen unmöglich zu machen, durch ein langes Seil aneinandergefesselt waren. Auch außen am Bühnensockel des

Amphitheaters wurden solche Kämpfe malerisch dargestellt. Manchmal aber fand dort auch unblutiger Athletenwettstreit statt, wie er in unserer Zeit wieder modern geworden ist. Doch auch dies genügte dem steigenden Bedürfnis nach Vergnügen nicht. Die offenen Schaustätten konnten in der weniger günstigen Jahreszeit nicht immer gebraucht werden. Darum entschloß man sich schon um 75 v. Chr., nächst dem bereits bestehenden offenen auch ein bedecktes Theater zu erbauen, das ungefähr fünfzehnhundert Personen fassen konnte. Es wurde in die Nähe des großen verlegt, weil das nun schon einmal die Gegend für Gebäude des Vergnügens und der Erholung war.

Während sich so Pompeji gewaltig entwickelte und auch Herculaneum aus der römischen Verwaltung und der engeren Bindung an Rom großen Vorteil zog, war die Weltstadt selbst weder innen- noch außenpolitisch zur Ruhe gekommen. Noch war ihr Schicksal durch die Kämpfe um die oberste Gewalt bestimmt. Die Republik näherte sich ihrem Ende, um dem Gedanken der uneingeschränkten Herrschaft eines einzelnen, also der Monarchie, Platz zu machen. Aber dies geschieht nie ohne furchtbare Kämpfe und Erschütterungen, insbesondere bei einer Bevölkerung, die untereinander ständisch scharf geschieden ist und in der die wenigen Gebildeten sich sehr hoch über die arbeitende und frohnende Klasse erheben. Es ist unmöglich, auch nur annähernd richtig festzustellen, wieviel Einwohner Italien zu jener Zeit hatte. Oscar Jäger schätzt deren Zahl auf 20 bis 22 Millionen, wovon etwa 13 bis 14 Millionen[9] Sklaven gewesen wären. Ein solches oder auch nur ein ähnliches Mißverhältnis bedeutete eine große Gefahr, und wirklich, 73 v. Chr., wurde ein gewaltiger Versuch unternommen, die Sklaven gegen ihre oft furchtbar grausamen Herren aufzuwiegeln. Die Bewegung kam zum Ausbruch, als ein, wie jeder Gladiator, ohnehin in absehbarer Zeit dem Tode geweihter Thraker namens Spartakus in einer Gladiatorenschule nächst Capua etwa siebzig seiner Genossen beredete, aus der Schule auszubrechen und den Gedanken der Freiheit in den Herzen der Millionen Sklaven zu entzünden. Die immer mehr anwachsende Schar schlug zunächst eine aus Capua gegen sie gesandte römische Truppenabteilung, nahm ihnen Kleider und Waffen ab und suchte dann einen übersichtlichen, taktisch günstig liegenden Platz, um sich gegen die weiter ausgesandten römischen Heerscharen zu verteidigen. Sie fand ihn an den Hängen des auf einer Seite scharf abfallenden, gleichsam eine Festung darstellenden Vesuv, der dort und da auch noch Höhlungen aufwies, die Schutz boten und plötzliches überraschendes Auftreten einzelner Abteilungen gestatteten. Die Schilderungen dieses Kampfes gegen den römischen Prätor C. Claudius Glaber, der Spartakus schon eingeschlossen zu haben vermeinte, geben ein wechselndes Bild von der Gestalt des Vesuv zur damaligen Zeit, das einigermaßen von den sonstigen Beschreibungen, zum Beispiel des römischen Geographen Strabo, abweicht. »Sie stürzten sich«, erzählt Lucius Änäus Florus, »mittels Stricken von Weinranken durch die Schlünde des höhlenreichen Gebirges herab, erreichten den untersten Fuß desselben und fielen durch einen zuvor für unwegsam gehaltenen Ausgang plötzlich über das Lager des nichts weniger als dies vermutenden römischen Feldherrn her.« Der Belagerer wurde vollkommen geschlagen; Spartakus besetzte und plünderte zahlreiche umliegende, nicht befestigte Ortschaften, und es gelang ihm sogar eine Zeitlang, über einen großen Teil Süditaliens, vor allem über Lukanien, zu gebieten. Erst Crassus gelang es 71 v. Chr., nach fast zwei Jahren also, die Aufrührer zu besiegen und den tapfer kämpfenden Spartakus und sein zuweilen fast 60 000 Mann starkes Sklavenheer völlig zu vernichten.

Überall, so auch in unseren beiden Städten, wurde nach diesen bangen zwei Jahren die römische Herrschaft wieder gänzlich hergestellt. Pompeji ging von neuem seiner Alltagsbeschäftigung nach. An den Hauptstraßen, die die Ortschaft durchzogen, entwickelte sich ein sehr dichter Wagenverkehr, der die Pflasterung der Straßen unbedingt nötig machte. Bald zeugten tiefe Räderspuren darin von der starken Benutzung. Rechts und links der Verkehrswege entstanden zahlreiche Läden, in denen die industriellen Erzeugnisse der Stadt und vor allem Lebensmittel feilgehalten wurden. In den Thermopoliis, einer Art gegen die Straße zu offener Bars, wurden warme Speisen und Getränke aus in den Ladentisch versenkten Bronzegefäßen an die Vorübergehenden verkauft.

In Herculaneum indes zeigte sich keine solche Entwicklung. Da gab es wenig Wagenverkehr, keine ausgefahrenen Geleise im Pflaster, nur eine beschränkte Zahl Geschäfte, doch überall Spuren von der Beschäftigung mit Seefahrt und Fischfang; Netze und Angeln, Seilwerk und sonstiges Schiffszubehör weisen auf diese Haupttätigkeit der Bevölkerung hin. Daneben entstanden viele Villen, bei deren Anlage die Architekten sich die herrliche Lage am Meer und die schönen Ausblicke zunutze machten, die sich überall boten.

Indessen hatte sich die große Politik in Rom zum endgültigen Kampf zwischen der Republik und den nach einer Monarchie drängenden Männern und Kräften entwickelt. Cäsars gewaltige Gestalt brach sich Bahn, er über-

Die Via dell' Abbondanza wird freigelegt. Im Vordergrund die Fassade des Hauses IX, 11,3, über und über bedeckt mit Wahlinschriften. Daneben ein Stilleben von Bronzevasen, sozusagen ein Ladenschild.

Die große Gartenmalerei des Hauses I 6, 15 im Zustand der Ausgrabung. Man sieht links noch die Verschüttung durch die kleinen, leichten vulkanischen Steinchen (Lapilli).

Thermopolium (Garküche und Ausschank) in der Via dell' Abbondanza.

In dem luftdicht verschlossenen Bronzekessel dieses Thermopoliums (vorne rechts) fand sich noch eine nicht ganz eingedickte Flüssigkeit. In die Wände waren Namen von Mädchen eingeritzt, woraus man schließt, daß man hier nicht nur Speisen und Getränke erhalten konnte.

wand im Bürgerkrieg seinen großen Gegner Pompejus, und mit dem Jahre 47 v. Chr. war Cäsar Alleinherrscher, und die Macht des Senats in Rom schien gänzlich gebrochen. Doch seine Ermordung an den Iden des März des Jahres 44 machte der Machtfülle, die ihn schon zum obersten Heerführer, Richter und Priester in einer Person emporgetragen hatte, ein jähes Ende. Die sich durchringende Idee der uneingeschränkten Alleinherrschaft eines einzelnen, aber im Sinne der Weltmonarchie Alexanders des Großen, nahm er nicht mit sich ins Grab.

Die Herrschaft Roms, auch über den hellenistischen Osten des Mittelmeeres und sein gesamtes Kulturgebiet, führte zu einer viel stärkeren Beeinflussung römischen Lebens durch entsprechende Vorbilder. Das mußte sich nicht nur in Rom, sondern auch in allen der Hauptstadt untertanen Landschaften und Städten, zu denen Pompeji und Herculaneum gehörten, bemerkbar machen und hier um so mehr, als diese Orte ja schon lange mit griechischem Geist in Berührung gekommen waren. So kam es zu der innigen Verbindung zwischen griechischer und römischer Kultur, die zu gewaltigen, tief in das Leben und den Fortschritt der Welt eingreifenden Wirkungen führte. Sie fand in der nun folgenden Kaiserzeit ihren Ausdruck in immer steigendem Luxus, in verfeinerter Lebensweise, wenn auch nicht in Verbesserung der allgemeinen Moral und Sitten des Volkes. Dies zeigte sich auch auf dem Gebiet der Religion, der Philosophie und der Poesie. Man suchte die griechischen Götter den römischen gleichzustellen, sie zu vermenschlichen und insbesondere ihre Liebesabenteuer in den Mittelpunkt künstlerischer Darstellungen zu setzen. Dies schwächte den Gottesbegriff vornehmlich bei den Gebildeten wesentlich. Ein solcher Geisteszustand, der aber noch von banger Ungewißheit beherrscht wird, ob die Götter nicht doch Leben und Zukunft des einzelnen in der Hand halten, führte zur Geneigtheit, geheimnisvollen Religionen aus Ägypten und Griechenland zu verfallen, und zwar besonders solchen, die durch sogenannte Mysterien religiöse Scheu und Ehrfurcht erweckten. Dazu kam noch, daß die mit zunehmender Macht und Reichtum steigende Sittenlosigkeit an den oft geschlechtlich ausartenden Geheimkulten besonderes Gefallen fand. So gelangten jener der Göttin Isis aus Ägypten und die Mysterienfeiern der Griechen nach Italien und drangen auch in die campanischen Städte ein.

Diese Entwicklung hatte in dem berühmtesten römischen Redner, Rechtsanwalt und Anhänger des Pompejus, Marcus Tullius Cicero, einen aufmerksamen Beobachter gefunden. Er übte im politischen Leben sowohl wie im geistigen seiner Zeit einen ungeheuren Einfluß aus und empfand nach aufregenden Wirren, wie zum Beispiel dem Aufdecken und Niederkämpfen von Catilinas Verschwörung, die das Erreichen des Konsulats und der obersten Macht im Staate bezweckte, das dringende Bedürfnis, sich fern vom Getriebe der Welt zu erholen. Unter vielen solchen Landgütern, die ihm dies ermöglichten, war auch ein »Pompeianum«, wie er es selbst nannte, eine friedliche, schön gelegene Villa in der Nähe Pompejis, in die er sich zeitweise zurückzog. Aber nach der Ermordung Cäsars war auch des Ciceros Glück zu Ende. Ein Jahr später wurde auch er gewaltsam getötet und erlebte so den Aufstieg des Octavianus, des von Cäsar in seinem letzten Willen an Sohnes Statt angenommenen Großneffen, nicht mehr, der nach dem Entscheidungskampf gegen des genialen Mannes gewesenen Mitkonsul Marcus Antonius im Jahre 31 v. Chr. nicht nur die volle und uneingeschränkte Herrschaft über Rom, sondern auch fast über den gesamten damals bekannten Erdkreis errang. Man verlieh ihm den Titel Augustus, das heißt der gottbegnadete, verehrungswürdige Mehrer des Reiches, und der Senat gab ihm dazu neben der Konsulswürde das sogenannte Imperium, die volle Herrschergewalt mit der Amtsbezeichnung Imperator. Von da bis zur göttlichen Verehrung der Person des nunmehrigen Kaisers war es nur mehr ein Schritt. Bald erhoben sich in vielen Städten des Reiches Tempel des Augustus, die nicht nur dem Manne, sondern der gesamten Familie des Herrschers göttliche Ehren verbürgten. Auf diese Weise sollte durch die Anbetung des kaiserlichen Genius auch die Zukunft und Beständigkeit der Herrscher seiner Familie im ganzen römischen Volke auf ewige Zeiten verankert werden. Es zeigte sich bald, daß Augustus ein kluger, voraussichtiger und arbeitsamer Herrscher war. Die Ergebnisse seiner Regierung bewiesen dies; großartige Bauten zeugten von der Prachtliebe des Kaisers, bildende Kunst und Malerei wurden im Anschluß an griechisches Vorbild gefördert und das Selbstbewußtsein eines jeden Angehörigen des Weltreiches gestärkt. Mit Recht konnte Virgil dem Herrscher in der Äneis zurufen: »Du bist ein Römer, dies sei dein Beruf. Die Welt regiere, denn du bist ihr Herr.«

Augustus, der sein Land häufig bereiste, war gleichwie jedermann entzückt von der herrlichen Lage und landschaftlichen Schönheit des Golfes von Neapel. Er sorgte dafür, daß die Wunden der Kämpfe um die oberste Macht in Rom allmählich geheilt würden, während er die Reichsgrenze bis zur gut zu verteidigenden Donau vorschob, gegen die Germanen die Rhein- und im Osten die Euphratlinie hielt. Friede und Ordnung, die Folge aller weisen Maßnahmen, gaben ihm die Möglichkeit des inneren Ausbaues in allen Gebieten. Dies wurde sofort auch in Campanien und damit in Pompeji und

Herculaneum fühlbar. Die Bevölkerung wuchs zusehends, Pompeji zählte zur Zeit bereits etwa 15 000–16 000 und Herculaneum 4 000–5 000 Einwohner. Diese Verhältnisse wurden dadurch gefördert, daß der mit dem Frieden zunehmende Welthandel des Reiches damals in den Golf von Neapel mündete. Die kostbarsten Schätze, die Erzeugnisse und Leckerbissen der ganzen Erde strömten in Rom und seinen Landgebieten zusammen. Millionen von Sklaven arbeiteten und dienten für den Luxus und das Wohlergehen der römischen Herren- und Siegerkaste. Das zur Weltherrschaft gelangte Italien übernahm die Früchte der Kunst und Schönheit aus griechischer Hand, formte und bildete sie nach und schmückte damit seine Häuser und Städte. Immer häufiger suchten die Römer die mit herrlichen Myrten- und Rosengärten umhegten Ortschaften am Zaubergolf von Neapel auf. Zu ihrer Unterkunft wurde viel und schön gebaut. Die Technik war nun eine wesentlich andere, nur mehr für die Fassaden wurden Quader genommen, sonst aber wurde es jetzt üblich, bei Häuserbauten viereckig behauene Steine auf eine ihrer Ecken aufzustellen und mit Mörtel untereinander zu verbinden, so daß eine Art Steinnetzwerk entstand; schon aber bediente man sich auch der neuaufgekommenen flachen Ziegel, die ungefähr halb so dick wie unsere heutigen, allen Besuchern Roms so wohlbekannt sind. Die Säule wurde häufiger, Stuck zu ihrer und der Wände Bekleidung, aber auch schon der kostbare Marmor wurde in steigendem Maße verwendet. Die Fora und ihre großen öffentlichen Bauten schmückten sich mit einem Wald von Statuen. Viele kleine Häuser wurden von reich gewordenen Pompejanern oder vermögenden zugereisten Römern aufgekauft und auf dem Gebiet mehrerer solch kleiner Atriumhäuser große palastartige Wohnungen mit herrlichen Säulenhöfen geschaffen. Schon werden zweite Stockwerke errichtet, in denen allerdings hauptsächlich die dienende Klasse untergebracht wurde. Überall bei den Bauten zeigte sich das Bestreben, Schönheit in die Wohnungen zu tragen.
Wie das eigentliche Leben im Hause aus dem einfacheren Atrium in den großartigen Säulenhof verlegt wurde, ebenso strebte nun jedermann, die Wandflächen seines Heims durch Malereien zu schmücken, die nun nicht mehr nur kostbare Gesteine vortäuschen oder bloß gemalte Architekturen zeigen sollten, sondern in der Mitte der Wand in zunehmendem Maße figürliche, meist der Götterwelt entnommene Darstellungen aufwiesen. So entwickelte sich im zweiten und dritten Stil die nach griechischen Vorbildern zu Dreiviertel mythologisch-religiöse Wandmalerei, wobei man auch da die Liebesgeschichten der Götter bevorzugte. Nicht ohne Grund scherzt Gaston Boissier: »Jupiter scheint nur beschäftigt zu sein, Danae, Jo oder

Leda zu verführen oder Europa zu rauben. Auf zwölf Bildern ist Daphne von Apollo verfolgt, Venus ist fünfzehnmal in den Armen des Mars und sechzehnmal in jenen des schönen Adonis dargestellt. Die galanten Abenteuer der Götter sind der beliebteste Vorwurf[10].«

Porträts wurden noch selten gemalt, man zog die Büsten und Hermen der Bildhauer vor. In der Malerei wechselten romantische Landschaften mit anmutigen Darstellungen geflügelter Genien, die unseren Heinzelmännchen gleichen, die kochen und tischlern, schustern und schmieden, tuchwalken und keltern und uns so ein getreues Bild der täglichen Beschäftigungen des Pompejaners vermitteln.

Im allgemeinen beweisen uns die Wandbilder der campanischen Städte das Streben der Bevölkerung nach erotischer Lebensfreude und ruhigem Wohlleben. Nach wie vor zeigte sich in der ganzen Anlage der Häuser der Wunsch, nachbarlichen Einblick und damit Unfrieden fernzuhalten und die völlige Souveränität persönlichen Lebens zu unterstreichen. Daher das eher abweisend einfache und schmucklose Äußere der Häuser gegen die Straße zu, bei wunderbarer und oft prächtiger Ausgestaltung der Innenanlage. Aber auch das materielle Leben suchte sein Recht, und so vermietete man in Pompeji wie in Herculaneum Zimmer und Geschäfte oder aber man ließ, um sein Einkommen zu erhöhen, die eigenen Erzeugnisse, etwa Wein vom Landgut, an der Straße verkaufen oder im Hause durch Sklaven ein Gewerbe betreiben. Kam man vom öffentlichen Leben aus Forum, Theater, Tempel oder Bad heim, zog man sich als Herrscher in sein kleines Reich, in das ruhige eigene Haus zurück. Dort suchte man sich durch alle möglichen Annehmlichkeiten, insbesondere bei wachsendem Wohlstand durch gutes Essen und Trinken, das Leben so angenehm wie möglich zu machen. Man speiste in den sogenannten Triclinien, das sind Räume, in denen an drei Seiten entweder mit Polstern und Kissen bedeckte Sofas auf bronzenen Gestellen standen, oder die Bänke gleich in Stein erbaut um einen kleinen Tisch herum angeordnet waren. Auf jeder solchen Liegebank hatten bis zu drei Personen Platz, da der Römer die Ansicht verfocht, eine Tischgesellschaft solle, um heiter und belebend zu sein, weder die Neunzahl der Musen überschreiten noch hinter der Dreizahl der Grazien zurückbleiben. Die vordere vierte Seite blieb frei, damit die Sklaven den Gästen die Speisen von dem Anrichtetisch, wo sie sie zerteilten, über den kleinen Tisch in der Mitte zutragen konnten. Denn der Römer kannte die Gabel nicht und gebrauchte nur den Löffel, während die Dienerschaft die Speisen vorher mit dem Messer zerschnitt. Oft waren auch noch in den Triclinien die Plätze der einzelnen Familienmitglieder, insbesondere des Hausherrn, dadurch bezeichnet, daß rückwärts an der Wand sein Name stand. Man lag auf den Ruhebetten mit aufgestütztem linken Ellbogen zu Tisch, das links vom mittleren (summus lectus) war das Ehrensofa, wo der geehrteste Gast seinen Platz fand, während der Hausherr in der Regel auf dem rechten (imus lectus) lag. Auch diese Räume waren stets mit reizenden Wandmalereien bedeckt, die entweder die verschiedenen Speisen oder auch Schaubilder darstellten, wie zum Beispiel Frauen, die mit Pfauen spielen. Die Kinder aßen dagegen an einem kleinen Tischchen, das zu Füßen des Lagers ihrer Eltern aufgestellt war.

Die sehr mannigfaltigen Speisen, die sich vielfach aus Fischen, Austern und sonstigem Seegetier, sowie Hühnern, Wild und Schweinefleisch zusammensetzten, wurden in verhältnismäßig kleinen Küchen hergestellt, die aber reich mit Geschirr und Modeln ausgestattet waren, wie die eines Hasen, Ferkels oder Fisches usw., um kunstvollen Speisen solche Formen zu geben. Von Gemüsen war schon der Spargel bekannt, und auch Schwämme, wie der Reizker, wurden vielfach genossen. Unter den Früchten war nebst der Traube die von den griechischen Kolonisten nach Süditalien mitgebrachte Feige die beliebteste. Die Quitte, der Venus geweiht, galt als Symbol der Liebe und des Glücks; sie ersetzte die damals noch unbekannte Orange. Äpfel und Birnen gab es auch, aber sie waren noch lange nicht so sehr verbreitet wie heute. Auch der Kirschbaum war wesentlich seltener, während die Dattel zwar nicht in Campanien, aber noch in weit zahlreicheren Gebieten der Mittelmeerregion wuchs als heute. Brot wurde in großen runden, fast genau wie unsere heutige kleine Semmel gezeichneten Laiben gebacken; Weizen und Gerste dienten zu seiner Bereitung. Zu den Speisen trank man meistens Wein, der in ausgezeichneter Güte überall und besonders an den Hängen des Vesuv wuchs. Er schmeckte am besten in oft prachtvoll verzierten, zuweilen auch silbernen Trinkgeschirren oder wundervollen Glasgefäßen.

Hatte einer der Gäste beim Speisen des Guten zuviel getan oder war sonst jemand krank geworden, so gab es allerdings nur wenige und daher sehr hochgeschätzte, in ihrer Wissenschaft erfahrene Ärzte. Insbesondere die Chirurgie war auf einem verhältnismäßig sehr hohen Standpunkt, wie sich aus den Instrumenten schließen läßt, die die pompejanischen Ärzte besaßen. Da gab es alle möglichen Spateln, Lanzetten, Zangen, Scheren, Mittel zur Geburtshilfe usw. in hervorragender technischer Vollendung. Reich ausgestattete Apotheken vermittelten die von den Ärzten verordneten Arzneien in Täfelchen, Pillen oder Flüssigkeiten.

Senkte sich der Abend herab, so war für ausreichende Beleuchtung der

Häuser gesorgt. Überall standen die bekannten flachen, runden Tonlämpchen für Öl, die mit einem Docht versehen waren. Um das Licht zu verstärken, konnte man sich nur durch Vermehrung der Zahl der Lampen helfen, die man an baumartig verästelten Kandelabern aufhing.

Die übrigen Einrichtungsgegenstände der Häuser, wie Tische und Betten, waren meistens aus Holz mit schön gearbeiteten Bronzefüßen. Sonst zeigten die Dinge täglichen Gebrauchs eine bemerkenswerte Ähnlichkeit mit denen, die wir heute noch benutzen. An Stelle unserer schweren, versperrbaren Panzerkassen standen damals in den Atrien der Häuser vielfach gewaltige, entweder ganz aus Bronze oder Eisen hergestellte oder zumindest damit beschlagene Geldkisten, die oft feinst gearbeiteten Reliefschmuck aufwiesen. Alle, auch die einfachsten Gegenstände alltäglichen Gebrauchs, waren irgendwie verschönt oder geschmückt. Die Haarnadeln, Parfümgefäße, Löffelchen und Scheren der Damen ebenso wie die Rasierzeuge, Dolche und Messer der Männer. Bloß die landwirtschaftlichen Geräte, die auch damals schon fast genau in der gleichen Art vorhanden waren wie heute, wiesen die einfache, rein praktische Zweckform auf.

Mit der Befestigung der obersten Macht in Rom und der Zeit der Ruhe und des Friedens, die für Italien folgte, zeigte es sich auch in Pompeji und Herculaneum, daß reiche Leute, die sich ein großes und schön gelegenes Haus erbauen wollten, nicht mehr darauf angewiesen waren, ein solches nur innerhalb der Mauern der Stadt zu errichten. Man wagte nun schon draußen, hauptsächlich nächst der Küste zu bauen, weil von dort aus schönere Ausblicke gewonnen werden konnten. So entstand um jene Zeit ziemlich weit entfernt von dem sogenannten Herculaner Tor, vor der Nordwestecke Pompejis, eine große Prachtvilla in quadratischer Form, die auf einem stark gegen das Meer zu abfallenden Gebiet erbaut wurde, so daß die dorthin gelegene Seite des Gebäudes durch ein gewaltiges Gewölbe erhöht werden mußte. Es war eine ausgesprochene Patrizierwohnung mit wunderbaren Malereien zweiten Stils an den Wänden. Ein großes Atrium, ein gewaltiges Peristyl, prachtvolle Empfangsräume, sogar eine Halbrundveranda waren da eingebaut. Das Juwel des Hauses aber bildete ein Salon, in dem ein campanischer Maler offenbar auf Befehl seiner, vielleicht selbst als Priesterin in die dionysischen Mysterien eingeweihten Herrin ungefähr um 60 v. Chr. den dramatischen Verlauf dieser Weihe in nicht weniger als neunundzwanzig überlebensgroßen Figuren und leuchtenden Farben darstellte. Die Villa wurde nun so großartig ausgebaut, daß sie allmählich fast neunzig Räume mit Privatbad umfaßte.

In jenen wundervollen Fresken hatte der neue römische Besitzer, der die Villa so sehr ausschmückte und diesen Prachtsaal in direkte Verbindung mit zwei Schlafalkoven für sich und die Hausfrau brachte, die geheimen Vorgänge der Mysterien wiedergeben lassen, wie sie sich damals trotz dem zunächst geltenden Verbot des Senats über ganz Italien ausgebreitet hatten. Die Riten der Flagellation und dadurch Reinigung, der Entschleierung des Phallus vor dem zitternden jungen Mädchen, die zügellosen Tänze einer nackten Bacchantin und der Bacchuskult sind in diesem luxuriösen Vorraum der ehelichen Schlafzimmer dramatisch dargestellt.

Ging man von diesem Haus gegen Pompejis Herculaner Tor zu, so begegnete man einer weiteren großen Villa, die ihre Entstehung etwa der gleichen Zeit verdankte; sie war das Landhaus eines reichen Patriziers und wurde lange fälschlich einem Weinhändler namens Arrius Diomedes zugeschrieben. Obgleich Platz genug vorhanden war, um sich nach allen Seiten auszubreiten und dies auch weidlich ausgenutzt wurde, war das Haus mehrstöckig erbaut. Durch ein dreieckiges Vorzimmer kam man sofort in ein prachtvolles Peristyl mit schmucken dorischen Säulen. Auch hier anmutige Wandmalereien zweiten Stils, eine eigene Badeanlage und – eine große Seltenheit in Pompeji – kleine, runde Fenster, die mit dickem Glas versehen einen Blick ins Freie gestatteten und die ersten Anfänge der heute als so selbstverständlich betrachteten Glasfenster bedeuten. Ein großer Kryptoportikus bewahrte eine Unzahl riesiger Weinkrüge, sogenannte Amphoren, und bewies so, daß in dieser großartigen Anlage, die ein wundervoller Garten umgab, eine ausgedehnte Weinwirtschaft betrieben wurde.

Die Villa grenzte an die Gräberstraße, nächst der die vornehmsten Pompejaner zur ewigen Ruhe bestattet und ihnen in stolzer Reihe Denkmäler errichtet wurden. Von dort gelangte man durch das Herculaner Tor, das den breiten Fahrweg in großem Bogen überwölbte und rechts und links seitliche Durchlässe für Fußgänger freiließ, in die Stadt. Die Wagendurchfahrt konnte mit einer Falltür, die Seitentore durch Gitter geschlossen werden. Hier herrschte stets reger Verkehr von Lastträgern, Taglöhnern, Fuhrleuten und Maultiertreibern, die den Zu- und Abtransport der Waren von der Stadt zum Hafen besorgten. Sie verewigten sich durch Inschriften in den zahlreichen, nächst dem Tor liegenden Einkehrgasthäusern und Thermopoliis, wo warme Speisen und Getränke offen verkauft wurden. Überdies flutete der von Neapel und Herculaneum kommende Verkehr hier herein.

Ursprünglich, in griechischer und samnitischer Zeit, waren die Toten unverbrannt in Steinsarkophagen beigesetzt worden, und in fast einem jeden solchen Sarg fand sich eine Münze, das Fährgeld für Charon, der die Aufgabe hatte, den Toten über den Hadesfluß in das Reich der Dahingegangenen überzuschiffen. Später, in römischer Zeit, begann sich die Sitte des Verbrennens fast ausschließlich durchzusetzen. Die Verwandten des Verstorbenen erschienen in Trauerkleidung vor dem Scheiterhaufen, wo der Leichnam feierlich verbrannt wurde. Dann sammelte man die Asche und die Knochen, begoß sie mit Wein und Milch und legte sie neben wohlriechenden Spezereien und einer aus Wasser, Wein und Öl bestehenden Flüssigkeit in eine Urne. Diese wurde dann in einer Nische der Grabkammer beigesetzt, wodurch der Eindruck eines Taubenschlages entstand, daher nannte man solche Begräbnisstätten Kolumbarien. Häufig besaßen die Grabkammern auch ein schön bemaltes Triclinium als Raum zur Einnahme des Leichenmahles, das stets den Schluß einer Bestattung bildete. Hier konnte man die Denkmäler der Verstorbenen der größten Familien Pompejis, wie zum Beispiel der Istacidier, bewundern und aus den Inschriften erkennen, welche der um die Stadt verdienten Toten ihr Grabmal unter besonderen Ehrungen auf Staatskosten erhielten. So beispielsweise die Priesterin Mamia, die Stifterin eines Tempels am Forum, oder der Duumvir Aulus Umbricius Scaurus.

Auch die in der Nordwestecke der Stadt an den Straßen unmittelbar hinter dem Herculaner Tor gelegenen Häuser zeigten schon, daß dort ein großer Verkehr vorbeiströmte, dessen Erfordernissen man nach Möglichkeit entgegenkommen mußte. So war auch das sogenannte Haus des Sallust an der Ecke zweier großer Straßen (Strada consolare und di Mercurio) mit einer Schenke und einem Speisehaus versehen. Auch besaß dieses Anwesen vier Läden; in dem einen hatten die Sklaven Wein und Öl zu verkaufen, in den anderen war eine Mühle und Bäckerei eingerichtet. Das Gebäude stammte noch aus samnitischer Zeit und wies Malereien aller drei bisher bekannten Stile auf. Aulus Cossius Libanus, der Besitzer, war durch diese Geschäfte ein reicher Mann geworden und begann, sein Haus mit schönen Kunstwerken zu schmücken. Im Atrium stellte er eine herrliche Bronzestatue des Herkules mit der Hirschkuh auf, die der Halbgott der Sage nach lebendig nach Mykene bringen sollte. Er verfolgte sie ein volles Jahr, bis er ihr endlich durch einen Pfeil den Fuß lähmte und sie so in die Hände bekam. Sallust schmückte sein Haus überdies mit wunderbaren Wandgemälden, darunter mit einer viele Meter breiten und hohen Darstellung der Sage des Aktäon, der dereinst Artemis im Bade überraschte und deshalb in einen Hirsch verwandelt wurde, den Hunde zerrissen.

Verfolgte man die Straße di Mercurio weiter aufwärts, so kam man durch ein Seitengäßchen (Vicolo dei Vettii) zu einem Hause der Vettier, einer in Pompeji sehr verbreiteten Familie, deren Mitglieder oft auch die höchsten Stadtämter bekleideten. Der Erbauer muß ein sehr kunstsinniger, feingebildeter Mann gewesen sein, denn die Wände waren nicht mit Durchschnittsmalereien bedeckt, wie sie sehr viele Häuser dieser Zeit aufwiesen, sondern von Werken wahrer Künstler geschmückt. Es zeigte sich auch hier der Geschmack des einzelnen, der sein Heim eben infolge dieser ausgezeichneten Gabe über andere weniger Kunstverständige hinauszuheben verstand. Ein solches zum Beispiel ist das etwas weiter, schon an der Stabianer Straße gelegene Haus des als Bankier reichgewordenen Cäcilius Jucundus, der sich mit Verkaufsvermittlungen, für die er ein Prozent des Preises erhielt und der Verwaltung nicht nur des eigenen, sondern auch des Besitzes anderer befaßte und daraus sehr großen Nutzen zog. Es war entsprechend reich und luxuriös ausgestattet; im Atrium neben der Kapelle der Hausgötter standen prachtvolle Geldkisten und überdies eine Bronzebüste des Bankiers, die einer seiner Freigelassenen dem Genius seines Herrn geweiht hatte. Der Geldmann, der überdies eine seinem Hause gegenübergelegene große Tuchwalkerei gepachtet hatte, scheint bei aller Geschäftstüchtigkeit ein Lebenskünstler gewesen zu sein, denn unter ein schönes Wandbild ließ er die Verse schreiben: »Es lebe der, der liebt! Ein Pereat dem, der nicht zu lieben versteht! Doch zweimal nieder mit dem, der gar zu lieben verbieten will!«
Das Geschäftszimmer des Bankiers lag im ersten Stock des Hauses, denn dort hielt er die Abrechnungen über Auktionen, die er für seine Kunden veranstaltete, Quittungen und dergleichen in einer großen, bronzebeschlagenen Kiste aufbewahrt. Es waren mit Wachs überzogene Holztafeln, in die der Bankier mit einem feinen Stichel die Schrift eingeritzt hatte. Seine Geschäfte waren weithin verzweigt; bis nach Ägypten reichten sie, von wo er die dort hergestellte beliebte Leinwand nach Unteritalien einführen ließ. Einer seiner besten Kunden war der reiche Römer Gnäus Alleius Nigidius Maius, der ein sehr großes Haus mit prachtvollem Gartenperistyl bewohnte, das einen ganzen Bezirk (Insula) zwischen den Straßen della Fullonica und di Modesto einnahm. Der Inhaber betrieb eine links vom Atrium untergebrachte große Bäckerei mit drei Mühlen und einem gewaltigen Backofen. Dort, wo das Getreide gemahlen wurde, stand unter einem segenbringenden Zeichen: »Hier wohnt das Glück.« Nigidius trennte gleichfalls Teile seines Hauses ab und vermietete sie als Wohnungen, um sein Einkommen auch so zu mehren. An der Schwelle grüßte ein in den Boden eingelassenes

Mosaik mit dem anheimelnden »Salve«. Solche und ähnliche Inschriften fanden sich beim Eingang vieler Häuser, so der Spruch: »Meine Tür ist für Diebe geschlossen, für anständige Leute weit offen«, oder unter dem Mosaikbild eines Hundes die Warnung »cave canem«. An der Pforte der Wohnung eines gewissen Siricus, der jedenfalls ein Geschäftsmann war, ließen dem Eintretenden die Worte »Salve lucrum«, »der Gewinn sei begrüßt« keinen Zweifel über Beruf und Bestreben des Besitzers, ebenso wie in einem anderen Hause die aufrichtige Versicherung »Gewinn bedeutet Freude«.

Die reichen Leute Pompejis trugen aber insbesondere dann, wenn sie zu hohen Staatsmännern gewählt wurden, auch zur Ausgestaltung der öffentlichen Gebäude in reichem Maße bei. Dem Forum wurde nun ein besonderes Augenmerk zugewendet und um 10 v. Chr. seine Westseite mit Säulenhallen begrenzt, das Pflaster verbessert und der Tempel zu Ehren des Genius Augusti in Bau genommen, den die Priesterin Mamia stiftete. Er begrenzte die nördliche Ostseite des Forums; unmittelbar südlich ließ die Priesterin Eumachia im eigenen und im Namen ihres Sohnes M. Numistrius Fronto ein gewaltiges Gebäude, das anscheinend industriellen Zwecken sowie auch dem Stande der Tuchwalker und ihrer Genossenschaft als Versammlungshaus diente, wesentlich erweitern und mit einer großen Vorhalle gegen das Forum zu versehen. Es war dem regierenden Kaiser geweiht und enthielt unter anderem auch die Statuen des Romulus und des Äneas. An der Südostecke wurde ein Bau, das Comitium oder der Abstimmungsraum errichtet, so daß nun das gesamte Forum geschlossen von Bauten und Säulenhallen umgeben, mit seinen schönen Statuen den Eindruck eines Prunksaales machte, ähnlich etwa dem Markusplatz in Venedig. Dem Kaiser aber wurde auch außerhalb des Forums an der Nolastraße mit Anfang unserer Zeitrechnung ein Tempel der Fortuna Augusta, »des kaiserlichen Glücks«, erbaut.

Noch unter Augustus wurde die Befestigung Pompejis an der Seeseite völlig aufgelassen. Die Mauer wurde teilweise ganz abgebrochen und so der Ausdehnung der Stadt nach dieser Seite kein Hindernis mehr bereitet. Das war auch notwendig, weil sich die Einwohnerschaft der Stadt vermehrte und überdies von Kaiser Augustus selbst neue Kolonisten dahin gesandt wurden, die sich außerhalb der Mauern ansiedelten. Gleichzeitig wurde mit aller Sorgfalt die Wasserversorgung der Stadt in Angriff genommen; in einem großen Turmkastell gesammelt, wurde es dann durch ein kunstreiches Netz von Bleiröhren in die einzelnen Straßen und Häuser geleitet. Dies ergänzte die Dienste der zahlreichen öffentlichen Brunnen, in deren Nähe sich oft kleine, teils an die Häuser angebaute, teils in Nischen aufgestellte Altäre befanden. Man gewöhnte sich auch daran, Häuserfronten, die ja meist nicht durch Fenster belebt waren, mit den Bildern von Gottheiten zu bemalen. An einer Stelle konnte man so alle zwölf Götter erblicken, die damals in Pompeji hauptsächlich verehrt wurden, und das sind Jupiter, Apollo, Mars, Vulkan, Merkur und Herkules neben den weiblichen Gottheiten Juno, Minerva, Venus Pompeiana, Proserpina, Diana und Ceres.

Unter den Augustus folgenden Kaisern Tiberius, Caligula und Claudius, die bis zur Thronbesteigung Neros im Zeitraum von 14 n. Chr. bis zum Jahre 54 herrschten, dauerte der materielle Aufschwung Pompejis fort, insbesondere die Industriellen gelangten zu großem Reichtum. Die Tuchherstellung nahm gewaltig zu; Obst, Wein und Gemüse sowie die ausgezeichnete Fischtunke, die etwa der heute in Italien so beliebten Thunfischsauce gleichzustellen ist, führte man im reichsten Maße aus. So wurde es nötig, am Forum eine prunkvolle Markthalle zu bauen. Sie wies marmorausgekleidete, rings von Säulen umgebene Vorhallen, einen Kuppelbau in der Mitte, Räume für Viehschlachtungen, mit schönen Malereien geschmückte Fleisch- und Fischhallen auf und besaß überdies gegen das Forum zu eine Menge Läden, in denen man Früchte, Datteln, Feigen, Kuchen und Brote feilhielt. In der Nähe davon erstand noch ein prächtiges, wahrscheinlich den städtischen Schutzgöttern geweihtes Heiligtum.

Wohlleben und Luxus nahmen in Pompeji ständig zu; überall erblickte man Denkmäler; obwohl Marmor damals noch sehr kostbar war, verwendete man ihn nun schon sehr ausgiebig. Die Forumsthermen wurden in verschwenderischer Weise ausgestaltet und erhielten einen Säulenhof, ein Frauenbad und eine sinnreich angelegte Luftheizung. Neben dem Amtsadel der Stadt, dem man die meisten dieser Bauten verdankte, und den alteingesessenen Familien entstand ein Geldadel, der Häuser aufkaufte, ihre altertümliche nationale Form verwischte und aus den nun allgemein gebrauchten schmalen Ziegeln Säulen und Zubauten errichtete, die mit Stuck und Zieraten verkleidet wurden. Die Anforderungen an häusliche Bequemlichkeit stiegen; man verband nun schon das Innere des Hauses mit der öffentlichen Wasserleitung und konnte sich so allüberall in den Atrien, Peristylen und Gärten große Wasserbecken und Springbrunnen leisten.

Der Reichtum und das geschäftliche Leben traten am meisten in dem zum Forum führenden, die Stabianer Straße kreuzenden Verkehrsweg dell'Abbondanza zutage. Da wohnte einst auch Marcus Holconius Rufus, der nach und nach fast alle Würden der Stadt bekleidet hatte und auch Augustuspriester gewesen war. Er erneuerte und vergrößerte die Theater und baute sich selbst ein prachtvolles Haus, in dem besonders die Säulen des Peristyls und die dort angelegten kunstvollen Wasserspiele sowie wunderbare Wandmalereien bemerkenswert sind. Auch dieses Gebäude besaß zahlreiche Läden. Der Besitzer betrieb eine Färberei, die bei der Vielseitigkeit und Geschäftstüchtigkeit des Hausherrn reichen Ertrag brachte.

In diesen Häusern spielte sich meist ein ruhiges, glückliches Familienleben ab. Die Kinder standen in dessen Mittelpunkt; sie hinterließen oft ihre Spuren an den Wänden der Häuser, die sie je nach ihrem Alter meist in etwa ein Meter Höhe vom Fußboden bekritzelten oder mit kindlichen Zeichnungen bedeckten.

Ein hochangesehener Duumvir, der vorher verschiedene öffentliche Ämter bekleidet hatte, war Publius Paquius Proculus. Er besaß in derselben Straße, nur etwas weiter nach Osten, ein großes Haus. Mitten in dessen wunderschönem Peristyl stand eine mit Weinranken umsponnene Laube und in deren Schatten ein Sommerspeiseraum mit drei Holzliegestätten. Man hat lange geglaubt, sein Bildnis zu besitzen. Aber das bekannte Doppelporträt aus einem Haus an der Stabianer Straße stellt wohl nicht ihn dar, sondern den studiosus (iuris) Terentius Neo und dessen Frau. Er war mit einer Buchrolle, sie mit einem dreiteiligen Wachstäfelchen dargestellt, so als wollte er die Nachwelt darauf hinweisen, er sei ein gebildeter und gelehrter Mann gewesen.

Unweit davon lag das Heim des Priesters Amandus, ein bescheidenes, rings von Geschäften und Läden umgebenes Haus, das zu ebener Erde und im ersten Stock eine zahlreiche Familie beherbergte. Ein Teil davon war an einen Hersteller jener Holztäfelchen vermietet, die mit Wachs überzogen zum Schreiben mit dem Metallstift dienten.

In derselben Gegend lag ein prächtiges Haus der Familie der Poppäer, auch eines jener Geschlechter Pompejis, die die Anwärter für die vornehmsten Ämter stellten. Es ist ein großartiges Gebäude, das sowohl herrliche Empfangsräume als auch weite Unterkünfte für Sklaven und ihre Aufseher enthielt, die offenbar außerhalb des Hauses mit landwirtschaftlichen Arbeiten beschäftigt waren. Ihnen stand ein mit der Wirtschaft beauftragter Verwalter (procurator) vor. Die Eigentümer, sehr reiche Leute, besaßen jedenfalls außerhalb Pompejis noch andere Liegenschaften und verbrachten ihre Zeit bald hier, bald auf einem der übrigen Güter, so daß das eigentliche Herrschaftshaus oft viele Monate jenem Verwalter anvertraut blieb.

Daß die Anzahl der reichen Leute in Pompeji stieg, hing nicht nur mit dem industriellen Aufschwung, sondern auch damit zusammen, daß die Stadt ebenso wie Herculaneum sehr in das Blickfeld der nach schönen und ruhigen Orten verlangenden reichen Römer gerückt war und auch die kaiserliche Familie es zeitweise für einzelne Mitglieder zum Aufenthalt erwählte. Einmal geschah dabei ein Unglück; im Jahre 21 n. Chr. spielte eines Tages Drusus, Sohn des späteren Kaisers Claudius, ein Junge von dreizehn Jahren, mit einer Birne. Er warf sie in die Höhe und suchte sie dann mit dem Munde aufzufangen. Dabei geriet ihm die Frucht in den Schlund und der Knabe erstickte, bevor ihm ärztliche Hilfe zuteil werden konnte.

Während Pompeji sich hauptsächlich zur Handelsstadt ausbildete und seine militärische Bedeutung allmählich verlor, wollte man dem viel näher am Hang des Vesuv und am Meer gelegenen Herculaneum noch seinen Charakter als befestigte Station bewahren und begann in augustinischer Zeit, die Mauern wieder instand zu setzen, was aber nicht hinderte, daß sich Luxusvillen auch außerhalb der Wälle erhoben. Die Ortschaft selbst erhielt jetzt in der Kaiserzeit schöne, für eine Stadt, die höchstens nur ein Drittel der Bevölkerung von Pompeji besaß, ganz bemerkenswert großartige, öffentliche Bauten. Vor allem ein reichausgestattetes Halbrundtheater, das für etwa 2500 Zuschauer berechnet war. Ringsum auf der Mauer, die die höchstgelegenen Sitze umrahmte, standen überlebensgroße Bronzestatuen von Persönlichkeiten des Kaiserhauses und der hohen Beamtenschaft der Stadt. Die Zierwand, die die Bühne abschloß, war ein wunderbares architektonisches Kunstwerk, das mit farbigem und seltenem Marmor reich geschmückt war.

Um den Haupt- und die zwei Seiteneingänge, an denen die Schauspieler auf die Bühne traten, gruppierten sich mit Marmor- und Bronzestatuen gezierte Nischen. Diese Schauwand bildete den weitaus kostbarsten und reichgeschmücktesten Teil des nach oben offenen Theaters. Zur Zeit Augustus erbaut, wurde sein Statuenschmuck unter den folgenden Kaisern durch deren Bildnisse und jene hervorragender Männer ihrer Zeit vermehrt. Gepflasterte Straßen durchschnitten rechtwinklig die höchst regelmäßig angelegte Stadt. An einer derselben lag ein gewaltiges Gebäude, vielleicht eine Basilika, deren Mauern mit einem herrlichen, großen Bronzeviergespann gekrönt war. Auch dieser Bau war mit so viel Bildwerk aus Marmor und Bronze geschmückt, daß er gleichwie das Theater geradezu einem Wald von Statuen glich. Die meisten von ihnen stellten Mitglieder einer der ersten Familien der Stadt dar, des Geschlechtes der Balbi, dessen hervorragendster Vertreter der Prokonsul von Kreta und Cyrenaika, Marcus Nonius Balbus, gewesen ist. Am Eingang des Gebäudes, unter den Säulen der Vorhalle, standen die Reiterstatuen dieses Mannes und seines Sohnes, im Innern auch noch Bildwerke seiner Mutter, Frau und Töchter. Ihm verdankte man den Bau dieser Basilika und die Erneuerung der Mauern und Tore der Stadt. Die Statuen zeigten durchwegs die ernsten, vergeistigten Züge einer der hochkultiviertesten römischen Patrizierfamilien der Zeit.

Nicht weit von der Basilika stand der Tempel der Göttermutter Kybele, der Verkörperung der Zeugungskraft der Natur, der auch die Römer schon 200 v.Chr. ein Gotteshaus auf dem Palatin errichtet hatten. Venus und Herkules, aber auch Isis wurden neben Jupiter in Herculaneum am meisten verehrt. Bemerkenswert war, daß die Einwohner des Städtchens bei ihren Tempelbauten zur Herstellung der Säulen auch prachtvollen durchsichtigen Alabaster benutzten.

Um die Jahre 30 und 20 v.Chr. wurden in Herculaneum öffentliche Bäderanlagen gebaut, die einen besonders klaren Grundriß und noch die scharfe Trennung in ein Frauen- und Männerbad aufwiesen. Sie lagen unweit des Forums, das auch hier den Mittelpunkt des privaten und öffentlichen Lebens bildete, wenngleich es entsprechend der Kleinheit der Stadt jedenfalls bescheidener ausgestattet war als jenes von Pompeji. Doch gab es auch in Herculaneum prunkvolle Gebäude, wie das heute sogenannte albergo oder Hotel, das mit seinen wunderbaren Mosaiksteinböden und Wandmalereien zweiten und dritten Stils, der prachtvollen Säulenhalle und den blühenden Gärten, von dem allen allerdings wenig auf uns gekommen ist, einst einen großartigen Eindruck gemacht haben muß. Neben den Häusern der Reichen gab es eine Menge kleinerer und bescheidenerer Wohnungen, aber auch dort herrschten überall die Sehnsucht und der Wunsch, das Heim möglichst künstlerisch und freundlich zu gestalten. Die meisten Besitzer beschäftigten sich, wie vorgefundene Angeln, Netze und dergleichen beweisen, auch mit Fischfang.

Durch die Nähe Neapels blieb das griechische Element hier viel reiner und unverfälschter erhalten als in Pompeji. Die unmittelbare Umgebung Herculaneums in seiner wundervollen Lage weckte den Wunsch reicher Leute, sich dort eine Villa zu bauen und ihren Liebhabereien und der Kunst und Wissenschaft, unbeeinflußt von dem allzu geschäftigen Leben und Treiben in den nahen Städten Neapel und Pompeji, nachgehen zu können. So entstand wohl die große Vorstadtvilla eines hochgebildeten Patriziers, die im Westen der Ortschaft und außerhalb der Mauer auf dem letzten Ausläufer des Vesuv errichtet wurde, von wo aus man eine herrliche Aussicht auf das Meer genoß. Die Villa wurde in einem ausgedehnten Garten mit einer kleinen und einer großen Säulenhalle angelegt, welch letztere auch ein gewaltiges Wasserbecken umschloß. Das Haus war mit dem höchsten Luxus ausgestattet. Gegen die kalten Winde durch den Vesuv gedeckt, auf halber Höhe zwischen Meer und Berg, lag es abseits, ohne abgesondert zu sein, und die Terrassen gestatteten einen herrlichen Blick auf den malerischen Golf von Neapel.

Die Villa dürfte einst dem Schwiegervater Julius Cäsars und Gegner Ciceros, Lucius Calpurnius Piso, gehört haben und blieb in der Kaiserzeit zunächst in der Hand von dessen Familie. Lucius Calpurnius war ein Anhänger der Lehre Epikurs, des griechischen Philosophen, der im 4. und 3. Jahrhundert v. Chr. zu Athen wirkte und im wesentlichen das Glück im vergeistigten Genuß suchte. Während aber Epikur die Glückseligkeit ohne Selbstzucht, Beherrschtheit und Gerechtigkeit, also ohne Tugend für unmöglich hielt, war seine Lehre im Laufe der Jahrhunderte bis zur römischen Kaiserzeit stark vergröbert worden. Zahlreiche Anhänger, wie zum Beispiel der Philosoph Philodemos, hatten die Lehre derart um- und weitergebildet, daß sie noch bequemer den Wunsch nach einem guten und heiteren Leben heiligen konnte. Dieser Philodemos, ein Freund des Lucius Calpurnius Piso, lebte und starb vermutlich in der schönen Herculaner Villa als Gast des Pisonen und hatte seine große Bibliothek sowie alle seine eigenen Schriften, die in zahlreichen, fein säuberlich in Gestellen aufbewahrten beschriebenen Papyrusrollen bestanden, bei seinem Gastgeber und Freunde aufbewahrt. Die meisten dieser Schriften waren in griechischer Sprache abgefaßt, nur wenige in lateinischer. Der hochgebildete Besitzer zur Zeit des Philodemos war nicht nur Philosoph und Schriftsteller, sondern auch sehr kunstverständig. Er sammelte überall die herrlichsten Bronzen und Statuen und gestaltete sein Haus zu einem wahren Museum aus, in dem ausgezeichnete römische Kopien nach vorzüglichen griechischen Originalen ihren Platz fanden. Marmor- und Bronzebüsten bedeutender Männer, wie einiger hellenistischer Könige, dann auch solche von Denkern und Dichtern erfüllten die herrlichen Räume der Villa, ihre Peristyle und Gärten. Das Anwesen war ein Juwel, das gleichzeitig das innigste Verwachsen und Durchdringen der römischen mit der griechischen Kultur bezeugte. Nach dem Tode des Philosophen und seines gastlichen Herrn, die hier mindestens dreißig Jahre miteinander gelebt hatten, war die luxuriöse und prachtvolle Villa im Besitz der Familie der Pisonen geblieben.

Hier im ruhigen Herculaneum konnte man ein solches Heim viel besser und ungestörter genießen als drüben in dem von regem Handelsverkehr durchfluteten Pompeji. So konnten die Einwohner der beiden Städte ihren hauptsächlich durch deren Lage bedingten Beschäftigungen und Eigenarten leben, während das Tosen der mit der Thronbesteigung Neros neu aufflackernden Kämpfe der römischen Kaisermacht mit den ihr widerstrebenden Elementen nur gedämpft herübertönte. Die Bedürfnisse des Reiches, die bei wachsendem Luxus der besitzenden Kreise auch das Verlangen nach kostbaren, nur in weit entfernten Ländern verfügbaren Waren verstärkten, brachten es mit sich, daß auch der Welthandel stetig zunahm, an dem Neapel und seine Nachbarstädte durch den ausgezeichneten Hafen so erheblich beteiligt waren. Schon unter Kaiser Tiberius und auch Nero hatte die Ostpolitik, die die beiden einleiteten, zu direkter Seeverbindung nicht nur mit den Ländern des östlichen Mittelmeeres, sondern darüber hinaus auch mit Indien geführt. Römische, von Bewaffneten begleitete Handelsflotten waren nun auch schon im Roten Meer anzutreffen, und mit den Waren des tropischen Indien kam auch Kunde von der dortigen Religion; ab und zu gelangte selbst ein Kultbild oder sonst ein Werk herüber, das dem römischen Volk indische Gottheiten näherbrachte. Damals mag auch die Kunde von dem Mann, der der Welt die Erlösung bringen sollte und an das Kreuz geschlagen worden war, durch Juden oder Reisende aus den Ländern östlich des Mittelmeeres nach Pompeji gelangt sein. Aber eine weitere Verbreitung oder gar irgendeine Bedeutung gewann die christliche Lehre in Pompeji keineswegs. Wenn überhaupt, so wird nur der eine oder der andere Einzelgänger Kenntnis davon gehabt haben. Von wirklichen Anhängern findet sich in Pompeji

Rechts: Die Antike liebte es bisweilen, auf Trinkgefäßen die Darstellung von Skeletten mit Sprüchen zu kombinieren, die zum Lebensgenuß aufrufen, wie es auf diesem Silberbecher aus Boscoreale geschieht.

Unten: In grauenhafter Deutlichkeit ist der furchtbare Tod der Pompejaner überliefert. Teils haben sich ihre Skelette erhalten, teils nur der Abdruck ihrer Körper in der Eruptionsmasse, der dann ausgegossen wird.

Links: Die Küche der Fullonica (Tuchwalkerei) des Stephanus (I 6,7). Die Gefäße sind so belassen worden, wie man sie bei den Ausgrabungen vorgefunden hat.

Unten: Feigen, Nüsse, Brot und Weizen, wie sie sich in Pompeji mehrfach erhalten haben.

kaum eine Spur[11]. Nur ein sogenanntes Kryptogramm des Paternoster oder magisches Quadrat aus Buchstaben, das, von welcher Seite immer gelesen, stets die gleichen, allerdings mysteriösen Worte ergibt, könnte vielleicht als geheimes Bekenntnis zum christlichen Glauben und seiner Hauptlehre, der Menschwerdung Christi und der Wiederauferstehung, gedeutet werden. Anders in Herculaneum. Hier lebten besonders unter den armen Leuten und Sklaven wohl auch vorerst nur vereinzelte Anhänger der neuen Lehre, die auf die im Jahre 60 n. Chr. im nahen Pozzuoli gehaltenen Predigten des Apostel Paulus zurückzuführen sein dürften. Aber es gab da schon eine Art privaten Betraumes mit einem in die Wand eingelassenen hölzernen Kreuz, das durch einen vorgelegten Kasten mit Holztürchen den Blicken Unberufener entzogen werden konnte. Davor stand ein Möbelstück, das sowohl zur Aufbewahrung irgendwelcher heiliger Gegenstände als auch als Altar gedient haben dürfte und dessen allgemeine Form in manchem seine Herleitung aus der gewohnten heidnischen verriet. Aber die neronianische Christenverfolgung des Jahres 64 oder überhaupt das Einschreiten der Priester und Anhänger des alten Götterglaubens brachte es dahin, daß auch diese Spur der vom Apostel Paulus gepredigten Verherrlichung des Kreuzeszeichens getilgt und das hölzerne Emblem in jenem bescheidenen Raum, wohl einer Sklavenwohnung im Oberstock eines Patrizierhauses, jedenfalls noch vor dem Jahre 79 n. Chr., gewaltsam entfernt wurde[12].

Neben den religiösen Bewegungen und dem Alltagswerk, um des Lebens Notdurft zu erwerben, beschäftigten die Wettkämpfe im Amphitheater nach wie vor Herz und Sinn der Bewohner Pompejis und Herculaneums, und die beamteten Kreise wetteiferten darin, dem Volk diese Freude möglichst oft zu bereiten. Da Pompeji ein so gewaltig großes Rundtheater besaß, während die umliegenden Städte, wie zum Beispiel Stabiae und Nuceria oder Sorrent, dergleichen nicht hatten, ergab es sich, daß auch die Bewohner dieser Ortschaften, die mit Pompeji in regem Handelswettbewerb standen, die Festspiele im Pompejaner Amphitheater besuchten.

Gegensätzliche Handelsinteressen, Neid und Eifersucht besonders der Stabianer und Nuceriner, deren Städte in den früheren Kriegen so furchtbar mitgenommen worden waren, hatten vielfach Feindschaft hervorgerufen. Aber die Versuchung, in Pompeji Kampfspielen beizuwohnen, die nun in der Kaiserzeit wieder einen großen Aufschwung nahmen, erwies sich doch stärker als alles andere.

Die Gladiatoren wurden in eigenen Schulen ausgebildet und dann von diesen an die Spielgeber vermietet. Sie mußten in eiserner Disziplin gehalten werden, denn seit der Erhebung des Spartakus und wenn man erwog, daß die Gladiatoren sowieso jeden Augenblick bereit sein mußten, ihr Leben aufs Spiel zu setzen, konnte man ihrer nie ganz sicher sein. Andererseits begeisterte sich die Bevölkerung für einzelne besonders heldenhafte Kämpfer; vor allem die Frauenwelt erkor sich den einen oder anderen zum Liebling. Wandgemälde in Privathäusern stellten ihre Kämpfe dar, und an vielen Mauern und Säulen fanden sich Namen von Gladiatoren angeschrieben, wie zum Beispiel jener des sehr beliebten Thrakers Celadus, der »Sehnsucht der Frauen, Herr und Arzt der Mädchen« genannt wurde.

Die mörderischen Kämpfe zwischen Menschen waren wohl im Gegensatz zum hellenischen Theater vielleicht ein rohes Überbleibsel etruskischen Einflusses und Wesens, aber die Bevölkerung liebte sie leidenschaftlich. Sie waren ursprünglich aus einer Kulthandlung hervorgegangen, bei der man nach einem Sieg zur Sühne und zur Verherrlichung der Gefallenen die gefangenen Feinde paarweise um Tod und Leben kämpfen ließ. Die Gladiatoren selbst, oft zu ihrem rauhen Handwerk gepreßt und gezwungen, dachten ganz anders über ihre Bestimmung. So schrieb einer an die Wand des Speisezimmers der Kaserne die bitteren Worte: »Der Philosoph Annaeus Seneca ist der einzige unter den römischen Schriftstellern, der die blutigen Kampfspiele verurteilte[13].« Stand ein solches Schauspiel bevor, wurde es eine angemessene Zeit vorher durch Inschriften an den Häuserwänden allgemein kundgemacht. So las man etwa an allen Straßenecken Pompejis: »Zwanzig Paare von Gladiatoren, die Lucretius Satrius Valens, Priester Neros, auf Lebenszeit beistellt, und zehn Paare, die dessen Sohn überläßt, werden am 4. April in Pompeji gegeneinander antreten. Es wird auch einen Jagdkampf zwischen Menschen und wilden Tieren geben und man wird das linnene Schutzdach aufziehen, damit man nicht an der Sonne röste.«

Eine ähnliche Ankündigung nun, die auch in Nuceria und Stabiae zu lesen war, rief im Jahre 59 n. Chr. die Schaulustigen zu einem Gladiatoren- und Stierkampf in das Amphitheater. Dort hatte ein sehr reicher römischer Senator, der politischer Gründe halber aus Rom in die Provinz verbannt war, Spiele ausgeschrieben, um sich bei der Bevölkerung seines neuen Aufenthaltes beliebt zu machen. Von allen Seiten, auch den benachbarten Städten und Ortschaften, insbesondere aus dem sich durch Pompejis Aufschwung geschädigt fühlenden Nuceria waren eine Menge Zuseher herbeigeströmt.

An jenem Tage begaben sich die zum Kampfe bestimmten Fechterpaare aus der ehemaligen Säulenvorhalle des großen Theaters, das zur Gladiatorenkaserne umgewandelt war, in ihren prächtig verzierten Helmen, Panzern

und Beinschienen zur Walstatt. Durch die weiten Tore zogen die Streiter zu Pferd und zu Fuß unter kriegerischer Musik feierlich in die Arena des bis auf das letzte Plätzchen gefüllten Amphitheaters ein. Die Kämpfe begannen. Unter leidenschaftlichem Anteil verfolgten die Zuschauer das Spiel. Sie waren es, die durch ein Zeichen, etwa durch Ausstrecken des Daumens nach oben oder unten, über Gnade oder Tod für einen verwundeten Gladiator entschieden, der nicht mehr weiterkämpfen konnte. Da ergab es sich an diesem Tage, daß die Zuseher über das Schicksal eines solchen in Meinungsverschiedenheit gerieten. Im Nu traten die Pompejaner für die eine, die Nuceriner für die gegenteilige Entscheidung ein. Zuerst kam es nur zu Spottreden und Sticheleien, dann aber bald auch zu Schmähungen schwerster Art, denen Steinwürfe folgten. Endlich stürmten die gegnerischen Parteien in die Arena. Schon schlug ein Pompejaner zu, ein Nuceriner hieb zurück, und urplötzlich wurde das, was früher ein Spiel dazu eigens bestimmter Fechter gewesen, zu einer blutigen Rauferei, die bald von der Arena auch auf den Zuschauerraum übergriff. Die Pompejaner waren in der großen Mehrzahl, und es war damit klar, daß die von weiter her stammenden Gäste die Zeche bezahlen mußten. Zahlreiche von ihnen wurden mit schweren Verwundungen aufgelesen und nach der Stadt getragen; aber auf der Walstatt lagen auch eine Menge Tote, und viele Nuceriner hatten den Verlust von Eltern oder Kindern zu beweinen. Sie wandten sich klagend nach Rom und baten den Kaiser, unter namentlicher Angabe der Toten und Schwerverletzten Recht zu sprechen und Ordnung zu schaffen. Nero befahl dem Senat, über die Sache zu richten. Daraufhin wurde den Pompejanern nunmehr verboten, in den nächsten zehn Jahren in ihrem Amphitheater dergleichen Spiele abzuhalten. Livineus Regulus, der sie veranstaltet hatte, mußte auch aus Pompeji verschwinden, und alle übrigen Schuldigen, die den Tumult veranlaßt und deren man habhaft werden konnte, wurden in die Verbannung geschickt. Überdies wurden die Duumvirn des laufenden Amtsjahres enthoben, Neuwahlen angeordnet und ein kaiserlicher Kommissar ernannt, der für die Wiederherstellung der Ordnung verantwortlich war.
Der blutige Streit war jedoch nur ein Zwischenfall gewesen, die erregten Gemüter beruhigten sich wieder, und die Bürgerschaft der beiden wetteifernden Städte ging bald wieder ungestört ihren Geschäften nach. Freilich bedauerte sie lebhaft, durch dieses Ereignis für viele Jahre auf die Unterhaltung der Fechterspiele verzichten zu müssen, doch scheint die Strafe nach kurzer Zeit wieder nachgelassen worden zu sein.
Die Kämpfe innerhalb der kaiserlichen Familie und der Führenden im

Staate reichten nicht so weit, daß auch Pompeji davon betroffen gewesen wäre, und seine Bewohner, ebenso wie die Herculaner, konnten sich daher ihr Leben in Ruhe nach Gefallen einrichten. Sie freuten sich der herrlichen Umgebung ihrer Stadt, betrachteten ohne den geringsten Argwohn den stolzen, »von schattenden Reben umgrünten« Vesuv und genossen ihren Besitz und den Ertrag der fruchtbaren Ebenen ringsum, die mit Landhäusern und Gärten wie übersät waren.

So nahte die Mittagsstunde des 5. Februar 63 n. Chr.[14], im zehnten Regierungsjahre des Kaisers Nero. Die Einwohner Pompejis und Herculaneums schickten sich zumeist gerade an, ihre Mahlzeit einzunehmen, als mit einem Schlage ein furchtbares Erdbeben die ganze Gegend erschütterte. Die Erdstöße kamen wellenförmig von Ost nach West, also vom Vesuv her gegen das Meer zu. Eine Menge öffentlicher Gebäude, gerade diejenigen, die sich am höchsten über die Umgebung erhoben und am reichsten und schönsten mit Säulen geschmückt waren, stürzten ein. Aber auch die einfachen Häuser litten außerordentlich. Am Forum waren die Verwüstungen am ärgsten; der gewaltige Jupitertempel mit seiner hochragenden Säulenhalle brach völlig in sich zusammen, auch der nahe gelegene Apollotempel, eines der schönsten Bauwerke der Stadt, und eine große Anzahl Säulen der das Forum rings umsäumenden Hallen sanken zu Boden. Auch die Basilika wurde sehr stark mitgenommen, und der Isistempel war kurz nach dem Erdbeben nur mehr eine Ruine. Ein Priester, der in dem Zimmer eines Nebenhauses bei Tische lag, wurde erschlagen, ebenso Kinder, die in der Säulenhalle des Forums spielten. Die beiden Theater, das gedeckte und das offene, erlitten so große Schäden, daß sie für ihre Zwecke unbrauchbar wurden. Das Vesuvtor stürzte ein, gleichwie der nahe gelegene Wasserturm, und die bleiernen Röhren der Wasserleitung wurden derart schwer beschädigt, daß man wie einst wieder nur auf die Brunnen angewiesen war, deren einige übrigens plötzlich völlig versiegten.

Das dem Vesuvtor nahe gelegene Haus des Bankiers Cäcilius Jucundus wurde gleichfalls schwer betroffen; das obere Stockwerk stürzte ein und begrub die Kiste mit den Quittungen des Bankiers, die sich über die Jahre 15 bis 62 n. Chr. erstreckten. Als das Erdbeben über die Stadt hereinbrach, befand er sich gerade Geschäfte halber am Forum. Er sah den gewaltigen herrlichen Jupitertempel zusammenbrechen, die Säulenhallen rings dahinsinken und hörte so manchen Aufschrei eines von den stürzenden Trümmern Begrabenen. In seiner Herzensangst machte er flüchtend das Gelöbnis, seinen Hausgöttern, den Laren, ein köstliches Opfer bringen zu wollen, im

Falle er seine Wohnung heil wiedererreichen würde. Er fand wohl sein Haus fast als Schutthaufen, aber er selbst war unversehrt geblieben. So beauftragte er bei der Wiederherstellung einen Künstler damit, im Atrium ein Relief anzubringen, das durch Andeutung des Zusammenbrechens der Gebäude am Forum die Gefahr zeigen sollte, in der sich der Bankier befunden, gleichzeitig aber auch den Vorgang beim Dankopfer für seine Errettung festhalten sollte.

Entsetzlich waren die Folgen des Unglücks, es gab kaum ein Gebäude in ganz Pompeji, das unbeschädigt blieb. Im sogenannten Hause des Fauns zum Beispiel wurde das wunderbare Mosaik, das die Begegnung Alexanders des Großen mit Darius in der Schlacht von Issus 333 v. Chr. darstellte und den Fußboden des Hauptempfangsraumes des Hauses schmückte, durch das Erdbeben in jenem Teil des Gemäldes schwer beschädigt, das die hinter ihrem Herrscher vordringenden Mazedonier zeigt. Wahrhaft, die Zerstörungen in der Stadt waren furchtbare. Man konnte sich kaum einen Überblick schaffen, denn auch zahlreiche Gassen, besonders jene zwischen Fortuna- und Abbondanzastraße, hatten stark gelitten, auch der Venustempel lag in Trümmern.

Anfangs waren die Bewohner schreckerfüllt aus der Stadt geflohen, um im freien Gelände wenigstens das Leben zu retten, aber das Erdbeben hatte nur sehr kurz gedauert, die Erdstöße erneuerten sich nicht wieder, und die Flüchtlinge kehrten allmählich in ihre verwüsteten Behausungen zurück. Auch die Landhäuser in der Umgebung der Stadt, insbesondere jene an den Hängen gegen den Vesuv zu, litten furchtbar. Darunter auch die große Villa am Südostfuße des Berges, deren Besitzer, ein leidenschaftlicher Freund von Musik und Kampfspielen, sie mit Malereien von Gladiatoren, Athleten und Musikern geschmückt hatte. Sie war so stark hergenommen, daß man den Bau gänzlich verlassen mußte.

Herculaneum war es nicht viel besser ergangen. Alle öffentlichen und privaten Gebäude erlitten schwere Beschädigungen, der Tempel der Kybele fiel in sich zusammen, und die Bewohner standen auch hier vor einer entsetzlichen Verwüstung ihrer Stadt. Es war natürlich auch nicht ohne Verluste an Menschenleben abgegangen. Die Geretteten waren über das Unglück um so mehr bestürzt, als es Winter war und durch Zufall frühere Erdstöße meist nur im Sommer stattfanden. So hatte man sich schon der Jahreszeit wegen gegen dergleichen gesichert geglaubt. Nuceria und Neapel waren etwas weniger betroffen, hier gab es mehr Schaden in den auf den Hängen liegenden Privathäusern als in den öffentlichen Gebäuden der Ebene. Nichtsdestoweniger war auch da Unglück genug geschehen, eine Herde von sechshundert Schafen war in einem plötzlich sich öffnenden Erdloch verschwunden, Bildsäulen niedergesunken und dergleichen. Die Verluste an Menschenleben waren ziemlich bedeutend; viele waren in ihren Behausungen durch die niederfallenden Trümmer der einstürzenden Gebäude schwer verletzt oder gar getötet worden. Einzelne Leute wurden vor Schreck wahnsinnig und irrten schreiend, wehklagend und die Götter schmähend in der Umgebung der Städte umher. Zahlreiche Familien verließen Pompeji gänzlich auf Nimmerwiederkehr, andere für einige Zeit, bis ihr Heim neu hergestellt sein würde. Das aber war die große Frage. Die Ausdehnung der Zerstörungen war eine so riesige, die Kosten an Material und Geld für den Wiederaufbau der beiden Städte Pompeji und Herculaneum so groß, daß man darüber entscheiden mußte, ob man sie nicht ganz aufgeben und die Bewohner irgendwo anders ansiedeln sollte. Diese aber waren einmütig dagegen; kaum hatten sich die Erdstöße beruhigt, so vergaßen sie alle Gefahr und Furcht vor ähnlichen künftigen Vorkommnissen und dachten nur daran, wie sie all die entstandenen Schäden möglichst schnell gutmachen könnten. Natürlich, aus eigener Kraft allein ging dies nicht, und man mußte sich an den Kaiser und den römischen Senat um Hilfe wenden. Dieser zögerte einen Augenblick angesichts der ungeheuren Kosten, die notwendig entstehen mußten. Schließlich wurde aber auf das inständige Bitten der nach Rom entsandten hohen Amtspersonen der Wiederaufbau Pompejis und Herculaneums entschieden. Da selbstverständlich alles im römischen Stil neu hergestellt wurde, war dies nicht nur mit einer Modernisierung, sondern mit völligem Verschwinden oskischer oder samnitischer Eigenart gleichbedeutend.

Über die Gründe des Erdbebens zerbrach man sich nicht viel den Kopf; Erdstöße kamen ja in Unteritalien häufig vor, es war nur diesmal ein stärkerer Fall gewesen, und sein Herd war unglückseligerweise Pompeji und Herculaneum nahe gelegen. Aber niemand dachte im entferntesten daran, daß da etwa unterirdische, vulkanische Vorgänge mitgespielt haben könnten. In voller, unbeweglicher Ruhe, friedlich und majestätisch lag der von Reben und Oliven umkränzte Vesuv da, und niemandem fiel es ein, etwa gar diesen Berg für das eben erlebte Unglück verantwortlich zu machen.

3

VOM WIEDERAUFBAU
ZUR KATASTROPHE DES JAHRES 79 NACH CHRISTUS
64 bis 79 n. Chr.

Das Erdbeben, das nicht nur die beiden Städte nahe am Vesuv, sondern auch die Gegend von Nuceria und Neapel heimgesucht hatte, war im Raume von Pompeji und Herculaneum etwa ein solches neunten Grades, das heißt also ein »verheerendes« gewesen, während es in der weiteren Umgebung dieser Orte nur bis zum sechsten Grade, also »von zerstörend bis sehr stark«, fühlbar war. In Neapel stürzten einige Häuser ein, darunter auch das Gymnasium. In Nuceria erlitten die Gebäude wohl Schäden, aber kein einziges fiel zusammen. Der Herd des Bebens lag im Vesuv; es war ein rein vulkanisches Geschehen, die Dämpfe und Gase, die sich im Innern des Berges angesammelt hatten, suchten nach einem Ausweg. Noch waren sie aber nicht stark genug, um an irgendeiner Stelle gewaltsam durchzubrechen. So verpufften sie unterirdisch in Erdstößen, die von tragischen Folgen für die betroffenen Städte begleitet waren. Obwohl solche Naturereignisse in jenen Gegenden vulkanischen Charakters eine häufige Erscheinung waren, gab es damals nichts, was dem heutigen Erdbebenbeobachtungsdienst gliche. Man war nur allzu leicht geneigt, diese Naturereignisse überirdischen Einflüssen, also der Götterwelt, kämpfenden Giganten und dergleichen zuzuschreiben. Darum verdoppelte man in diesen Fällen bloß die Opfer zur Besänftigung der Allmächtigen und betete an den Altären der Tempel, die Herren des Himmels und der Erde mögen in Zukunft ein solches Unheil abwenden. Tatsächlich war das Erdbeben nur ein gescheiterter Versuch des Vesuv, sich Luft und den offenen Auspuff zu schaffen, den er noch heute besitzt.

Sobald anscheinend eine Entscheidung des römischen Senats zum Wiederaufbau der in Trümmer gesunkenen Städte erfolgt war, ging die Bevölkerung mit Feuereifer daran, die Schäden zu bessern und ihre Heimstätten wieder zu errichten. Freilich, alle kehrten nicht an die gefährdeten Wohnplätze zurück, es gab doch Voraussichtige, die der Zukunft nicht trauten, eine Wiederholung solcher Schrecken befürchteten und die Orte daher lieber mieden. Das waren natürlich vornehmlich Personen und Familien, die ohnehin anderswo Güter besaßen, oder aber solche, die wirtschaftlich unabhängig und nicht unbedingt an die Scholle gebunden waren. Diejenigen aber, die sich von der Heimat nicht trennen konnten – und das war die große

Mehrzahl –, blieben zurück und widmeten alle ihre Kräfte dem Neuaufbau der Stadt.

Vor allem anderen mußte man die Zugänge wieder aufrichten, insbesondere das völlig eingestürzte Vesuvtor, bei dem ja gemeiniglich der gesamte nach Stabiae zielende Reiseverkehr hereinzufluten pflegte. Das gleiche galt für das schwer beschädigte Herculaner Tor. Sofort wurde mit diesen Arbeiten begonnen; nicht minder dringend war auch die Wiederherstellung der Wasserleitung. Man baute ihren eingestürzten Turm bei der Porta Vesuvio wieder auf, aber trotzdem funktionierte sie nicht. Die unterirdisch gelegten Bleiröhren waren an mehreren Stellen gesprengt, und man fand die Bruchstellen nicht, wodurch die Wasserleitung weder die Häuser noch auch die von ihr früher gespeisten Bäder, wie zum Beispiel die Stabianer Thermen, versorgen konnte, die unbrauchbar blieben. Man mußte sich zunächst wieder nur mit Brunnen und Zisternen behelfen und plante eine ganz neue Anlage, die nach römischen Grundsätzen hergestellt werden sollte. Indes wurden auch an den einzelnen Wohnhäusern die allernotwendigsten Arbeiten begonnen, um sie wieder nutzbar zu machen.

Der römische Senat tat alles, was möglich war, um diese Bestrebungen zu fördern. Aber es ging doch langsam, denn der Umfang der Schäden war so groß, daß man überall gleichzeitig hätte Hand anlegen müssen, und es fehlte hauptsächlich an technischen Arbeitskräften, die dem plötzlich eingetretenen ungeheuren Bedarf genügen konnten. Auch Kaiser Nero tat so manches für die Bürgerschaft der betroffenen Städte, schon deshalb, weil er eben plante, sich der dortigen Bevölkerung allerdings in merkwürdiger Absicht zu zeigen. Der Kaiser war von dem leidenschaftlichen Wunsch beseelt, neben seinem hohen Amt auch als gottbegnadeter Künstler zu gelten. So entschloß er sich, ohne Rücksicht auf die kaiserliche Würde, die ihm ein öffentliches Auftreten als Komödiant verbot, um das Frühjahr 64 n. Chr. im Rahmen eines alljährlichen Musikfestes im Theater von Neapel vor aller Welt zu singen. Als er eben mit einigem Lampenfieber das bis auf das letzte Plätzchen besetzte Haus betreten hatte, in dem auch viele Soldaten als bestellte Beifallsklatscher anwesend waren, erschütterte ein einige Sekunden andauerndes Erdbeben Stadt und Theater. Man eilte auf die Bühne, Nero zu warnen, er aber setzte seinen schon begonnenen Gesang fort, als wäre nichts geschehen, und errang sich ob dieses Beweises an Mut noch mehr Beifall des Publikums als für seine Lieder. Aber kaum waren die Vorführungen zu Ende und die Zuhörer aus dem Haus, als das durch den Erdstoß in seinen Grundfesten erschütterte Theater zusammenstürzte; die übrigen Stadtteile

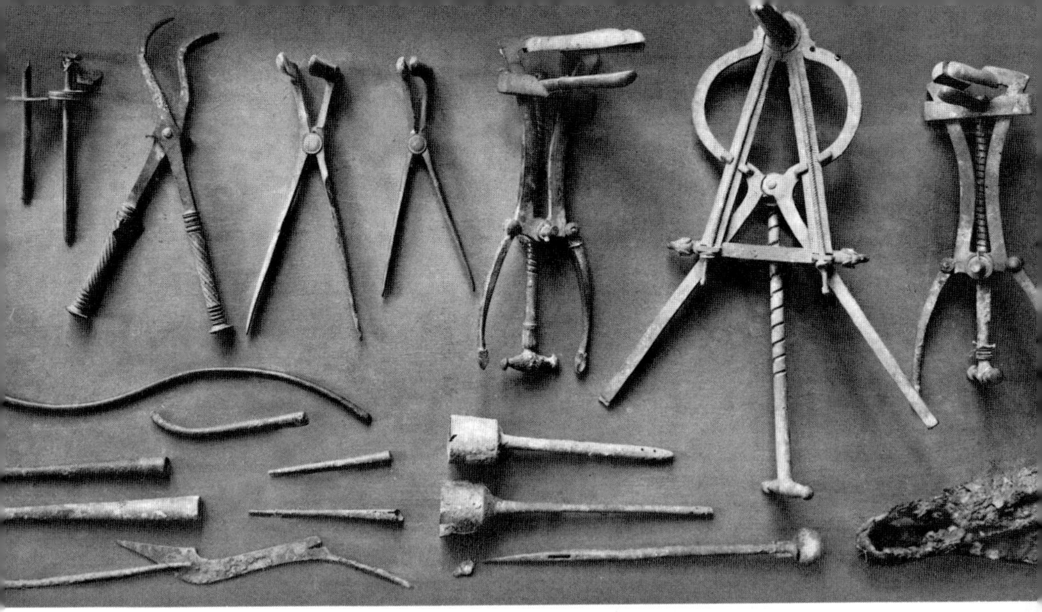

Chirurgische Instrumente, die bei den Grabungen zutage kamen, zeugen vom hohen Stand der Medizin und sind zum Teil von unseren heutigen gar nicht so verschieden (Neapel, Museo Nazionale).

Die Geldtruhen (arcae), die in den Atrien der Häuser standen, waren oft mit figürlichen Bronze-Appliken verziert (Neapel, Museo Nazionale).

Ein Cubiculum (Schlafzimmer) in der Casa del Frutteto (I 9,5) zeigt eine reiche Gartenlandschaft, in der ägyptisierende Figuren stehen.

Zu den schönsten Beispielen des späten dritten Stils (etwa 50–60 n.Chr.) zählen die phantasie-vollen Malereien im Tablinum des Hauses des Marcus Lucretius Fronto (V 4,11).

Im Haus der Vettier (VI 15,1) hat man das Peristyl mit seiner Bepflanzung, den Ziertischen und Statuetten sowie den Wasserspielen rekonstruiert.

Im oberen Teil seines Hauses hat der Besitzer der Casa del Criptoportico (I 6, 2–4) ein Sommertriclinium angelegt, das ein Dach gegen Sonne schützte und große Öffnungen belüfteten.

blieben mehr oder weniger verschont. Es war nur ein kleineres Beben gewesen, dessen Herd irgendwo im Meer nächst der Insel Ischia lag. In Pompeji und Herculaneum hatte man nur wenig davon gespürt; die Nachrichten aus Neapel aber erregten dennoch großen Schrecken, weil man eine Wiederholung des eben Durchgemachten befürchtete.

Als aber diesem Neapler Erdbeben durch Jahre kein weiteres folgte, beruhigte man sich wieder völlig und ging mit erneutem Eifer an die Wiederherstellung der Stadt. Nachdem die Hauptstraßen Pompejis freigelegt waren, machte man sich daran, die öffentlichen Gebäude neu aufzurichten. Das Forum vor allem, mit den zusammengestürzten Tempeln und Hallen, bot einen traurigen Anblick. Da gerade die Kultstätten so sehr gelitten hatten und man einfach außerstande war, alle sogleich wieder aufzubauen, sah man sich gezwungen, die heiligen Handlungen vorübergehend in andere, weniger betroffene Weihestätten zu verlegen. So wurde zum Beispiel die bisher im größten Tempel des Forums vorgenommene Verehrung Jupiters und Junos sowie der Minerva, in den kleinen griechisch-samnitischen Tempel des Zeus verlegt, der nur geringe Schäden erlitten hatte. Auch die Basilika war vollkommen unbrauchbar geworden, und der hinter ihr gelegene Tempel der Venus Pompejana lag in Trümmern. An den Wiederaufbau der drei riesigen Gebäude war so rasch nicht zu denken, man mußte ihn über einen größeren Zeitraum verteilen.

Zunächst begann man mit dem Apollotempel, dem ältesten Heiligtum des Forums, und seinen Säulenhallen. Bei dem Umbau wurden die reinen und einfachen Linien der hellenistischen Architektur verlassen und nach dem Geschmack der Zeit alles in einem dem korinthischen zunächstkommenden, aber doch stark abweichenden Phantasiestil erneuert. Man bediente sich hierbei hauptsächlich mit lebhaften Farben bemalten Stucks. Es lag dies durchaus im Sinne der allgemeinen Richtung, die den Wiederaufbau auch mit einer Modernisierung verbinden wollte. Daß dies zuweilen mit größerem Prunk, aber nicht immer mit besserem Geschmack vor sich ging, lag in der Natur der Dinge.

Diese Neuordnung, die von den römischen Gemeindebeamten befohlen wurde, die vielen Säulenschäfte und Kapitäle, die verändert werden mußten, der Stuck, die zahllosen Ornamente und Figuren, die überall die alten zu ersetzen hatten, hemmten die Schnelligkeit der Herstellungsarbeiten. Dies war auch der Fall bei dem erst in der Zeit des Augustus begonnenen zweiten Stockwerk der Säulenhallen, die das Forum umgaben und natürlich beim Erdbeben zu allererst einstürzten. Der sonst so prächtige Platz bot daher für

Plan von Pompeji

Map of Pompeii with the following labels:

SARNO-TOR

Amphitheater

Eingang zum Amphitheater

REGION III

Haus der Julia Felix

Haus der Venus

Haus des Loreius Tiburtinus

REGION II

Palästra

NOLA-TOR

NOCERA-TOR

Nekropole

REGION IX

NOCH KEINE AUSGRABUNGEN

Schola Armaturum

Haus des Trebius Valens

Speisesäle

NEUE AUSGRABUNGEN

REGION I

NOCH KEINE AUSGRABUNGEN

REGION IV

NOCH KEINE AUSGRABUNGEN

Casa di M. L. Fronto

Haus der Gladiatoren

Casa di Obellio Firmo

Casa del Centenario

Haus des Paquius Proculus

Haus des Menander

Werkstatt des Verecundus

Casa del Proculo

Casa di Criptoportico

STABIANER TOR

Kaserne der Gladiatoren

REGION V

Casa d. Nozze d'Argento

Haus des L. C. Jucundus

Haus des Orpheus

Haupthermen

Haus des C. Goavius Rufus

Marcus Lucretius

Casa del Citarista

Kleines Theater

Tempel der Isis

Großes Theater

Foro Triangolare

Dorischer Tempel

VESUV-TOR

TURM X

TURM XI

TURM XII

VICOLO DI LABIRINTO

VICOLO DEI VETTII

VIA DI STABIA

Haus des Labyrinths

Haus d. Faunus

Haus d. tragischen Dichters

Tempel der Fortuna

Stabianer Thermen

Bäckerei u. Mühle

Casa dell'Orso

Albergo

Bordell

Bäckerei

REGION VI

VIA DI MERCURIO

VIA DELLE CONSOLARE

Haus des Meleager

Haus d. Sallust

Haus des Pansa

REGION VII

Tempel des Apollo

Tempel des Jupiters

Tempel am Forum

Forum

Tempel der Fortuna

Edificio d. Eumachia

Comizio

VIA DELL'ABBONDANZA

REGION VIII

Basilika

Tempel der Venus

Museum der Venus

VICOLO DI NARCISO

Haus des Chirurgen

HERCULANER TOR

MARINA-TOR

EINGANG

VILLA DEI MISTERI

Casa di Cicerone

VIA DI TORRE

Haus des Diomedes

Haus des Diomedes

STRASSE

ZUR VILLA DEI MISTERI

die Dauer von mehr als dem nächsten Jahrzehnt das Bild eines wüsten Durcheinanders von Säulen, Gesimsen, riesigen Travertinplatten, mit denen man ihn neu pflastern wollte, dann aber auch Marmor aller Art, den man zum Ausschmücken der Gebäude und Bekleiden der Sockel für jene Ehrenstatuen gefeierter Persönlichkeiten zu verwenden gedachte, die in großer Zahl zwischen den Säulen der Hallen aufgestellt werden sollten. Für die nächste Zeit war das Forum für seinen Zweck nur in sehr beschränktem Maße verwendbar und bot größtenteils bloß den Anblick eines gewaltigen Arbeits- und Bauplatzes.

Wie aber sollten all diese einst so großartigen, nun zusammengestürzten Gebäude und Kultstätten wieder aufgebaut werden? Dies ging weit über die Geldmittel des Gemeinwesens hinaus. Man mußte sich also an einzelne reiche Private wenden und anregen, ob sie nicht auch, wie zum Beispiel der Duumvir Marcus Tullius den Tempel der Fortuna Augusta, das eine oder andere Gebäude auf eigene Kosten wiederherstellen lassen könnten. Es war bezeichnend für die Beliebtheit des mystischen Isiskultes, daß sich gerade für den Neubau dieses Tempels gleich ein reicher Freigelassener des in Pompeji hochangesehenen Hauses der Popidier fand, der im Namen seines erst sechsjährigen Sohnes den Tempel der Isis als einen der ersten neu errichtete. Er wurde hierfür vom Senat der Stadt zu einem der ihrigen, also zum Stadtrat ernannt, eine Würde, die der Kleine allerdings erst in einem Alter von dreißig Jahren wirklich antreten konnte. Der Vater tat dies für seinen Sohn und nicht für sich, weil er selbst als Freigelassener eine solche Würde nicht hätte erhalten dürfen. So war es möglich, die Verehrung der ägyptischen Göttin sogleich wieder aufzunehmen, deren Religion man deswegen bevorzugte, weil sie nicht nur die ewige Seligkeit im Jenseits, sondern auch ein glückliches Leben im Diesseits versprach und überdies einen geheimnisvollen und mit Aufzügen und Festen prunkenden Kult verlangte. Isis war ja die Schützerin der Schiffahrt, die man damals im Winter möglichst mied und die stets wieder im Frühjahr voll aufgenommen wurde. Da war es nun ein Fest, das sogenannte »Boot der Isis« im März, gelegentlich dessen man nach einer glänzenden Festprozession zum Hafen den Schiffsverkehr eröffnete.

Nächst den Kultstätten lag den Magistratspersonen, aber auch den übrigen Pompejanern, die immer mehr auf den Geschmack römischer Kultur und Sitten gekommen waren, das Schicksal ihrer großen Bäder und Thermen am Herzen. Längst schon waren diese nicht mehr nur Stätten körperlicher Reinigung, sondern auch des Vergnügens und des geselligen Zusammentreffens nach getaner Tagesarbeit. Nun waren die öffentlichen Bäder nicht nur durch die Beschädigung ihrer Wasserquellen, sondern auch an und für sich durch das Erdbeben hart mitgenommen. So war zum Beispiel das Männerbad der Stabianer Thermen durch den Zusammensturz des lauwarmen Raumes, der den Übergang aus dem Kalt- zum Warmbad bildete, sowie durch Zerstörung des Warmwasserbeckens schwer beschädigt. Das gleiche galt für die Bäder nächst dem Forum, und so entschloß man sich, da nun einmal der Sinn der Römer in der Kaiserzeit ganz besonders an den prachtvollen, luxuriös ausgestatteten, auch für Leibesübung und Spiel Gelegenheit bietenden Thermen lag, zu dem Bau eines ganz neuen, riesigen, sogenannten Zentralbades, das an der Kreuzung der Nolaner und der Stabianer Straße errichtet wurde und in so großen Ausmaßen gedacht war, daß seine Fertigstellung ein Jahrzehnt und mehr erforderte.

Gleichzeitig damit wurde auch die Herrichtung der Theater in Angriff genommen. Sowohl das große als scheinbar auch das Amphitheater wurden in dieser Zeit nicht benutzt. Am kleinen Theater war das Dach eingestürzt; man erneuerte es nicht, sondern stellte das Gebäude nur so weit wieder her, daß es auch ohne Dach als vorläufiger Schauplatz für die nur bescheidenen Aufführungen dienen konnte, die in den nach dem Erdbeben folgenden Jahren gegeben wurden. Da auch das Amphitheater im Umbau war, wurden zunächst keine größeren Gladiatorenspiele veranstaltet.

Es ist selbstverständlich, daß diese Arbeiten an den gewaltigen öffentlichen Bauten um so längere Zeit erforderten, als ja auch die Hunderte und Hunderte von Privathäusern für ihre Wiederherstellung Architekten und Bauarbeiter in reichster Zahl beanspruchten. Und dies besonders, da jene Wohngebäude vielfach auch die Besitzer gewechselt hatten und die neuen Eigentümer die zerstörten Häuser nicht nur ihrem Geschmack entsprechend wiederherstellten, sondern oft gänzlich umwandelten und umbauten.

Das geschah auch mit dem Herrenhaus draußen vor dem Herculaner Tor, dessen reiche und kultivierte römische Besitzer die schöne, quadratische Villa mit der prachtvollen Halbrundveranda gegen das Meer zu, der kühlen Gewölbehalle und den unvergleichlichen Wandmalereien des Mysterienkults im großen Salon an Leute verkauften, die für Schönheit keinerlei Sinn besaßen, sondern lediglich für das landwirtschaftliche Geschäft. Höchstwahrscheinlich war die Herrin des Hauses, die mysteriengeweihte Priesterin, gestorben oder beim Erdbeben umgekommen. In der Villa fand sich an einer Wand die köstliche Zeichnung eines lorbeergeschmückten Kahlkopfes mit der Inschrift Rufus; vielleicht stellte sie den Mann dar, der den Besitz nun erwarb.

Der neue Herr ging nun sogleich daran, die schmucke Patriziervilla in einen Meierhof umzuwandeln. Er hatte für die schönen Malereien zweiten Stils, die die Wände bedeckten, gar kein Interesse. Alles wurde mit den neuen, etwas phantastischen Gemälden des sogenannten vierten Stils überdeckt, der künstlerisch mit seinen unwahrscheinlichen, ja fast unmöglichen Architekturen, überladen mit Ornamenten, so recht den veränderten Geschmack und das Abirren von den edlen, einfachen Linien griechischer Kunst bezeugt. Irgendwie aber hatte der neue Besitzer doch das Gefühl, daß der Saal mit den Malereien des Mysterienkults etwas ganz Besonderes sei und ließ diesen wenigstens unberührt. Sonst aber war die große Villa, die alles in allem neunzig Räume zählte, vorerst nur in einem Teile offenbar von landwirtschaftlichen und jenen Bauarbeitern bewohnt, die die Umwandlung vornahmen.

Auch in der Stadt selbst schritten die Neubauten und Veränderungen in den Privathäusern rascher als das Wiederherstellen der großen öffentlichen Gebäude vor. Dabei sorgten die römischen Gemeindebeamten dafür, daß auch da überall die äußeren Formen früherer Selbständigkeit, insbesondere oskische und samnitische Inschriften verschwanden, damit die Erinnerung an diese Zeit völlig ausgelöscht werde. Dies wurde von jenen Römern am meisten gefördert, die sich in den Besitz von Häusern setzten, deren bisherigen Eigentümern der Boden der Hauptstadt im vollsten Sinne des Wortes zu heiß geworden war. So hatten sich auch die beiden Brüder Aulus Vettius Restitutus und Aulus Vettius Conviva, vielleicht zwei reichgewordene Freigelassene des Geschlechts der Vettier, ein edles Patrizierhaus gekauft und nach Art von Emporkömmlingen, die ihren Reichtum vor aller Welt darzulegen wünschen, umgeändert und ausgestattet. Auch sie hatten damit ein älteres Gebäude übernommen. Durch das Erdbeben hatte dieses aber gewaltig gelitten; nun wurde es wiederhergestellt und mit Malereien in dem neuen Geschmack vierten Stils ausgeschmückt, und da kam so recht zum Bewußtsein, wie fein und harmonisch die älteren Bilder im Verhältnis zu den zeitweise schreienden Farben und scharfen Kontrasten der neuen[15] wirkten. Die meisten Gemälde waren mit Blumengewinden ummalt, die hauptsächlich Myrte, Efeu, Weinstock, Oleander, Lorbeer und Narzisse zeigten. Insbesondere die Myrte war vielfach verwendet, weil sie der Venus heilig war. Nach der Fabel versteckte sich die schaumgeborene Göttin, als sie in ihrer Blöße dem Meere entstieg, aus Scham hinter die die Küste liebenden Myrtensträuchern. Oft war auch der Oleander abgebildet, und unter den Blumen die Damaszener Rose, gleichfalls als Sinnbild der Liebe und Schönheit der Venus geweiht. Von ihr erzählt die Fabel, daß die zuerst weiße Blüte der Rose sich von dem Blut der an den Dornen der Pflanze verletzten Göttin in Purpurrot wandelte[16].

Man gewöhnte sich daran, die Räume der Häuser je nach ihrer Bestimmung passend zu bemalen. In jenen, die vornehmlich Empfangszwecken dienten, fanden sich hauptsächlich mythologische Szenen, in den Atrien und Säulenhallen aber und den Peristylen, die häufig ein Gärtchen umgaben, Landschaften und ländliche Szenen mit der für diese Gegend bezeichnenden Pinie in ihrer eigenartigen charakteristischen Form. Die Speiseräume und Triclinien waren meist mit Darstellungen von schönen und ausgewählten Gemüsen und Früchten ausgemalt. Die überladene, marktschreierische Malerei der allerletzten Zeit hinderte aber doch nicht, daß auch das Haus der Vettier mit seinen Atrien und säulenumgebenem Peristyl mit den überall zwischen Blumen und Blüten verteilten Marmor- und Bronzestatuetten unter ewig blauem Himmel und Sonnenschein das Bild eines beneidenswert schönen und angenehmen Aufenthaltes bot. Die beiden Freigelassenen, die da hausten, waren Lebenskünstler. Eine kleine Kammer bewies dies schlagend; sie war offenbar rein nur den Freuden der Venus geweiht und zeigte Wandmalereien, die sehr geeignet erschienen, Liebende auf das Höchste anzuregen. So wandelte sich Pompeji im Laufe der fünfzehn ruhigen Jahre, die dem großen Erdbeben folgten, langsam völlig um, streifte auch die letzten Zeichen einstiger Eigenart ab, hegte keine Furcht mehr vor neuen Erschütterungen und wurde zu einer römischen Landstadt mit einer Menge reicher

Gäste aus der Hauptstadt am Tiber, die die wunderbare Gegend genießen, in ruhiger Beschaulichkeit die leckeren Erzeugnisse und herrlichen Früchte Pompejis essen und dazu den köstlichen Wein von den Hängen des Vesuv trinken wollten.

Ungefähr die gleiche Entwicklung nahmen auch die Verhältnisse in Herculaneum. Diese kleine, näher zum Herd des Erdbebens im Innern des Vesuv gelegene Ortschaft hatte dementsprechend noch größere Schäden erlitten als Pompeji. Aber ihre Bewohner waren zum Hauptteil reiche Ansiedler, die in höherem Maße zum schnellen Wiederaufbau der Stadt beitragen konnten. Im allgemeinen war man in den fünfzehn Jahren nach dem Erdbeben hier nicht nur in der Wiederherstellung der privaten Häuser, sondern auch in jener des Theaters und der übrigen öffentlichen Gebäude trotz der größeren Schäden viel weiter fortgeschritten als in Pompeji. Immerhin blieb auch da noch eine Menge zu tun, obwohl von kaiserlicher Seite zum Beispiel bei dem Neubau des Tempels der Göttermutter mit Geld sehr geholfen wurde. Auch hier verblaßte langsam die Erinnerung an die Schrecken des Bebens, man sah heiter und froh in die Zukunft und freute sich seines Lebens.

Mit dem Fortschreiten des Aufbaues, der Geld unter die Leute brachte, und dem Neuerblühen des Handels erhöhten sich Besitz und Reichtum der beiden Ortschaften, damit auch das Kunstbedürfnis und der Wunsch, alles ringsum im öffentlichen und privaten Leben möglichst schön zu gestalten. In den Kellern häuften sich die Amphoren genannten, hohen zweiarmigen Weinkrüge mit dem köstlichen Naß, dessen Alter man aus Inschriften an den Gefäßen erkennen konnte, die berichteten, welche Konsuln zur Zeit des Wachstums dieses Weines in Amt und Würden standen. In den Geschäften türmten sich die Waren und Lebensmittel, die reißenden Absatz fanden. Alles ging wieder aufwärts, und man begann nun schon nicht nur an rein östlichen Vorgängen, sondern auch an der großen Politik des kaiserlichen Rom Interesse zu nehmen. Im Jahre 68 n. Chr. war nach aufregenden innerpolitischen Kämpfen Nero ermordet worden. Der Kaiser hatte zu sehr seinen künstlerischen Neigungen nachgegeben. Die Eitelkeit, sich selbst in Griechenland als Sänger und Wagenlenker Lorbeeren zu holen, hielt ihn zu lange von Rom fern und zog seine Aufmerksamkeit davon ab, daß das kaiserliche Ansehen bei den von ihm zu sehr vernachlässigten Legionen dahingeschwunden war. So hatte deren Abfall auch sein Ende zur Folge. Aber die aufrührerischen Soldaten, die den dreiundsiebzigjährigen Galba zum Cäsar ausriefen, waren unter sich uneins. Ein Teil von ihnen empörte sich gegen den neuen Herrn und ermordete ihn. Dann wurde ein Günstling

Neros namens Otho auf den Thron erhoben, aber es dauerte keine hundert Tage, da machten die Legionen der Rheinarmee einen der Ihrigen, Vitellius, zum Cäsar. Dieser rückte über die Alpen und schlug die ihm entgegentretenden Truppen Othos, der durch Selbstmord endete. Doch nun meldeten sich die im Fernen Osten kämpfenden Legionen, die da auch ein Wort mitreden wollten. Sie standen im Kampf gegen die Juden und ihr Befehlshaber Vespasianus, der Sohn eines einfachen Zollbeamten, ein tüchtiger, zuverlässiger und arbeitsamer Mann, erschien ihnen als die richtige Person für die Kaiserwürde. Obwohl Vespasianus selbst im Osten blieb, entschieden sich die Kämpfe der Anhänger des Vitellius und der Seinigen in Rom zu Gunsten des Führers im Kriege gegen die Juden.

Mit Ende des Jahres 69 war der Streit zu Ende, und der Senat übertrug dem Titus Flavius Vespasianus die Regierung in Rom, womit, nach gänzlicher Beseitigung des Hauses Cäsars, das Kleinbürgerliche der Flavier zur Herrschaft gelangte. Vespasianus überließ seinem Sohne Titus das endgültige Niederwerfen der Juden und traf im Jahre 70 in Rom ein. Sofort widmete er sich mit größtem Eifer und Glück der Herstellung der im abgelaufenen Jahre mit seinen nicht weniger als vier Kaisern so schwer gestörten Ruhe. Soweit es überhaupt nun im römischen Machtgebiet zur Wiederkehr des Friedens und der Ruhe und damit zum Aufblühen des Handels sowohl wie der Kunst und Wissenschaft kam, unterstützte Vespasianus auch den Neuaufbau der durch das Erdbeben so schwer mitgenommenen campanischen Städte und ihres Handels. Dieser wurde allerdings nicht von den zugewanderten Römern aus guter Familie betrieben. Der römische Patrizier beschäftigte sich wohl mit Landwirtschaft, doch überließ er das gering geachtete Gewerbe des Kaufmannes Freigelassenen, zum Beispiel Ausländern, wie Juden oder den Sklaven. Die römischen Gemeindebeamten erkannten aber trotzdem die lebenswichtige Bedeutung des Handels und sorgten in weitblickender Weise dafür, daß ihm die größten Freiheiten gelassen würden. Regelmäßige Markttage wurden sowohl in Pompeji wie in Herculaneum abgehalten und Aufforderungen, dahin zu kommen, auch in den umliegenden Ortschaften an den Häusermauern eingekratzt. An solchen Markttagen herrschte in den schon wieder hergestellten Teilen der Fora lebhaftes Treiben. Die Schuster und Schneider, die Bäcker, Obst- und Weinverkäufer ebenso wie die Stoff- und Fischhändler boten ihre Waren an, und für die schnelle Verköstigung der in die Stadt geströmten Massen standen unzählige, offen an der Straße liegende Garküchen zur Verfügung.

Das sich derart entwickelnde Leben war so malerisch bewegt, daß ein Pom-

Eine der größten Sensationen, die die italienischen Forschungen in der Vesuvzone erbrachten, war
die Ausgrabung der großen Villa von Oplontis im heutigen Torre Annunziata. Der Ausgräber, Professor Alfonso De Franciscis, ließ die ans Licht gebrachten Teile sofort restaurieren,
wie den Gartenporticus auf unserer Abbildung.

Die Villa von Oplontis enthält Architekturmalereien des Zweiten Stiles in grandiosen Proportionen,
vor allem im weiten und hohen Atrium. Die Verwandtschaft mit den Wandmalereien
aus der Villa von Boscoreale scheint sehr eng zu sein. Vielleicht war hier und dort sogar
dasselbe Atelier tätig.

Links: Die Stadtmauer von Pompeji mit einem ihrer Befestigungstürme, der im oberen Teil modern wieder aufgebaut ist.

Unten: Der Cardo IV in Herculaneum, dessen Bürgersteige zum Teil von Kolonnaden überbaut waren. Dies erlaubte die Anlage von Balkonen und Loggien.

pejaner es in Wandgemälden in seinem Hause festhielt. Da stellen die Töpfer und sonstigen Handwerker ihre Erzeugnisse zur Schau, da bietet man eine junge Sklavin an, und die Verkäuferin läßt sie ein geschriebenes Papyrusblatt vor sich hinhalten, das all ihre guten Eigenschaften aufzählt. Auch Schulszenen, die Züchtigung eines kleinen Missetäters mit Ruten usw., spielten sich in den Säulenhallen des mit Reiterstatuen gezierten Forums ab, das für den festlichen Markttag überdies mit zwischen den Säulen herabhängenden Kranzgewinden geschmückt war. Dazu las man Ankündigungen aller Art, die in nur großen Buchstaben auf den öffentlichen Plätzen entweder mit Farbe an die Wände gemalt oder aber mit einem spitzen Werkzeug an die Außenflächen der Häuser eingeritzt wurden. Und wirklich, das ganze Leben der Stadt, das reiche und bewegte öffentliche sowohl wie das private, spiegelte sich in diesen so vielerlei verratenden Inschriften wider. Die größte Rolle spielten vor allem die Wahlaufrufe, die sich überall in Pompeji an den Wänden vorfanden und diesen oder jenen Anwärter für die höchsten Ämter des Gemeinwesens empfahlen. Man pflegte zum Beispiel am eigenen Heim anzuschreiben:»Paquius erbittet den Lucius Popidius Ampliatus zum Ädilen« oder aber dritte Personen malten an das Haus eines einflußreichen Mannes: »O Trebius, raffe dich auf und mache den rechtschaffenen jungen Mann Lollius Fuscus zum Ädilen.« Aus diesen Inschriften war zu erkennen, daß in dem einen Fall das Haus dem Paquius, im anderen dem Trebius Valens gehörte. Es zeigte sich, daß nicht nur Einzelpersonen, sondern auch alle Zünfte, wie die Badheizer, Tuchwalker, Filzmacher, Färber, Goldschmiede, Maultiertreiber, Barbiere, Winzer, Kuchenbäcker, Isisverehrer, ja selbst Ballspieler, geschlossen für den einen oder anderen Kandidaten eintraten, also zunftmäßig zusammengefaßt waren und ihren Willen meist an öffentlichen Gebäuden anschrieben. Sie traten so in ihrer Gesamtheit für den oder jenen namentlich genannten Mann ein, den sie zum Duumvirn oder Ädilen erhoben haben wollten, weil er dessen wert und würdig wäre, herrliche Spiele geben, für gutes Brot sorgen würde usw.

Auch die Frauen beteiligten sich an diesen Wahlvorschlägen, wie die Inhaberin einer Schenke oder Bar, ja auch die einzelnen darin beschäftigten Mädchen mehr oder weniger guten Rufes. Nebenbei fehlten die Spötter nicht; Spitzbuben und Schlafmützen empfahlen den faulen Vatia zum Ädilen[17], und das Schätzchen des Claudius wollte, daß man ihren Liebsten zum Duumvirn mache. Drohungen gab es auch: »Wenn einer dem Quinctius seine Stimme versage, so möge er unter Spott auf einem Esel durch die Stadt reiten.« Prahlerische Winke zur Lösung der Geldfragen konnte man da lesen: »Teilt

die Gemeindegelder einfach auf, dafür trete ich ein, denn unsere Gemeindekasse hat gewaltig viel Geld!«

Die Wahlinschriften gaben ein klares Bild, wie die bedeutendsten Bewohner
der Stadt hießen. Der einzelne war da meist mit drei Namen bezeichnet, mit
einem Vornamen, zum Beispiel Marcus, einem Geschlechtsnamen (gens),
wie Holconius, und einem Zunamen, etwa Priscus. Der erste wechselte stets,
nur der älteste Sohn hieß meist so wie sein Vater. Vor- und Geschlechts-
name vererbten sich von Vater auf Sohn, der Zuname ging sehr häufig auf
die mütterliche Familie zurück, konnte aber auch von anderswoher kommen.
Wenn zum Beispiel Sklaven freigelassen wurden, die bis dahin nur Vornamen besaßen, fügten sie diesem die »gens« ihrer ehemaligen Herren sowie
einen Zunamen bei, etwa Januarius, Apollonius oder Jucundus, die sich
allgemein einbürgerten und aus denen man auf die Tatsache der Freilassung
schließen konnte. Sammelte man die an den Häusern Pompejis bestehenden
Namen, so ergab sich fast ein vollständiges Verzeichnis der bedeutendsten
Bewohner der Stadt und meist auch der Eigentümer jener Häuser, an denen
die Wahlvorschläge zu finden waren.

Die auf diese Weise zur Lenkung der Gemeinde gewählten Beamten mußten
in gesetztem Alter stehen und während ihres ganzen Lebens als ehrbar
bekannt gewesen sein; Wähler waren alle großjährigen Bürger. Die Amts-
zeit dauerte nur ein Jahr, und zwar vom 1. Juli bis zum gleichen Datum des
nächsten Jahres, die Wahlen fanden jeweils im März statt. Waren sie vorüber, so wurden alle Aufrufe an den Wänden von eigenen »Übertünchern«
überdeckt und so bis zu den nächsten Wahlen wieder Platz für neue Ankündigungen aller Art geschaffen.

In Pompeji, mit seinem lebhaften Leben und Treiben und dem großen Einfluß der Behörden auf Handel und Verkehr, stieg damit auch das Interesse
dafür, wer diese Ämter bekleiden sollte; daher kam es zu heftigen Wahl-
kämpfen und politischem Streit, und die große Anteilnahme der Bevölkerung zeigte sich in diesen Inschriften. Ganz anders in Herculaneum; da
fehlten die Gegensätze, weil der Handelswettbewerb der Bewohner untereinander kein so großer war. Die Wahlen verliefen ruhiger. Die Leute verfolgten sie mit geringerem Interesse, daher gab es hier viel weniger die Bewer-
ber empfehlenden oder ablehnenden Aufrufe, und der Kampf war nicht so
sehr von persönlicher Anteilnahme durchpulst, wie in dem handelsfreudigen
Pompeji. In Herculaneum wird man vergebens Anschriften suchen, die alle
Tugenden auf den oder jenen Anwärter häufen, einem Gegner Krankheit
wünschen, einen, der schlecht wählt, einfach kurzweg zum Esel erklären

oder gar beteuern, daß Venus selbst den oder jenen zum Ädilen haben wolle. Selbst die Bettler Pompejis schlugen bestimmte Personen zum Ädilen vor, wohl weil sie hofften, sie würden, einmal im Amte, das Los der Armen bessern. Die Wandinschriften im allgemeinen zeigten aber in beiden Städten, welch großen Wert die Einwohner darauf legten, daß man ihre Namen oft und oft lese. An den Wänden der Basilika, am Forum Pompejis, dann im Theater und Amphitheater, also dort, wo das Publikum sich in großer Zahl zu versammeln pflegte, standen Hunderte und Hunderte Namen eingeritzt, eine Unsitte, die auch heute noch an Denkmälern, Aussichtspunkten usw. geübt wird. Da hatten dann die Übertüncher schwere Arbeit. Aber auch sie verfehlten nicht, sich zu nennen. »Sosius hat geschrieben, Onesimus den Stein wieder geweißigt«, liest man einmal. Das geschah meist des Nachts bei Mondenschein oder aber beim Licht einer Laterne, deren Träger überdies die Leiter zu halten hatte. Aber die Wände wurden nicht nur zu Wahlaufrufen, zu Ankündigungen von Fechterspielen und dergleichen benutzt, sondern auch zu direktem schriftlichen Verkehr unter den Bürgern. Zu Lob und Fluch, zu Stelldichein und Glückwunsch, zu philosophischen und ironischen Bemerkungen ebenso, wie zum Festhalten aufrichtiger Gefühlsergüsse und zu besonders charakteristischer und aus dem Leben gegriffener Aussprüche der bekanntesten Dichter, deren Wahrheit der oder jener am eigenen Leibe verspürte. So las man an einer Mauer nächst dem Hause des Gaius Julius Polybius die Verse:

Nichts kann für ew'ge Zeiten dauern!
Wie golden auch die Sonne erglänzt,
In den Ozean muß sie zurücktauchen.
Verschwunden auch ist der Mond,
Der eben noch so hell gestrahlt;
Wenn eines Tages deine Schöne
In wildem Zorne wütet
Bleib fest, denn dieser Sturm
Wird bald dem sanften Zephir weichen[18].

Während die meisten Inschriften öffentlichen Charakters, wie Wahlankündigungen, mit schwarzer oder rotbrauner Farbe gemalt waren, ritzte man die Kundgebungen mehr privaten Charakters, wie Spott, Scherz, Grüße, Liebesseufzer, Verwünschungen und dergleichen meist in die Wände ein. Neben zahlreichen Kundgebungen freundlicher Natur, wie etwa »Gruß dir, Bruder Emilius Fortunatus!«, finden sich solche, die wenig liebenswürdig klingen, wie »Samius wünscht dem Cornelius, er möge sich aufhängen«. Auch Ermahnungen fehlen nicht: »Das kleinste Übel wird zum größten«, meint einer »wenn man es vernachlässigt.« Und schon an den Wänden Pompejis findet sich der Rat, wenn einer gar nicht wisse, was er mit der Zeit anfangen solle, möge er Hirse ausstreuen und sie wieder auflesen. Die kleinen Sorgen und Freuden des Lebens spiegelten sich da. Triumphierend wurde Gewinn im Würfelspiel verkündet, und zwar »ehrlicher«, wie man hinzufügte.

Das Trinken war nicht nur eine Gewohnheit der alten Germanen, sondern zumindest ebenso auch der Römer. Unbändigen Durst verriet eine Inschrift an der Basilika: »Suavis lechzt nach vollen Weinkrügen, ich bitte euch, und zwar dürstet ihn ganz mächtig.« Ein anderer wieder hatte seinen Durst gelöscht: »Schönsten Gruß! Wir sind voll wie Weinschläuche.« Aber immer ist es nicht bester Falerner, der den Pompejaner Trinkern vorgesetzt wurde. »Mögest du einmal selbst deinen bösen Schlichen erliegen«, schimpfte einer den Schenkwirt, »du verkaufst uns fast Wasser und trinkst selber den puren Wein.« Oft aber fehlte einem das Geld zum Essen und Trinken, und so mancher sah neidisch dem Reichen zu, der tafelte und pokulierte. »Wer mich zu Tisch bittet«, las man an einer Wand, »dem möge es gut gehen! Lucius Istazidius, der mich nicht zum Essen lädt, ist für mich ein Barbar.« Weitaus den breitesten Raum in diesen, in dem persönlichen Leben wurzelnden Inschriften nahm die Liebe ein. Um sie drehte sich alles, sie war Anfang und Ende. »Man muß genießen, denn es gibt nichts Besseres in der Welt«, war das Grundgesetz heidnischer Philosophie der Zeit, nach der zu leben alles möglichst strebte. Es wäre ja auch ganz unnütz, meinte man, Liebe verwehren zu wollen, denn »wer Liebende zu trennen versucht, der tut, als wollte er den Wind anbinden und den murmelnden Wellen des Quells das Herabfließen verbieten[19]«. Ungeduldig strebte der Mann damals wie heute danach, möglichst rasch zu seiner Liebsten zu kommen, und während der Maultiertreiber sich beim Erholungstrunk Zeit ließ, ritzte der wie auf Nadeln wartende Liebhaber die Verse in die Wand: »Ach fühltest du doch auch, wie Liebe brennt, viel schneller brächtest du mich dann zu meiner Liebsten! Jetzt vorwärts, bitte, treib' die Tiere an, trink' aus, mach' schnell, ergreif' die Zügel, peitsche. Fahr' nach Pompeji, denn da wohnt mein Schatz.« Unzählig sind die Huldigungen, die guten Wünsche für liebe Menschen. Entzückt schrieb einer zierlich an die Wand: »Wer die Venus nicht sah, die Apelles gemalt, der sehe hin auf mein Mädchen; es ist so reizend wie jene.« Und einer, der fern von der Geliebten weilt, meint seufzend: »Victoria, ach sei gegrüßt, und wo immer du auch seist, niese glücklich.« Einem anderen Schreiber diktierte Amor und Cupido führte ihm die Hand: »Ach, ich möchte lieber sterben, als selbst ein Gott sein ohne dich!«

Doch immer fand man nicht Erwiderung seiner Neigung, man versuchte oft den geliebten Gegenstand erst durch eine Wandinschrift darauf aufmerksam zu machen, da man nicht wagte, ihm das Geheimnis direkt zu gestehen: »Marcus liebt die Spendusa und Rufus die Cornelia Helena! Ich muß eilends fort.« »Leb wohl, meine Sava, und hab' mich doch ein wenig lieb. Ach, wenn du weißt, was Liebe bedeutet und wenn du menschlich fühlen kannst, hab Mitleid mit mir und gestatte, o Blume der Venus, daß ich zu dir komme.« So manche Schöne aber war spröde und machte sich nichts aus dem Verehrer, ja gab ihm einen wenig liebenswürdigen, unverblümten Korb: »Virgula an ihren Freund Tertius: Mein Lieber, du bist mir zu häßlich.« Serna kann den Isidorus nicht leiden und Livia sagt zu Alexander: »An deinem Wohl liegt mir nicht viel. Gehst du zugrunde, freut's mich noch.« Verächtlich wandte sich ein Abgewiesener fort: »Der eine liebt, der andere wird geliebt, ich aber pfeife darauf.« Beißend fügt eine zweite Hand hinzu: »Wer darauf pfeift, der liebt.« Ein Abgewiesener rächte sich in gemeiner Weise: »Lucilla zieht aus ihrem Körper klingenden Gewinn.« Enttäuscht auch schrieb ein anderer an die Wand: »Was nützt mir eine Venus, wenn sie aus Marmor ist.«

In allen Abstufungen konnte man da die Gefühle der Pompejaner und Herculaner verfolgen. Auch die weniger ideale Seite der Liebe nahm einen großen Raum ein. Haß und Wut über Nebenbuhler, die der Geliebten nachstellen, erfüllten so manches Herz und leiteten die Hand der Schreibenden: »Wer mein Mädchen verführt, den fresse im öden Gebirg' ein grausiger Bär.« Zornerfüllt schrieb ein Gatte, der seine ungetreue Frau in einer übelberüchtigten Schenke ertappt hatte: »Ich halte sie, ich halte sie, es kann kein Zweifel sein, Romula ist hier mit diesem Lumpen.«

Manchmal fehlte einem die Partnerin, und traurig schrieb solch einer dann an die Wand der Schenke: »Vivius Restitutus schlief hier allein und dachte begehrend seiner Urbana.« In solchen Fällen blieb dann wohl nichts übrig, als die Flucht ins Haus der Freude, dem im kleinen Gäßchen verborgen liegenden Lupanar, wo die Gäste sich nicht scheuten, ihre Namen und den der Geliebten flüchtiger Stunde gemeinsam an die Wand zu schreiben und ihre Eigenschaften zu loben. Kein Wunder war es bei solcher Vielgestalt der Inschriften aller Art, daß sich dann einmal einer fand, der unmutig über all das Geschmier schimpfte: »Wand, ich bewundere dich, daß du nicht längst schon zerbarstest. So viel ödes Geschwätz bist du zu tragen verdammt.«

Mit der Lockerung der Sitten ging vielfach auch eine solche der Gläubigkeit und der Verehrung der Götter Hand in Hand. Es gab selbst schon zahlreiche Verächter der höchsten Wesen, und ein Pompejaner scheute sich nicht einmal, der Venus, der Göttin seiner Stadt, fluchende Worte an die Wand zu schreiben, weil sie ihn offenbar mit einer nicht erwiderten Liebe heimgesucht hatte. »Ich will der Venus die Rippen mit Prügeln durchschlagen und der Göttin die Lenden lahmpeitschen. Wenn sie mir das zarte Herz durchbohren kann, warum sollte ich ihr nicht mit einer Keule den Schädel zertrümmern können.«

Im allgemeinen aber waren das doch vereinzelte Erscheinungen. Bei der Mehrheit des Volkes behielt Götterfurcht die Oberhand. Auf Schritt und Tritt sah man Altäre, in keinem Hause fehlte die kleine Kapelle der Hausgeister, überall waren die Bilder der Hauptgötter gemalt, an Kreuzungspunkten der Straßen und nächst den Brunnen standen weitere kleine Altäre. Der Isiskult stand in höchster Blüte. Vom Christentum gab es vorerst wohl nur dürftige Kunde. So schien die Sonne über Gerechte und Ungerechte; wo blühendes und bewegtes Leben ist, gibt es eben auch da und dort Gottvergessen, Übertreibungen und Ausschweifungen. Wenn manchmal in den Speiseräumen der Reichen (Triclinien) die Bankette in Orgien ausarteten, wenn die weniger Begüterten sich in den Schenken betranken und sich dem Spiel mit feilen Weibern ergaben, so war das damals wie stets eine Begleiterscheinung des Übermuts, der sich vor allem aus dem unter den Kaisern aufblühenden Machtbewußtsein und dem steigenden Wohlstand infolge des Schutzes der Handelswege und daher erleichterten Schiffsverkehr ergab.

Eben war wieder in Rom ein einschneidender Regierungswechsel vor sich gegangen. Vespasianus, unter dessen Herrschaft das gänzliche Niederwerfen der Juden im Jahre 70, die Zerstörung Jerusalems, sowie Eroberungen auf der Insel Britannien durchgeführt worden waren, starb am 24. Juni 79. Sein in Krieg und Frieden bewährter Sohn Titus folgte ihm, und damit trat zum ersten Male eine geordnete, erbliche Nachfolge ein. Obwohl der neue Herrscher sich vorher mancher Gewalttat schuldig gemacht hatte, zeigte er sich nun sofort nach seiner Thronbesteigung derart wohlwollend, edel und umsichtig, daß ihn die Zeitgenossen bald die Freude und Wonne des menschlichen Geschlechtes nannten.

In Pompeji war man gerade im Begriff, den Tempel des Augustus entsprechend dem Thronwechsel mit der Statue des Titus zu versehen, und das nicht völlig fertiggestellte Heiligtum nun als erstes zu vollenden. Es war langsam gegangen mit den Neubauten am Forum; noch lag der Jupitertempel in Trümmern und bot das Bild einer großen Steinmetzwerkstätte für die Aufbauarbeiten. Zudem war das doppelte Säulenstockwerk nicht völlig fertig, auch die Statuen fehlten noch, ebenso wartete die Basilika auf ihre Wiederherstellung. Auf dem Platz, den vor dem Erdbeben einst der Tempel der Venus Pompeiana eingenommen hatte, scheint ein Holzbau als notdürftige Unterkunft für den Kult der Göttin gedient zu haben. Die Tempel der Fortuna Augusta und der Isis dagegen waren dem gottesdienstlichen Gebrauch schon zurückgegeben, ebenso die Theater fast fertig restauriert.

Im Juli hatten die neuen Stadträte und Gemeindebeamten, die im März gewählt worden waren, ihr Amt angetreten. Noch waren die Wahlempfehlungen an den Häusern nicht weggewischt, und man konnte lesen, daß für das Duumvirat, d. h. für die zwei Vorsitzenden im Stadtrat, in der Mehrzahl der Fälle Marcus Holconius Priscus, Gaius Gavius Rufus oder Publius Paquius Proculus vorgeschlagen worden waren. Für das Amt der Ädilen wurden am öftesten Marcus Casellius Marcellus genannt, »den sogar Venus zu ihrem Liebling erkoren hätte«, und neben ihm Marcus Cerinius Vatia und Lucius Popidius Secundus. Unter diesen Namen sind die in den nun kommenden Schicksalstagen im Amte gestandenen vier Männer mit höchster Wahrscheinlichkeit zu suchen.

Ruhig, friedlich und ernst überragte der stolze Vesuv das Leben all dieser Städte, Ortschaften und Landhäuser, die sich zu seinen Füßen in buntem Kranze um den zauberhaft schönen Golf von Neapel mit seiner malerisch aus dem Meer auftauchenden Inselwelt gelegt hatten. Alles bot das Bild friedlichster Entwicklung, lachenden Wohlstandes in anmutig lieblicher Landschaft. In den Tiefen der Erde aber, den ahnungslosen Bewohnern dieser Landstriche noch völlig verborgen, lauerte das Verhängnis. Während der bis hoch hinauf mit prachtvollen Weinstöcken bedeckte Vesuv nach außen hin nicht das geringste Ungewöhnliche verriet, bereitete sich in seinem Innern ein gewaltiger Aufruhr vor. Man beachtete den Berg wenig; in den unzähligen landschaftlichen Wandmalereien war der Vesuv nur selten dargestellt worden. Auf einer solchen in Pompeji und einer in Herculaneum sah er sehr verschieden aus. Das Bild in der letztgenannten Stadt zeigte den abgestumpften, heute Somma genannten Kegel, der nach Osten abfiel, nach Westen aber in eine abgeflachte Hochebene des nun seit unzähligen Jahren untätigen alten, daher gar nicht mehr als solchen erkennbaren Kraters überging. Das Abbild des Vesuv in Pompeji aber zeigte den Berg in viel schrofferen Formen und legte vor allem Gewicht auf die Darstellung der ihn bedeckenden Weinstöcke sowie auf die in ein Traubengewand gekleidete Figur des Bacchus, dem der Vesuv geweiht war. Ein großes Kunstwerk war dies nicht und daher wohl auch nicht sehr naturgetreu, aber eines ist sicher, keine der beiden Darstellungen ließ im geringsten erkennen, daß der Berg ein Vulkan wäre und sich in seinem Inneren Feuerströme und Gasmassen zu gewaltiger Macht zusammenballten. Und dies, obwohl der Geograph Strabo darauf hingewiesen hatte, der zum großen Teil ebene Gipfel des Vesuv sei ganz unfruchtbar, wie ein Aschenfeld anzusehen und zeige schlundartige Höhlungen von rußfarbenen Steinen, die wie vom Feuer ausgefressen erschienen. Wie fast die meisten Vulkane liegt der Vesuv in der Nähe des Meeres, und nicht nur das Wasser des Himmels, sondern auch der See dringt durch die Spalten der Erdrinde so weit hinab, daß es durch die im glühflüssigen Innern des Berges herrschende hohe Temperatur in heißen Dampf von hoher Spannung verwandelt wird. Damals besaß der Vesuv keinen offenen Krater, so drückten die Gase daher bei ihrem Bestreben, einen Ausweg zu finden, auf das ober ihnen befindliche feurigflüssige, beziehungsweise schon erstarrte Gesteinsmaterial, das ihnen den Ausweg sperrte. Hat in einem solchen Fall der Dampf genügend Kraft gewonnen, so gelingt es ihm, entweder durchzubrechen oder aber, wenn er hoch genug gespannt ist, selbst diese gewaltigen Massen emporzuheben, um sich Luft zu machen. Die auf diese Weise von den Vulkanen an die Oberfläche gebrachten flüssigen Massen heißer Laven sind rotglühend und fließen langsam wie ein dicker Brei. Bricht der Wasserdampf aber durch die im Aufstiegskanal befindlichen Laven hindurch und gelingt ihm der Durchbruch, so wird dieses Material, in Trümmer zersplittert, ausgeworfen, die größeren heißen Schlacken, die kleinen, fast federleichten Bimssteinchen von der Größe etwa eines Pingpong-Balles Lapilli, die feineren staub- und sandartigen Massen vulkanische Asche, ohne in Wirklichkeit Asche zu sein. Alle diese Vorgänge im Innern eines Vulkans hatten sich seit dem letzten mißglückten Ausbruchsversuch, der im Jahre 63 in Form eines Erdbebens gefühlt worden war, im Laufe der seither vergangenen sechzehn Jahre sehr verstärkt. Die Spannung im Innern des Vesuv war ungeheuer angewachsen, und um die Mitte des Monats August des Jahres 79 n. Chr., etwa sechs Wochen nach der Thronbesteigung des Kaisers Titus, wurden neuerdings Erdbewegungen gespürt. Aber sie waren noch nicht bedrohlich; in den Häusern und Ortschaften, die in und um den Vesuv lagen, fiel da und dort ein Gegenstand herunter, zeigte sich ein Riß in der schön bemalten Wand, versiegte etwa ein Brunnen; das war vorerst alles. Grund zu Beunruhigung

schienen diese leisen Erinnerungen anfangs nicht zu bieten. Aber etwa um den 20. August verstärkten sich die Erdstöße. Dumpfes Grollen wie von fernem Donner begleitete sie. Schon begann man zu bangen, ängstliche Gemüter raunten, die Giganten stünden wieder auf; bald in den Bergen, bald in der Ebene rumorte es, selbst auch im Meere, das bei sonst heiterem Himmel und herrlichem Sonnenschein merkwürdig aufgewühlt war und wilde, überschäumende Wogen gegen die Küste sandte. Am 22. und 23. August beruhigte sich der Boden zum Teil wieder, nur in dem bergigen Tal gegen den Vesuv zu schien noch nicht alles zur Ruhe gekommen zu sein. Friedlich lag die Landschaft da, der Kranz von in Blumenpracht gebetteten Häusern und Städten um den lieblichen Golf war in das Blau des Himmels und des Meeres und in das saftige, üppige Grün der reifenden Natur getaucht. Nur die Vögel in den Lüften, die sonst die Gärten mit ihrem Gesang erfüllten, schwiegen merkwürdig still, flatterten unruhig hin und her, Hunde bellten scheinbar ganz ohne Grund, das Vieh in den Ställen begann zu brüllen, zerrte an den Ketten trotz all der friedlichen Stille, die ringsum herrschte. Irgend etwas lag in der Luft, besorgt sahen die Landwirte zum Himmel, ob sich nicht dort ein Hagelwetter zusammenzöge, das all den Fleiß ihrer Hände in kurzem zunichte machen könnte. Aber nein, nichts dergleichen. Blau und wolkenlos spannte sich der Himmel über die Erde, und am Morgen des 24. August strahlte die Sonne sengend heiß auf die so reizend gelegenen Städtchen und Villen, auf Pompeji und Herculaneum und die dort in der Ferne im Dunst weiß verschimmernde Stadt Neapel.
Da erschütterte mit einem Male ein neuer Erdstoß den Boden. Er war furchtbarer als alle bisherigen. Und nun wollten schon Tausende die übermenschlich großen, gewaltigen Riesen ganz deutlich bald dort in den Bergen herumwandeln, bald in der Luft vom Meere her dahinschweben gesehen haben. Plötzlich folgte in den Vormittagsstunden des 24. August ein furchtbarer Donnerschlag. Vom Vesuv her kam der ohrenzerreißende Knall, alles blickte schreckerfüllt dahin. Und siehe! da hatte sich der Berg an seiner Spitze gespalten, unter Donnergetöse schien Feuer aus der Mitte hervorzubrechen. Doch nein, der Schein verschwand wieder, eine ungeheure schwarze Rauchwolke stieg zum Himmel, ein betäubender Krach folgte dem anderen, hochauf brachen dunkle Gesteinssäulen und sanken wieder in sich zusammen. Und plötzlich, man wußte nicht wie und woher, regnete und prasselte es überall. Nicht nur strömender Regen, ja der auch, gleichzeitig aber Steine, Erdblöcke, kleine leichte Bimssteine, große Brocken wie Bomben dazwischen, vornehmlich aber meist nur leichtes Zeug, aber in so unendlicher, so

unendlicher Menge, daß die Sonne verdunkelt wurde. Es war mit einem Male Nacht mitten am Tage, nur ab und zu erhellten grausige Blitze das furchtbare Schauspiel. Erschlagen oder betäubt fielen die Vögel aus der Luft, und tote Fische warf das tobende Meer ans Gestade. Was war denn nur? Was geschah denn in aller Welt? Angstvoll stürzten Mensch und Tier durcheinander, hierhin, dorthin, ziellos, nur fliehen, flehen, retten, was zu retten ist. Ja, die Götter waren vom Himmel herabgestiegen, die Ewigen wollten die Menschen strafen und ließen die ganze Welt im Chaos untergehen. Kein Entrinnen gab es wohl mehr, denn wohin soll man denn, wenn alles in Trümmern dahinstürzt, die Sonne auf die Erde hinabfällt und diese sich unter grauenhaftem Getöse himmelan hebt. Und das war es, ja, das war es ohne Zweifel. Es konnte nichts anderes sein. Immer ärger und ärger wurde es. In den Stein- und Aschenregen, der sich von der Höhe, vom Gipfel des Vesuv weithin erstreckte und alles unter sich begrub, mischten sich sintflutartige Wassergüsse. Man wußte nicht recht, ob sie vom Himmel oder aus der Erde kamen.

Was war geschehen? Der ungeheure Druck der Dämpfe und Gase in den Höhlen des für erloschen gehaltenen Vulkans hatte sich in ziemlicher Tiefe Luft gemacht. Endlich hatte er eine Kraft erreicht, die stark genug war, um die riesigen Mengen über ihm lagernden Gesteines so emporzuheben, daß sie unter gewaltiger Detonation ein Loch in den Gipfel des Berges reißen konnten, ein Loch, das zu einem dräuenden riesigen, kreisrunden Feuerkrater wurde. Die leichteren Bimssteine, der feinere aschenartige Sand wurden durch den gewaltigen Ausbruch in die Luft getragen und von den Winden entführt. Sie bedeckten alles in einem Umkreis von zehn bis fünfzehn Kilometern in Lagen, die bis zu fünf und sieben Meter hoch waren. Noch fünfundzwanzig Kilometer vom Ausbruchspunkt entfernt, am Vorgebirge Misenum, wo die römische Flottenstation lag, die der berühmte Naturforscher und dabei Großwürdenträger des Reiches, Plinius der Ältere, befehligte, mußten die Menschen, bloß um atmen zu können, fortwährend die Asche und Steinchen abschütteln, die aus der Dunkelheit herniedersanken.

Am Krater des Vesuv hatte sich indes eine Menge schwerer Gesteinsteile und ausgeworfener Brocken gesammelt. Zusammen mit den Bimssteinchen und den ascheähnlichen Sanden bildeten sie in dem strömenden Regen eine furchtbare Schlammlawine, die von der Höhe des Berges in Richtung zur Küste zu herabfloß. Denn dorthin war der Ausbruchskrater geneigt und an dieser Seite die Kraterwand am stärksten eingestürzt. Die Schlammmasse verschlang vor allem anderen die Häuser und Villen an den Hängen des Berges, und nun ergoß sich der Strom direkt hinein in das nur vier Kilometer vom Gipfel des Vesuv gelegene reizende und friedliche, stolze und schöne Städtchen Herculaneum mit seinen prachtvollen Häusern und Tempeln, seinen Gebäuden, Brunnen und Altären. Einen Augenblick stockte der Strom an dem Widerstand der Mauern und teilte sich entsprechend den Straßen der Stadt in mehrere Arme, die im Nu die Gassen und Wege ausfüllten. Aber immer neue Massen strömten nach, die sich dahinwälzende Schlammwand erreichte stellenweise eine Höhe von zwölf bis fünfzehn Metern, überflutete schließlich alles, begrub Häuser und Tempel unter sich und füllte die Hohlräume aus. Wie in ein großes Gefäß floß der Schlammstrom hinein in das Halbrund des wundervollen Theaters, nachdem er mit furchtbarem Anprall die herrlich-schöne Szenenwand mit ihren Marmorstatuen umgeworfen und unter sich begraben hatte. Dort und da riß er die Standbilder von ihren Sockeln, zerschlug eine riesige Quadriga, ein stolzes, bronzenes Viergespann, das ein öffentliches Gebäude krönte, und riß es in hundert Trümmern unwiderstehlich mit sich.

Die zu Tode erschrockenen Bewohner der dem furchtbaren Berg so nahe gelegenen Stadt hatten sofort die volle Tragweite der eingetretenen Katastrophe erkannt. Angesichts des Ozeans von Schlamm und flutendem Gestein, der sich da alles verschlingend, alles erfüllend heranwälzte, bei den andauernden Erdstößen, dem Steinregen in voller Dunkelheit gab es nur eines: fliehen, fliehen, so schnell wie möglich fliehen. Man konnte nicht bleiben, das sah jedes Kind. Wer Roß und Wagen hatte, schwang sich hinauf, peitschte die Pferde, suchte die Fackel brennend zu erhalten, um so zu fliehen. Nur fort, fort gegen das Meer zu oder nach Neapel. Die anderen flohen in eiligem Laufe zu Fuß mit der flackernden Öllaterne in der Hand. Nur einige wenige Kranke, Greise, die sich nicht bewegen konnten, oder Unglückliche, die durch plötzliches Zusammenbrechen der Mauern eingeschlossen waren, kamen elend um. Aber nur wenige waren es; hier in Herculaneum hatte jeder nur an Flucht gedacht, niemand sich in Kellern oder dergleichen schützen wollen. Denn dies hinderte der überall, auch durch die eingedrückten Dächer der Häuser eindringende unerbittliche Strom, und das war das Glück der Herculaner, denn so kamen die meisten von ihnen wenigstens mit dem nackten Leben davon. Freilich, viele Wagen der Flüchtlinge, die sich mit umgebundenen Kopfkissen oder mit über das Haupt gestülpten Kleidern gegen die fallenden Steine zu schützen suchten, warfen um, weil sie im tiefen, von Fackeln nur notdürftig erhellten Dunkel den

Weg nicht fanden oder sich durch Erdstöße aufgerissene Spalten unüberwindliche Hindernisse boten. Dazu die stickige Luft, der durchdringende Schwefelgeruch. Entsetzlich war diese Flucht anzusehen. Heulende Weiber, klagende Kinder, jeder rief nach den Seinen, viele beteten flüchtend zu den Göttern, andere wieder sahen in dem furchtbaren Geschehen auch den Untergang ihrer Götterwelt. Himmel und Erde stürzten eben zusammen. Indessen hatte sich der Schlammstrom gänzlich über Herculaneum hinweggewälzt; bis ans Meer gelangte er und schob sogar dessen Küste etwa zweihundert Meter weit in die salzige Flut vor. Der blühende, reizende Ort war vom Erdboden verschwunden. Nichts sah man mehr von dem herrlichen, eben noch nach dem Erdbeben von Vespasianus mit solchen Kosten wiederhergestellten Tempel der Göttermutter Kybele, begraben die schmucke Vorstadtvilla mit ihrer wundervollen Sammlung von Statuen und Bronzen und der Bibliothek des Philosophen Philodemos. Begraben das Forum, all die anderen schönen Gebäude, auch die Basilika, in der sich die Familie der Balbi in Reiterdenkmälern und Statuen verewigt hatte. Die Bewohner aber flüchteten heimatlos, viele vor Schrecken wahnsinnig geworden, nach Neapel und Umgebung, wo man besorgt und angsterfüllt war, denn die Erdstöße und der Aschenregen richteten auch dort schweren Schaden an. Und immer noch dauerte der Ausbruch des Vesuv, stets neue, vom Widerschein der glühenden Gesteinsmassen feurig überstrahlte Steinfontänen wurden aus dem Krater emporgeschleudert, und in Pinienform stand über dem Berg gewaltiger, schwarzer Rauch, den grausige Blitze durchzuckten. Dazu die furchtbare Finsternis, »nicht wie in mondloser und bewölkter Nacht, sondern wie in einem vollständig geschlossenen Raume«[20]. Herculaneum aber war kein Städtchen mehr, es war eine Gruft, in der alles, alles unter mindestens fünfzehn Meter hohem, langsam erstarrendem Schlamm begraben lag.

Der Ausbruch des Vesuv hatte auch in den weiter gelegenen Gebieten und Ortschaften ungeheure Aufregung hervorgerufen. In Misenum zum Beispiel, dem Hauptkriegshafen der für die Sicherheit des Tyrrhenischen Meeres beauftragten römischen Flotte, hatte man zwar die Explosion nicht gehört, jedoch die riesige, pinienförmig aus dem Vesuv aufsteigende, bald schwarze, bald weiße Wolke mit Sorgen beobachtet. Der Kommandant der Flotte, Gaius Plinius, wollte sich aufmachen, um die grause Erscheinung von größerer Nähe zu sehen und hatte ein leichtes, schnelles Schiff bereitstellen lassen. Befremdet betrachtete auch er die dunkle Wolke am Vesuv, die wie auf einem sehr langen, schlanken Stamm in die Höhe stieg und sich

Plan von Herculaneum

dann, unter Einwirkung der herrschenden Winde, in viele Zweige verteilte. Ihre Farbe war verschieden, je nachdem sie Lapilli, Erde oder Asche mitführte.

Als Plinius eben aus dem Hause trat, um zu dem Schiff zu gehen, reichte man ihm einen Brief von einer gewissen Rectina, der ihm bekannten Gemahlin des Cascus, die ihm hastig von der schrecklichen Gefahr schrieb, in der sie in ihrem Hause am Abhang des Vesuv schwebte und ihn bat, er möge sie erretten. Plinius ließ sofort eine große Anzahl von vierrudrigen Schiffen bereitmachen, denn er wollte nicht nur dieser Dame, sondern möglichst vielen Menschen helfen, die durch das furchtbare Ereignis betroffen waren. Er befahl also geradeaus gegen den Vesuv zu steuern, in dessen Nähe Ortschaften und Menschen in größter Gefahr schwebten. Je mehr er sich der Küste zwischen Herculaneum und Pompeji näherte, desto heißer und dichter fielen die weißen, leichten Bimssteinchen sowie auch vom Feuer versengte und brüchige schwarze Trümmer und weiße vulkanische Asche auf die Schiffe. Dazu war das Meer äußerst bewegt und die Piloten stellten fest, daß sich Untiefen gebildet hätten, die ein näheres Heranfahren oder gar eine Landung unmöglich machten. Die Schiffsmannschaft vor allem hatte selbst Angst um ihr Leben, und der Steuermann beschwor Plinius umzukehren. Der gelehrte Flottenführer wollte zunächst dieser Aufforderung nicht folgen, sah aber bald, daß es wirklich nicht möglich war, den bisherigen Kurs weiter einzuhalten, und entschloß sich so, zu dem Hause eines Freundes, des Pomponianus zu steuern, dessen Villa unweit der Küste zunächst dem sechs Kilometer südlich Pompeji liegenden Stabiae lag. Aber auch dort war es nicht heimlich, Asche und Lapilli fielen schon über Stabiae, denn der Wind wehte von Nordwest, und daher wurden die leichter beweglichen Auswurfmaterialien des Vesuv, also die Lapilli und der weiße Aschensand, am allermeisten in südöstliche Richtung abgetrieben. In dieser aber gerade lagen vor allem zahlreiche Villen in der Gegend des heutigen Boscoreale und die Stadt Pompeji, über die sich nun der Stein- und Aschenregen in voller Wucht ergoß.

Im Nu wurde das herrliche Anwesen des musikliebenden Lucius Herennius Florus erfaßt, das am Hang des Berges gegen Pompeji zu lag. Schon das Erdbeben des Jahres 63 hatte die Villa und insbesondere ihr kolossales Peristyl mit seinen zwanzig korinthischen Säulen schwer beschädigt. Nun war sie gerade im Neubau gewesen und daher der Wohnteil gänzlich ausgeräumt, nur die für die Landwirtschaft, insbesondere Weinherstellung notwendigen Räume waren bewohnt. Jetzt am 24. August waren die Behälter eben leer, der Wein vom Vorjahr teils verkauft oder in Amphoren abgefüllt. Die Herrin des Hauses war anwesend, um den Fortschritt der Arbeiten an den Bade- und Schlafzimmern zu beaufsichtigen.

Mit dem Aschen- und Steinregen setzte auch hier der Schrecken ein; Erdbeben erschütterten das Haus bis in seine Grundfesten, man suchte zu flüchten, aber in der Dunkelheit und den erstickenden Schwefelschwaden kehrten die Besitzerin, deren Verwalter und ein Sklave wieder in das Haus zurück, in der Hoffnung, hier doch noch besseren Schutz zu finden. Schnell wurde der gesamte Schatz, wurden Schmuckstücke, silbergetriebene Prunkgeschirre, dann nicht weniger als tausend funkelnde Goldmünzen zusammengetragen. Ein vertrauter Sklave sollte all das irgendwo in den unterirdischen Teilen des Hauses in Sicherheit bringen. Angstvoll suchte er, wo er die Dinge bergen könnte und kam dabei bis in das Weinreservoir. Dort aber herrschte schon furchtbar schwefelige Stickluft, der Unglückliche konnte nicht mehr atmen, fiel mit dem Gesicht zur Erde auf Knie und Hände und erstickte inmitten all der Schätze, während oben im Hof der Weinpressen die Hausfrau und ihre zwei Begleiter sich vergebens mit Tüchern das Gesicht zu schützen versuchten und gleichfalls, einer über den anderen fallend, den Erstickungstod fanden.

Schauerlich raste das Elementarereignis über die Gegend. Schon stand auch das vom Gipfel des Vesuv viel weiter als Herculaneum entfernte Pompeji in heftigstem Stein- und Aschenregen. In dieser Ortschaft verlief die Katastrophe ganz anders als dort. Hier gab es keinen Schlammstrom, der jedermann nur die Flucht als einzig mögliche Rettung klar vor Augen stellte. Mit Grauen hatte man wohl die ungeheure Explosion, den Feuer- und Steinausbruch aus dem Gipfel des Berges und die schrecklichen Erderschütterungen miterlebt. Aber man hoffte zu lange, daß all dies vorübergehen werde. So verlor man kostbare Zeit; da, mit einem Male trieb der Nordwestwind die weißen Bimssteinchen in solch ungeheurer Menge auf die Stadt zu, daß auch hier sehr viele ihr Heil in der Flucht suchten. Denn meterhoch fielen die Lapilli, die kleinen leichten Kügelchen drangen überall ein, ab und zu aber trug der Sturm auch Blöcke bis zu sechs Kilogramm Gewicht und größere Steine über die Stadt. Im Nu war alles darin begraben, viele Dächer konnten die Last nicht mehr ertragen und stürzten ein.

Wie sollte man dem allen entkommen? Wer Pferd und Wagen hatte, eilte möglichst schnell hinweg, viele andere aber suchten sich in Verliesen, in festen Gängen und Kellern in Sicherheit zu bringen, sich vor dem Steinregen zu schützen und abzuwarten, bis sich der Aufruhr der Elemente wieder legen würde. Aber sie alle wurden durch die vom Vesuv entwickelten und vom Wind mit herbeigewehten giftigen Schwefeldämpfe erstickt und gingen elend zu Grunde. Die meisten aber rafften eiligst alles an Wertsachen und Geld zusammen, was sie erreichen konnten und flüchteten, den Kopf mit ihrem Mantel oder auch Tüchern und Polstern schützend. Öllaternen und Fackeln beleuchteten matt die traurige Szene. Während sich die Fliehenden schwer durch die schon drei bis vier Meter hohen Lapilli durcharbeiteten, fiel die mit Regen vermischte weiße Asche unerbittlich weiter, hemmte die allgemeine Flucht, und zahlreiche Pompejaner erstickten auch auf offener Straße in den schrecklichen schwefeligen Dunstschwaden. Die regenfeuchte Asche klebte sich an Hand und Fuß, und wer nicht rechtzeitig und schnell gleich nach dem Ausbruch zu flüchten begonnen hatte, verfiel dem schrecklichsten Tode.

Unzählig waren die Dramen, die sich da bei Mensch und Tier, in Haus und Tempel, in Zimmern und Straßen der einst so blühenden Stadt abspielten, die nun unversehens in eine Stätte des Grauens verwandelt worden war. Die Pompejaner flehten zu den Göttern um ihren Tod aus Furcht davor. Götter! Ja, Götter! Es gibt doch keine, seht ihr dies nicht?

So plötzlich war die Katastrophe hereingebrochen, daß man überall noch die Vorbereitungen für das Mittagessen antraf; noch schmorte ein knusperiges Ferkel im Bronzegefäß, das Brot färbte sich goldgelb im Backofen, und überall waren die Leute wie gewöhnlich bei der Hausarbeit, bei den Bauten und auf den Feldern vor der Stadt beschäftigt gewesen. Nun aber ließ man alles im Stich, wie es lag und stand. Mitten in das blühende Leben hatte die tragische Hand des Schicksals plötzlich vernichtend eingegriffen. Es gab keinen Unterschied mehr, es fiel der Herr wie der Sklave, der Mann wie die Frau. Wie die Menschen waren auch die Tiere völlig verstört; mit Gewalt rissen sie an ihren Fesseln, gelang es ihnen, sich zu befreien, stürmten sie hinaus, wenn aber nicht, gingen sie in ihrem Stall elend zugrunde; die angeketteten Hunde aber, die die Häuser bewachten, hatten das furchtbarste Schicksal.

Der Steinregen kam vom Vesuv her, also von Nordosten, und daher suchte alles zunächst gegen Westen, gegen das Meer, und dann auch gegen Süden zu flüchten. Auf den drei hauptsächlichen zum Herculaner Tor und zur Porta Marina führenden Straßen[21] drängten sich die Flüchtenden. Klagend, schreiend und rufend versuchten die Pompejaner miteinander Verbindung zu halten und der Gatte der Frau, die Eltern den Kindern in dem grauenvollen Steinregen weiterzuhelfen. Viele wurden wahnsinnig und jagten sinnlos

Die Bronzestatuette des tanzenden Fauns hat dem Haus, in dem er gefunden worden ist (VI 12) seinen Namen gegeben. Dort steht heute nur ein moderner Nachguß, das Original befindet sich im Museo Nazionale in Neapel.

Kopf des Fauns, mit Hörnern auf der Stirn und Eichenkranz im Haar. Das vorzüglich erhaltene Werk ist im 1. Jahrhundert v. Chr. geschaffen worden.

bald hierhin, bald dorthin. Ja, es war so, wie es in der Bibel von jenen zwei üppigen Städten Palästinas erzählt wird. Einer, ein Jude vielleicht, der sich in das Zimmer eines Wohnhauses geflüchtet hatte, um dort das grausige Geschehnis vorübergehen zu lassen, ritzte klar und deutlich die Worte »Sodoma und Gomorrha«[22] in die Wand. Als aber die Luft sich verschlechterte, da wagte auch er sich hinaus in den grauenvollen Steinregen, um zu sehen, ob er nicht sein nacktes Leben retten könnte.

Die reizenden Häuser und kostbaren Paläste ebenso, wie die bescheidenste Hütte und Taverne drohten zum Grabe ihrer Bewohner zu werden. Mitleidslos prasselte der Hagel der noch heißen Lapilli und Asche auf die Stadt herab. Wenn man gegen den Vesuv zu blickte, sah man einen roten Feuerschein aufsteigen, als schlügen gewaltige Flammen aus seinem Gipfel. Sonst aber herrschte unerträgliche, dichte Finsternis, die alles einhüllte und schwefeldampferfüllte Luft, eine wahre Höllenpein schon auf Erden. Schreckerfüllt ließen auch die zwei Söhne Quintus und Sextus des Bankiers Cäcilius Jucundus alles im Stich und flohen vorüber an dem Hause des Vesonius, um die Strada della Fortuna zu gewinnen. Auch dieser ihr Freund war schon mit seiner Familie auf der Flucht, nur den armen Hund hatte man vergessen, der, an die Kette gelegt, das Haus bewachte. Die Steinchen regneten durch die Öffnung des Atriums herein, und das arme Tier stieg, solange die mit einem Bronzering an seinem Halsband befestigte Kette es gestattete, hinauf, immer höher und höher unter den größten Anstrengungen, sich zu befreien. Endlich erstickte er elend und streckte alle Viere im Todeskampf in die Luft.

Entsetzt flüchteten die zahlreichen Arbeiter, die bei dem Bau der großangelegten Zentralthermen beschäftigt waren. Was nützte Reichtum dem stolzen Besitzer jenes herrlichen Gebäudes mit dem großen Atrium, in dessen Mitte die wundervolle Bronzestatue eines Fauns stand, was dem großen Herrn sein Palast mit den zahlreichen Schlaf-, Wohn- und Eßzimmern und dem Peristyl mit den wunderschönen, von vierundzwanzig ionischen Säulen umgebenen Blumengarten? Die Bewohner konnten sich nicht entschließen, den einzig rettenden Weg zur Flucht anzutreten, denn angsterfüllt sahen sie aus der Öffnung des Atriums die Steine auf die Bronzestatue herniederprasseln. Sie suchten zumeist Schutz in den Zimmern. Nur die Hausfrau hatte in aller Eile ihren wertvollsten Besitz, große goldene Armbänder in Schlangenform, Ringe, Haarnadeln und Ohrgehänge, einen Silberspiegel, ein Säckchen voll Münzen zusammengerafft und zu fliehen versucht. Als aber Steine und Asche auf sie herabregneten, kehrte sie in ihrer Angst wieder zurück und flüchtete in das Tablinum, das große Prachtzimmer. Kaum war sie dort angelangt, trug die Decke die Last nicht mehr, stürzte ein und begrub die Unglückliche mit ihrer wertvollsten Habe unter den Trümmern. Auch andere Bewohner des herrlichen Hauses, die sich nicht hinauswagten, erstickten elend in den Zimmern. Ob mächtiger Duumvir, ob reicher Bankier, ob armer Sklave, sie flüchteten oder starben, einer über den anderen dahinsinkend. Der Versuch, irdisches Gut zu retten, kostete so manchem das Leben. In einem Hause an der gleichen Hauptstraße, an dessen Eingangspforte ein Mosaik mit dem Bild eines Hundes und der Warnung »cave canem« eingelassen war, wollten zwei junge Mädchen in aller Eile wenigstens ihre Schmuckstücke zusammenraffen, versäumten darüber die kostbare Zeit und sanken neben ihren Wertsachen erstickt nieder.

Im Hause des Pansa hatten die Bewohner im Anfang einige der schönsten Dinge, zum Beispiel eine kleine Bronzegruppe Bacchus mit einem Satyr darstellend, schnell in Leinen gewickelt, um sie mitnehmen zu können. Aber schon im Garten merkten sie, daß man dergleichen auf der Flucht nicht werde mitschleppen können, und warfen das Kunstwerk in einen Kupferkessel, der zufällig dort im Garten stand. Während aber die Hausbesitzer sich retten konnten, versuchten vier dort zur Miete wohnende Frauen besseren Standes mit goldenen Ohrgehängen und kostbaren Ringen das beispiellose Naturereignis in einem Zimmer zu überdauern und fanden dort alle vier inmitten ihrer Wertgegenstände und einigem Silbergeld gleichfalls den furchtbaren Erstickungstod.

Auf der Straße zum Herculaner Tor drängte sich die flüchtende Menge. Denen, die nahe am Westende der Stadt gegen das Meer zu wohnten, gelang es eher, sich zu retten, so dem Cossius Libanus, dem Besitzer des sogenannten Hauses des Sallust am Ende der Merkurstraße. Nur die Herrin des Hauses scheint auch mit dem Zusammensuchen ihrer Wertsachen zu viel Zeit verloren zu haben, denn unweit davon, schon auf der Straße, fiel sie mit ihrem Schmuck, Geld und silbernen Spiegel, umgeben von drei Frauen geringeren Standes, nieder und versank in der klebrig-nassen Asche.

Immer schwieriger wurde es zu flüchten; schon reichten die Lapilli bis an die Dächer, meterhoch bedeckten sie und die darüber fallende Asche alle Wege. In der Gräberstraße vor dem Herculaner Tore herrschte grenzenlose Verwirrung und wahnsinniges Gedränge. Die Körper der Erstickenden häuften sich nächst dem Tore. Dort flutete ja alles aus der Stadt heraus, was zum Meere entweichen wollte und hier am ehesten entkommen zu können glaubte. In Wahrheit war auch an der Küste kein Heil zu finden, denn Erd-

stöße hatten sich da am stärksten fühlbar gemacht, die Wogen gingen haus-
hoch, und die Flüchtenden, die bei demm atten Schein ihrer Fackeln den
Sturm des Meeres und die mit unzähligen Fisch- und Tierleichen überdeckte
Küste sahen, versuchten wieder in die Stadt zu gelangen, um dort Schutz zu
suchen. Dies alles bei dem immer noch andauernden Steinregen, der die
Leute zwang, ihre Kleider über den Kopf zu stülpen, um sich halbwegs
dagegen zu schützen. So sank einer nach dem andern in das Stein- und
Aschenmeer ein; viele gingen mit einem Sack voll Gold- und Silbermünzen
über dem Rücken in die Ewigkeit.

An der Gräberstraße war bei Eintritt der Katastrophe gerade eine Toten-
feier veranstaltet worden, und die Teilnehmer waren beim Leichenmahl in
dem dazu bestimmten, schön bemalten Speisetriclinium versammelt. Dort
erstickten sie auf den Kissen der Liegebetten ausgestreckt und hatten dabei
nicht nur das Begräbnis ihres Anverwandten, sondern ahnungslos gleichzeitig auch ihr eigenes gefeiert. In allernächster Nähe davon flüchtete sich
eine Frau mit einem Kind im Arm in eine säulengeschmückte Grabstätte;
kaum war sie dort angelangt, als das Denkmal zusammenstürzte und nun
auch zu ihrer und ihres Kindes Gruft wurde.

Grauenhafter Schrecken herrschte in dem prachtvollen Landhaus mit groß-
artiger Weinwirtschaft an der Gräberstraße. Dieses luxuriöse Gebäude besaß außer dem herrlichen Peristyl rückwärts noch eine gewaltige, den Garten umgebende Säulenhalle, unter der an drei Seiten ein Gewölbe lief, ein
durch Stiegen zugänglicher sogenannter Kryptoportikus, der nach dem
Garten zu durch kleine, offene Fensterchen Licht und Luft genoß. Dort
standen in langen Reihen die Weinamphoren, die an einem Ende mit Spitzen
versehen sind, um sie in die Erde einbohren zu können. Der von größtem
Schrecken erfaßte Hausherr hielt dieses Kreuzgewölbe angesichts des entsetzlichen Steinhagels als denjenigen Raum, der am allermeisten Sicherheit
böte und führte darum die Hausgenossen, soweit er ihrer habhaft werden
konnte, schnell dort hinab. Unter ihnen auch die mit einem schweren goldenen Halsband und ebensolchen prächtigen Spangen geschmückte Hausfrau mit einem Kind am Arm und einem Knaben an der Seite und seine
Tochter, ein wunderschönes, zartes Mädchen in der Blüte ihrer Jahre, in
feinstes Linnen gekleidet und mit herrlichem Goldschmuck geziert. Rasch
ließ der Gutsherr durch Sklaven Brot und Früchte, sowie sonstige Lebensmittel hinabtragen. Er selbst steckte hastig zehn goldene und achtundacht-
zig silberne Münzen der Kaiser Nero, Vespasianus und Vitellius in einem
Tuchsack zu sich und eilte dann mit dem Hausschlüssel dem Tore zu, das

rückwärts aus dem Säulenportikus ins Freie führte. In seiner Begleitung war der vertrauteste Sklave, der das kostbare Silbergeschirr des Hauses zusammengerafft hatte, um es zu retten. Es bestand wohl die Absicht festzustellen, wie es nach dem Meere zu aussehe, ob die Flucht dahin möglich sei. Dann wollte der Mann zurückkehren und seine Familie und das große Hausgesinde holen kommen. Aber er erreichte den rettenden Weg nicht mehr, schon an der Haustür ereilte ihn und den Diener das Schicksal, erstickt sanken sie in die meterhohe Stein- und Aschenschicht nieder.

Indessen erlitten die sonst im Hause verbliebenen Personen sowie alle in den tiefer gelegenen Kryptoportikus Geflüchteten das gleiche furchtbare Los; durch die in den Garten führenden Fenster drang die feine Asche auch dort ein und mit ihr die Dämpfe und giftigen Dünste, die natürlich in dem sonst geschlossenen Raum noch mörderischer wirkten als im Freien. Verzweifelt suchte das junge Mädchen mit den kostbaren goldenen Ringen an den Händen ihr feines Gewand über den Kopf zu stülpen und sich so zu schützen, verzweifelt auch hielten sich die Unglücklichen Tücher vor Nase und Mund. Aber es half alles nichts, sie fanden den Erstickungstod, und nur mehr der Schmuck und die Zier der Sandalen verrieten den Unterschied ob Herr oder Sklave. Die Armen kamen gar nicht mehr dazu, die Lebensmittelvorräte anzurühren, der Entschluß, da hinab zu flüchten, bedeutete das sichere, schnelle Ende. Vierunddreißig Menschen und eine Ziege starben in den Räumen dieser Villa den Erstickungstod. Dieses Tier hatte sich, noch mit der Glocke um den Hals, in ein ebenerdiges Zimmer geflüchtet und fand dasselbe Schicksal wie alle anderen.

In der unweit dieses Hauses gelegenen großen Villa, die noch von ihrem früheren Besitzer her die schöne malerische Darstellung des Mysterienkultes beherbergte, jetzt aber schon ein mehr für die Landwirtschaft bestimmtes Gebäude war, überraschte der Stein- und Aschenregen drei Frauen in einem Oberstock. Sie konnten nicht mehr flüchten, weil nicht nur die Dächer, sondern auch der Fußboden einstürzten und sie in den Raum darunter fielen. Da lagen sie nun in ihrem schönen Schmuck mit Goldketten und Goldringen an den gebrochenen Gliedern und erstickten in der schwefeligen Luft. Die eine von ihnen, ein junges Mädchen, hielt noch krampfhaft einen kleinen Bronzespiegel in der Hand. Einige beim Umbau des Hauses beschäftigte Arbeiter flüchteten in den auch hier vorhandenen unterirdischen Kryptoportikus des Hauses und gingen dort elend zugrunde. Sie hatten, als sie schon die Stickluft fühlten, nicht mehr entweichen können, denn der einzige Treppenzugang war völlig verschüttet. Ein junges Mädchen war bis zum Ausgang der Villa gelangt, dann aber verließen sie die Kräfte. Ein Mann, vielleicht der Türhüter, irrte wohl zuerst durch die zahlreichen Räume des großen Hauses, dann flüchtete er in sein kleines, geschlossenes Zimmer, um dort in dessen dunkelster Ecke zu ersticken. Er starrte noch im Tode wie gebannt auf seinen kleinen Finger an der linken Hand, an dem er einen Eisenring mit Karneol trug, worauf eine kleine weibliche Figur eingraviert war. Die Villa war nur wenig bewohnt, ein Teil konnte flüchten, so daß nur acht Opfer darin den Tod fanden.

In der Südhälfte Pompejis war es nicht viel anders. Das weite Amphitheater und die daneben gelegene Palästra, die in der Mitte ein gewaltiges Schwimmbecken von dreißig Metern Seitenlänge besaß, füllten sich im Nu mit den herabregnenden Lapilli, die bald darauf von einer dichten Aschenschicht bedeckt wurden. Im Amphitheater weilten nur wenige Aufseher, im Augenblick waren auch keine wilden Tiere dort untergebracht; in der Palästra dagegen, in der die Jugend Pompejis ihre gymnastischen Leibesübungen betrieb, drängten sich viele Leute, und als nun plötzlich der furchtbare Steinhagel niederprasselte, flüchtete alles zunächst unter das scheinbar schützende Dach der umliegenden Säulenhalle. Aber auch dieses stürzte bald ein, und es blieb bloß noch möglichst schnelle Flucht übrig. Vielen gelang sie, anderen erging es wie einem Mann, der offenbar im Dienste der Göttin Isis zwei Silbergefäße von einem nahegelegenen Altar mit den heiligen Zeichen des Isiskultes retten wollte. Er versank oberhalb des schon mit Lapilli gänzlich gefüllten Bassins und ging elend zugrunde. Mit ihm auch alle, die in geschlossene Hohlräume eilten und nicht ihr Heil in der Flucht suchten. Die meisten folgten auch hier dem Ruf: fort, fort, nur möglichst rasch aus der Stadt! Hier vor allem nach dem Süden, denn von Nord und Nordost kam ja das furchtbare Unheil. Aus den Häusern der Strada dell' Abbondanza strömten die zu Tode Erschrockenen nach Süden, aber vielen gelang die Flucht nicht. In dem Hause des Trebius Valens, eines reichen und hochangesehenen Mannes, an dessen Hausmauern zahlreiche Wahlaufrufe zu lesen waren, suchten vier Personen aus dem Atrium das Freie zu gewinnen, als plötzlich das Dach über ihnen zusammenstürzte und alle vier unter sich begrub. Überall das gleiche schreckliche Bild. In einem reichen Patrizierhaus waren die Besitzer anscheinend fern auf dem Lande, während die Sklaven unter der Aufsicht eines Verwalters und gleichzeitig Türhüters, des Freigelassenen Quintus Poppäus Eros, zur Durchführung der Landarbeiten auf den vor der Stadt gelegenen Feldern des Hausherrn zurückgeblieben waren. Das Haus war klar in zwei Teile geschieden: in das repräsentative Vorderhaus, in dem bei der Abwesenheit der Besitzer in den Räumen um Atrium und Peristyl nur wenige Personen verblieben, während das zahlreiche Bedienungspersonal darüber im zweiten Stock untergebracht war, und in die Unterkünfte im rückwärtigen Teil des Hauses, wo die Arbeitssklaven unter ihrem Hausverwalter und Aufseher wohnten. Als der Steinregen einsetzte, flohen die Bewohner des Vorderhauses vorbei an dem prachtvollen Wandgemälde des griechischen Komödiendichters Menander und den Büsten anderer Schriftsteller, die dort förmlich ein Heiligtum der Poesie bildeten, hinüber in den großen Salon, den schönsten Raum des Hauses. Zwei alte Leute und drei jüngere sanken erstickt nicht weit vom Eingang nieder. Die Sklaven des Oberstockes hatten sich vorerst nicht getraut, ihre Zimmer zu verlassen, als aber der Steinregen mit immer größerer Macht herabprasselte und die Lapilli schon fast zweieinhalb Meter hoch im Atrium standen, da entschlossen sie sich endlich zur Flucht. Einer trug eine Bronzehängelampe voran und ihm nach stürmte alles die Holztreppe hinunter, um durch das Atrium das Freie zu gewinnen. Aber auch diese zehn Personen sanken zwischen Stiege und Tür zum Atrium nieder, einer über den anderen. Mit dem Ausdruck furchtbarsten Schreckens in den Gesichtern kämpften sie den Todeskampf. Zwei Frauen des Hauses hatten den umgekehrten Weg gewählt; als sie sahen, daß der Boden schon meterhoch bedeckt war, flohen sie auf einer Stiege in den ersten Stock oberhalb des Stalles, bis auch über ihnen die Dächer einbrachen und sie erschlugen. Im Arbeitshaus rückwärts ließ der Verwalter die Sklaven vorerst nicht heraus. Dann aber, als ihm die furchtbare Stickluft den Atem benahm, flüchtete er mit der kleinen Tochter in seine Zelle, setzte sich auf das Bett und zog die Kissen über den Kopf, um sich zu schützen, bis die giftigen Schwaden ihn und die Kleine töteten. Aus erstarrenden Händen fiel sein ganzes Besitztum, ein Lederbeutelchen an einer Silberkette mit wenigen Gold- und sonstigen Münzen. So starb der treue Hüter des Hauses dort, wo er die Siegel seiner Herren und die Geräte für die Arbeiter bewahrte und wo sein Amt ihm auszuharren gebot.

Der nicht weit davon wohnende Publius Cornelius Teges, ein durch Handel reich gewordener Mann, der in seinem Hause wundervolle Kunstwerke barg, hatte zu allem Anfang die Absicht, bei dem Ausbruch und ersten Fallen der Lapilli seine Kostbarkeiten zu retten. Er hoffte, das Ganze werde nicht lange dauern, und ließ daher eilig eine wundervolle, mit Gold überzogene Bronzestatue, die einen Ephebos, d. h. einen zum Krieger bestimmten griechischen Jüngling darstellte, vom Garten, wo er dem Steinregen ausgesetzt war, in das Atrium bringen und mit Tüchern bedecken. Dann aber, als das Unglück immer furchtbarere Formen annahm, ließ Cornelius Teges alles im Stich und floh mit seinen Hausgenossen gegen Süden.

Weniger glücklich waren die Bewohner des nahe gelegenen kleinen Hauses des Priesters Amandus, der einen Teil davon einem Hersteller jener Wachstafeln vermietet hatte, die man zum Schreiben benutzte. Auch hier hatte man gehofft, unter schützendem Dach verbleiben zu können und daher die Flucht zu spät angetreten. Alle neun Mitglieder der Familie des Priesters fanden im Vorzimmer, eng zusammengedrängt, den Erstickungstod, bevor sie noch die schon hoch mit Asche und Lapilli bedeckte Straße gewinnen konnten. Daneben, im Hause des Paquius Proculus, waren in einem Zimmer sieben Kinder offenbar zum Spiel versammelt. Gerade über ihnen stürzte der erste Stock ein und begrub die Kleinen im Raum darunter in seinen Trümmern.

In der Nähe davon lag ein Gebäude mit einer unterirdischen großen Halle, die sich an drei Seiten um einen Garten zog, aus dem das Licht in mehreren Öffnungen hineinfiel. Auch da erschien der gewaltige und feste Gewölbebau den Einwohnern des Hauses als der sicherste Ort, sie blieben zunächst hier und versäumten die kostbarste Zeit. Als sie unten zu ersticken drohten, weil die Asche hereindrang, bahnten sie sich noch mühsam den Weg heraus und in den Garten, indem sie große Leinenplachen über ihre Häupter hielten. Aber schon zu tief war die Schicht der Lapilli und der Asche, sie sanken ein und erstickten. Ein junges Mädchen, das bei seiner Mutter Rettung suchte, bohrte sich verzweifelt in deren Brust förmlich ein, als die letzten Todeszuckungen beide erschütterten.

Unweit davon in einer großen Tuchwalkerei, wo man Kleider zum Reinigen gab, fanden nicht nur die Besitzer des Hauses, sondern auch einige reiche Kunden den Tod, die gerade über ihre Wäsche verhandelten. Aber auch auf offener Straße, insbesondere in der Gegend der alten Thermen, von der aus die Flüchtlinge meist dem Forum zustrebten, sank so mancher in der meterhohen Stein- und Aschenschicht ein. Viele, die sich zu spät zur Flucht entschlossen, krank oder sonst behindert waren, so eine schwangere vornehme Frau, die sowohl wegen ihres Zustandes als auch durch das schnelle Zusammenraffen von Schmuckstücken, Silbergefäßen, mehr als hundert Münzen und den Schlüsseln ihres vorher offenbar sorgfältig abgeschlossenen Hauses Zeit verlor. In qualvoller Weise versank sie in krampfhaften Zuckungen in die feuchte Asche. Hinter ihr starben eine Frau und ihre Tochter, ein vierzehnjähriges Mädchen, das mit dem Gesicht zur Erde niedersank und in sein hartes Schicksal ergeben den mit dem Gewand bedeckten Kopf zum

Todesschlaf auf die Arme niederlegte. Daneben ein riesenhafter Mann, ein wahrer Athlet, der wohl zum Schutz der Frauen mitgegangen war und dem alle Kraft und aller Mut nichts nützten. Er sank plötzlich um und erstickte auf dem Rücken liegend, ohne seinen Herrinnen mehr helfen zu können. Wie in den Privathäusern wurden auch die Bewohner der Tempel und öffentlichen Gebäude ahnungslos von dem plötzlichen schrecklichen Unglück überrascht. So im Isistempel, wo die Priester, die gerade um den mit Brot, Wein, Hühnern, Fischen und Eiern bedeckten Tisch ihres Tricliniums lagen. Sie versuchten zunächst, durch Opfer auf dem Altar die Göttin um Hilfe anzuflehen. Als aber der herabprasselnde Steinregen den Tempel schwer beschädigte und in Gefahr brachte, da beschlossen die Priester, schnell einen der ihren mit den wertvollsten Kostbarkeiten zu beladen und fortzusenden. In einem dicken Leinensack wurde eine große Summe Geldes, darunter ganz neue Kaiser-Titus-Goldmünzen, Statuetten des Isiskults, silberne Opfergefäße und andere heilige Dinge verstaut. Doch man hatte zu lange gewartet und auch da mit dem Sammeln der Gegenstände zu viel Zeit verloren. Der Priester vermeinte am besten über das Forum hinweg entfliehen zu können, aber er kam nur bis zur Ecke der Abbondanzastraße. Schon war es zu spät, auch er konnte sich nicht mehr durch die Steine durcharbeiten, sank tot zu Boden und um ihn her ergoß sich der kostbare Inhalt des Leinensackes. Zwei andere Priester versuchten über das dreieckige Forum zu entkommen, wohin ein direkter Zugang vom Isistempel führte. Aber ein Erdstoß warf gerade, als sie dort anlangten, einen Teil der Säulenhalle um und die Trümmer erschlugen die zwei Unglücklichen. Da lagen sie tot und neben ihnen eine Silberplatte mit der Gestalt der Isis und des Bacchus, sowie andere kostbare Gegenstände. Die übrigen Priester gedachten den Tempel nicht zu verlassen, bevor sich der Steinregen nicht gelegt hätte, sie fanden dasselbe Schicksal aller, die in geschlossenen Räumen verblieben waren. Einige fielen an einer Stiege hinter der Küche zusammen, einer war durch einstürzende Mauern gleichsam in einem Hohlraum eingesperrt worden; mit einer zufällig dort liegenden Axt versuchte er, sich Bahn zu machen. Zwei Mauern hatte er schon durchschlagen, als er endlich vor der dritten und letzten entseelt niedersank.

In den Theatern weilten zur Zeit nur wenige Leute, aber in der südlich anschließenden Vorhalle mit ihren Nebengebäuden, die jetzt als Gladiatorenkaserne benutzt wurde und wo sonst strengste Zucht herrschte, dauerte es gleichfalls längere Zeit, bis man den vollen Ernst der Lage erkannte und auch hier das »Rette sich, wer kann« ertönte. Dann begann ein schauerliches

Fliehen vorbei an den Säulen und Wänden, die mit ihren eingekratzten Namen und Figuren von den Heldentaten der hier untergebrachten Gladiatoren erzählten. Zwei strafweise in einer Dunkelzelle eingeschlossene Leute vergaß man, und sie gingen elend zugrunde. Aber auch für die meisten anderen Bewohner des Hauses, die aus den sechsundsechzig für zwei Leute bequem bewohnbaren Zimmerchen geflohen waren, war es schon vielfach zu spät. Zu hoch lagen schon Lapilli und Aschendecke, und so drängten sich die zu Tode Geängstigten in mehreren Zimmern zusammen, darunter in einem Raume nicht weniger als vierunddreißig, in einem anderen, wo zahlreiche Waffen und Helme der Gladiatoren aufbewahrt waren, achtzehn, unter ihnen eine mit prachtvollen Juwelen geschmückte Frau, vielleicht die Anbeterin eines der Kampfspielhelden. In diesem Hause fanden nicht weniger als dreiundsechzig Menschen den Tod. Auch mehrere Sklaven, die ein Pferd mit kostbaren Gegenständen, Stoffen und Kleidern beladen hatten, kamen nicht weiter. Sie sanken neben dem treuen Tier mit seiner wertvollen Last tot nieder.

Unweit der Gladiatorenkaserne, die so zu einem gewaltigen Grab geworden war, lag an der Stabianer Straße ein Haus, dessen Atriumsöffnung am Dach durch ein eisernes Schiebewerk geschlossen werden konnte. Die zwölf Hausbewohner taten dies eilig und hielten sich nun für geborgen. Alle zwölf aber erstickten im Atrium.

Über das große Forum, auf dem man in voller Arbeit stand, denn es sollte in monumentaler Marmorpracht ohne alle Rücksicht auf Kosten als Denkmal römischer Größe neu erstehen, ergoß sich jetzt der Strom der Flüchtenden, um einen Ausweg nach dem Meere zu suchen. Die Arbeiter, die am Umbau des Eumachia-Gebäudes, der Tempel und der Basilika beschäftigt waren, flohen Hals über Kopf. Von den wenigen nach dem Erdbeben stehengebliebenen Säulen des Jupitertempels fielen jetzt auch die letzten zusammen und töteten unglückliche Flüchtlinge unter ihren Trümmern. Die schon fertiggestellten Teile der Säulenhalle rings um das Forum brachen vielfach neuerdings nieder und die Pompejaner hasteten und liefen so gut sie konnten über die Ruinen dieser einst so stolz gedachten öffentlichen Versammlungs- und Kultstätte hinweg.

So war der 24. August zu Ende gegangen und immer noch hörte der Stein- und Aschenregen nicht auf. Nur daß die Lapilli seltener fielen, dafür aber immer noch Asche in größerer Menge. In der Nacht dauerte die Tätigkeit des Vulkans und der Aschenregen noch an und bedeckte weithin die ganze Sarnoebene und das Gebiet südöstlich und östlich des Vesuv. Aber kein lebendes Wesen befand sich mehr in dem unmittelbaren Ausbruchbereich des Berges. Alles war schon am ersten Tag entweder erstickt oder geflohen, aber auch die vom Vesuv weiter entfernten Orte, wie zum Beispiel Stabiae, litten außerordentlich. Wohl war dort die Lapilli- und Aschenschicht lange nicht so hoch wie in Pompeji, aber arg genug und von Schwefeldämpfen begleitet, so daß auch da viele Opfer zu beklagen waren. Grauenvoll war die Nacht zuweilen durch den Widerschein des feurigen Innern des Vesuvkraters erleuchtet. Plinius, der den zitternden Freund Pomponianus in Stabiae zu trösten versuchte und ihm zuredete, nicht zu fliehen, gleich ihm ruhig im Hause zu bleiben und das Ende des Unheils abzuwarten, versuchte einen kurzen Schlaf zu tun. Aber inzwischen fielen Lapilli und feine Asche weiter. Da überdies die Erde bebte, schreckte er wieder auf, eilte zu Pomponianus und beriet mit ihm, ob man in den Häusern bleiben oder ins Freie gehen sollte. Endlich entschlossen sie sich zur Flucht gegen das Meer zu, um zu sehen, ob man zu Schiff fortkommen könnte. Mit über den Kopf gebundenen Kissen eilte alles der Küste zu, fand aber keine Schiffe vor. Die Wogen stürmten haushoch heran, die Luft wurde immer stickiger, Schwefelgeruch und überdies dichter Rauch von einem in der Nähe brennenden Gebäude erschwerten das Atmen. Schließlich flüchtete alles auseinander, Plinius aber blieb von giftigen Gasen betäubt liegen und erstickte.

Auch am folgenden Tage, dem 25. August, hörte der Vesuv nicht auf, in immer neuen tosenden Ausbrüchen hauptsächlich Asche auf seine weitere und nähere Umgebung zu streuen. Immer wieder stieg die Rauchpinie von donnerartigem Getöse begleitet aus dem Krater gen Himmel. Allmählich jedoch wurde diese zusehends schwächer, trotzdem herrschte auch am zweiten Tage noch infolge der gewaltigen Rauch- und Aschenwolke, die über der ganzen Gegend lastete und dem Auge auch die Inseln Capri und Ischia verbarg, vollste Dunkelheit. Erst mit dem Morgen des dritten Tages begann der Wind zunächst die grausige schwarze Wolke in lange Streifen zu zerstreuen. Immer stärker brach die Sonne durch, zuerst bleich, dämmerig, wie der rote Widerschein eines nahen Brandes, dann aber überwand sie endlich sieghaft die dunklen Wolken und vergoldete wieder wie zuvor den zauberischen Golf von Neapel mit ihren Strahlen.

Welch ein Anblick aber bot sich dar? Weite Gebiete südlich und östlich des Vesuv waren von weißer Asche wie mit tiefem Schnee bedeckt, als läge ein gewaltiges Leichentuch über der ganzen Erde. Herculaneum war gänzlich vom Erdboden verschwunden, Pompeji fast völlig überdeckt, nur jene stehengebliebenen Teile der Häuser und des Forums, die mehr als sieben

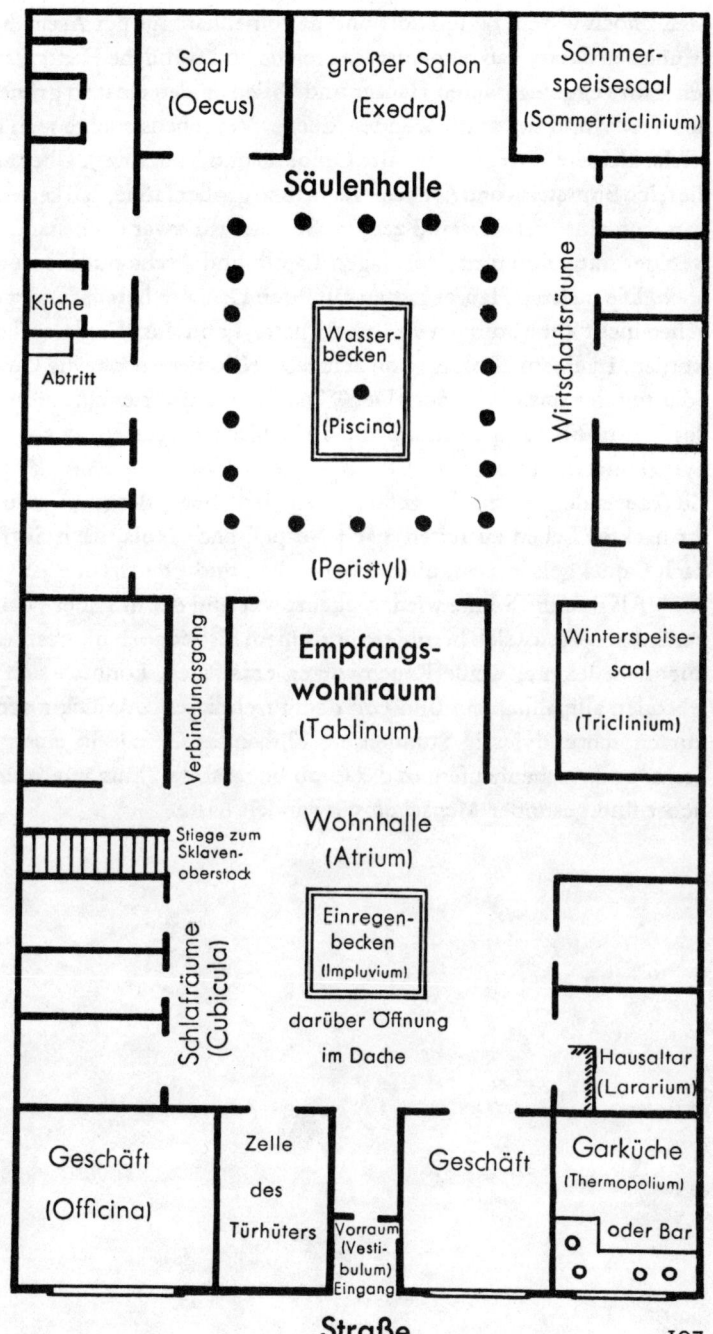

Plan eines größeren Hauses in Pompeji

Saal (Oecus)

großer Salon (Exedra)

Sommer-speisesaal (Sommertriclinium)

Küche

Abtritt

Säulenhalle

Wasser-becken (Piscina)

(Peristyl)

Wirtschaftsräume

Verbindungsgang

Empfangs-wohnraum (Tablinum)

Winterspeise-saal (Triclinium)

Stiege zum Sklaven-oberstock

Wohnhalle (Atrium)

Einregen-becken (Impluvium)

darüber Öffnung im Dache

Schlafräume (Cubicula)

Hausaltar (Lararium)

Geschäft (Officina)

Zelle des Türhüters

Vorraum (Vesti-bulum) Eingang

Geschäft

Garküche (Thermopolium) oder Bar

Straße

107

Meter hoch waren, ragten dort und da ruinenhaft aus der Asche hervor und erinnerten daran, daß hier einst eine reiche und fröhliche Handelsstadt gewesen. Hinweggefegt waren Häuser und Villen an den einst so grünen Hängen des Vesuv und der angrenzenden Ebene. Vergebens suchte man auch zahlreiche kleinere Orte, wie das alte Oplontis und Taurania[23]. Über alledem lag die feine Bimsstein- und Aschenschicht in so großer Höhe, daß keine Spur mehr von dem einstigen Zustand zeugte. Stabiae war zwar auch stark, aber doch weniger mitgenommen; dort lagen Lapilli und Asche nur bis zu drei Meter hoch. Die meisten Häuser ragten mit ihren Dächern heraus, und wo das Erdbeben nicht Zerstörungen verursacht hatte, konnte an Wiederaufbau gedacht werden. In einem Umkreis von achtzehn Kilometern war die Gegend mehr oder minder stark betroffen. Der Wind aber entführte feine Aschenteilchen des Vesuv bis nach Rom, an die afrikanischen Küsten, ja sogar bis nach Syrien und Ägypten.

Zu Tausenden waren die geflüchteten Bewohner, denen es gelungen war, ihr nacktes Leben zu retten, nach Neapel, nach Nola, nach Sorrent, ja bis nach Capua gekommen, überall Schrecken und grauenvolle Angst verbreitend. Als nun die Sonne wiedergekehrt war und der in seiner Form gänzlich veränderte Vesuv sich beruhigte und einem bisher noch nie gesehenen Kegel nur mehr leichte, weiße Rauchwolken entstiegen, konnten sich die Überlebenden allmählich ein Bild von dem furchtbaren Unglück machen, das in kurzen achtundvierzig Stunden ein blühendes Gefilde in einen trostlosen Stein- und Aschenhaufen, in das Grab ungezählter, kurz zuvor noch glücklicher und gesunder Menschen verwandelt hatte.

4

MEHR ALS 1600 JAHRE VERGESSEN UND VERSCHOLLEN

80 n. Chr. bis 1735

Angstvoll sahen die Bewohner der mehr oder weniger verschonten Städte, in deren Mitte sich die Flüchtlinge aus den verheerten und verschütteten Ortschaften drängten, zum Vesuv auf, ob er nicht neuerdings ausbrechen und wieder Tod und Verderben über die Gegend bringen würde. Die Verluste an Menschenleben waren höchst empfindlich, in Pompeji allein dürften etwa zweitausend Personen zugrunde gegangen sein; in Herculaneum dagegen gab es nur wenige Tote, aber unzählige Flüchtlinge aus beiden Städten und ihrer Umgebung wurden noch auf freiem Felde verschüttet, erschlagen oder schwer verwundet.

Die Bewohner Herculaneums waren nach Neapel geflohen, die Pompejaner mehr in die Richtung nach Stabiae und darüber hinaus. Die Aufmerksamkeit aller blieb auf den gewaltigen und furchtbaren Vulkan gerichtet, der eben so viel Unglück über sie und die Ihren gebracht hatte. Aber war das noch der alte Berg? Statt eines gab es jetzt deren zwei! Der Vesuv war ein Ringwallvulkan gewesen, dessen höherer Saum im Norden[24] jetzt einsam zum Himmel ragte, denn ein ganzer Kreisteil des riesigen, durch seine Ausdehnung früher kaum mehr als solcher erkennbaren Kraters war von West über Süd nach Nord fast völlig eingestürzt. Nun aber erhob sich daraus ein Kegel, der eine ziemliche Höhe erreichte und vorher überhaupt nicht vorhanden gewesen war.

Obwohl der Boden da und dort noch bebte, kam es zu keinem neuen Ausbruch mehr. Der Berg beruhigte sich völlig, und langsam gewann man Zeit, sich über das ungeheure Unglück klarzuwerden, das die Gegend betroffen hatte. Ausführliche Berichte gingen sofort mit Eilboten an den Kaiser und den Senat nach Rom, man bat um Rat und Hilfe, Geld und Lebensmittel. Wie sehr hatten jene in der Minderzahl gebliebenen Senatoren rechtbehalten, von denen man wissen will, sie hätten seinerzeit nach dem Erdbeben von dem Wiederaufbau Pompejis und Herculaneums abgeraten. Nun, kaum sechzehn Jahre danach war das, was sie befürchteten, eingetreten und ein noch viel grauenhafteres Unglück vernichtete mit einem Schlage alles, auch das seither Wiederhergestellte.

In Rom hatte man sich zunächst nicht erklären können, woher denn nur die Aschen- und Staubkörner kamen, die auch über dieser Stadt fielen, bis endlich die Nachrichten von dem Ausbruch des Vesuv eintrafen. Sofort befahl der Kaiser, daß sich eine Abordnung von Senatoren in die betroffenen Gegenden begebe, um sich über den Umfang der Katastrophe klarzuwerden. Nach ihrem Bericht bestellte der Kaiser zwei hohe Beamte, die sich der Wiederherstellung der zerstörten Gebiete Campaniens widmen sollten, aber sie erkannten bald, daß es diesmal geboten sei, nur mehr den Städten und Orten mit geringeren Zerstörungen Hilfe angedeihen zu lassen. Herculaneum war ja völlig vom Erdboden verschwunden und Pompeji zum größten Teil unter einer fünf bis acht Meter hohen Schicht begraben. Die beiden Beamten mußten sich damit begnügen, das Schicksal der Flüchtlinge zu bessern und, soweit es irgendwie ging, aus den zerstörten Ortschaften das zu retten, was zu retten war.

Da war vor allem das meerwärts gelegene Forum mit seinen hohen Bauten etwas weniger tief von Asche bedeckt als die übrigen Teile; dort ragten Säulen, Marmorstatuen und Triumphbogen aus den Lapilli hervor. Sofort wurde Befehl gegeben, planmäßig zunächst die Götterbilder der Tempel aufzusuchen. Das gelang nicht in allen Fällen; man fand den Kopf des Jupiterstandbildes im großen Tempel nicht, sonst aber konnte man am Forum die meisten Kultbilder aus den großen Gotteshäusern bergen. Dann erging Anordnung, die vielen, das Forum schmückenden Statuen wegzubringen, die Marmorbekleidungen, Säulen und Kapitäle abzulösen und anderweitig zu verwenden. Und das geschah so sorgfältig, daß gerade auf dem Forum nur verschwindend wenig wertvolle Dinge zurückblieben. Aber auch der nicht weit nördlich davon gelegene Marmortempel der Fortuna Augusta wurde aufgesucht und die schönsten Gegenstände daraus sowie große Mengen des in damaliger Zeit kostbaren Marmors geborgen. So wurde nach und nach alles weggeschafft, was über die Aschendecke hervorsah.

Als man erkannte, daß ein Wiederaufbau unmöglich war, wurde die Stadt eine Zeitlang als Steinbruch benutzt, so daß auch die Mauerbekrönungen, die meist noch herausragten, dem neuen, fünf bis acht Meter höheren Niveau gleichgemacht wurden. Aber nicht bloß von Amts wegen versuchte man zu bergen, was nur immer möglich war, auch viele geflohene Pompejaner kehrten nun zurück und suchten die ungefähre Lage ihrer verlassenen und bedeckten Häuser auf. Sie ließen sich nun von oben her durch Grabungen in der ohne große Mühe wegzuschaffenden Asche und den leichten Lapilli in irgendeinen Raum eines Hauses hinab und suchten zunächst nach ihren verschütteten Angehörigen. Sodann trugen sie natürlich alles heim, was sie fanden und was nicht niet- und nagelfest war. Dabei kam es oft vor, daß die

Finder sich auch Dinge aneigneten, die niemals ihnen gehört hatten. War ein Zimmer derart ausgeräumt, so schlug man ein kreisrundes Loch in die Wand und gelangte auf diese Weise in den Nebenraum, wo sich der Bergungsvorgang wiederholte. Manchmal aber geschah es, daß dabei eine Mauer einstürzte und die Leute unter sich begrub, die ihre verschüttete Habe retten wollten. Nachdem die am leichtesten zugänglichen Ortsteile ausgeräumt waren, wurden diese Nachforschungen bald so schwierig und der Erfolg der mit den damaligen dürftigen Mitteln schwer auszuführenden Grabungen so karg bemessen, daß man diese Arbeiten aufgab, sobald nur das Wichtigste geborgen war. Bloß wenige Häuser Pompejis blieben von der Nachsuche der Überlebenden gänzlich unberührt.

Wild wucherte nun Unkraut über der begrabenen Stadt; allmählich legte man Kulturen auf der die Gebäude bedeckenden Asche und Erde an, alles verschwand unter Weinranken und Grün. Langsam bildete sich über den Schichten der Lapilli und der Asche eine neue, durch Pflanzen und Wind gemehrte Lage fruchtbaren Bodens, die die Stadt noch tiefer begrub. Wohl ragten dort und da einzelne Mauer- und Säulenstümpfe aus dem Boden, das war aber auch alles, und der Zahn der Zeit ließ auch diese letzten Reste langsam verschwinden. Die Ortschaft unterschied sich fast gar nicht mehr von der Umgebung, und nur eine ovale Senkung in der Gegend des Amphitheaters hätte Kundige darauf schließen lassen können, daß dort der Schauplatz für die einst so beliebten Kampfspiele Pompejis lag.

In Herculaneum dagegen erstarrte indes die fast fünfzehn Meter hohe Schlammschicht, die alles begraben hatte, zu festem Gestein, und es war mit den damaligen Mitteln unmöglich, irgendwie zu den plötzlich untergegangenen Schätzen der Stadt zurückzugelangen. Hier konnte nichts gerettet werden, alles blieb auf dem Platz, wo der Unglücksstrom es umkrallt, ausgefüllt oder hingetragen hatte. Einzelne Versuche, in dem harten Gestein Schächte zu graben und wie in Pompeji etwas zu retten, wurden angesichts des Widerstandes der steinharten Masse bald aufgegeben, nachdem man in unsäglich mühseliger Arbeit nur wenige Meter in die Tiefe vorgedrungen war. Bis zum heutigen Tage schlummert der Hauptteil Herculaneums noch in großer Tiefe und bewahrt für die Zukunft sicherlich unschätzbar wertvolle Kostbarkeiten, die noch zu heben sein werden.

Die nach Neapel geflüchteten Herculaner aber wurden in einem eigenen Bezirk der Stadt angesiedelt, die den Namen Regio Herculanensis erhielt. Die mehr nach dem Süden gegen Stabiae zu geflohenen Pompejaner ließen sich nicht geschlossen nieder, sondern wurden von einer großen Zahl umliegender Dörfer aufgenommen und versorgt. Zahllose Menschen waren bei dem Unglück zugrunde gegangen, ohne Erben für ihre Besitztümer in Rom und anderwärts zu hinterlassen. Diese Güter wurden nun staatlich eingezogen und ihr Gegenwert zur Unterstützung der Flüchtlinge benutzt. Jene Ortschaften, die sich eifrig an der Hilfsaktion beteiligten, wurden von Rom mit allerlei besonderen Vorrechten ausgestattet, so auch Neapel, das schon von früher her den Ehrennamen »Römische Kolonie« führte.

Nach einigen Monaten, als sich die Aufregung überall gelegt hatte, man in ganz Campanien zu normalen Verhältnissen zurückgekehrt war, und die entsandte Senatskommission einen vollen Überblick über das Unglück und seine Folgen gewonnen hatte, erstattete sie dem Kaiser Titus einen abschließenden Bericht. Er gipfelte darin, man müsse alles tun, um die geretteten Menschen zu versorgen und die beschädigten Plätze wieder aufzubauen. Das gänzlich zerstörte Pompeji aber und das völlig verschwundene Herculaneum kämen dafür überhaupt nicht mehr in Betracht. Der Monarch reiste im folgenden Jahr persönlich nach Campanien, um sich von der Lage mit eigenen Augen zu überzeugen, aber er konnte auch nichts anderes tun, als dem Urteil der Senatoren zuzustimmen. Somit war das Schicksal dieser beiden Ortschaften besiegelt.

Der Kaiser war noch auf der Reise, als er die Nachricht erhielt, daß in Rom eine furchtbare Feuersbrunst wüte, die drei Tage lang dauerte und die halbe Stadt zerstörte. Er kehrte sofort dahin zurück. Als Folge des Feuers war dort überdies auch die Pest ausgebrochen, der lange Zeit hindurch täglich Tausende von Personen zum Opfer fielen. Dieses neuerliche, schreckliche Unglück, das über das Kaiserreich gekommen war, konnte wohl einen Augenblick von dem ungeheuren Naturereignis im Süden ablenken, aber es doch nicht so bald vergessen lassen.

Der Eindruck der Tragödie von Pompeji und Herculaneum blieb im ganzen Reich ein tiefer, und alle bedeutendsten Dichter der Zeit erwähnten das schreckliche Ereignis in der einen oder anderen Form. So gedenkt Statius in einem Gedicht der Verschüttung der beiden Städte in eigenartiger Weise[25]. Jupiter habe die Eingeweide des Vesuv herausgerissen, sie der Erde entrückt und bis zu den Sternen emporgehoben, um sie sodann auf die unglücklichen Opfer herabzuwerfen. Der Dichter fragt sich auch, ob künftige Geschlechter es wohl glauben würden, daß da unten ganze Städte mit ihrer Bevölkerung begraben lägen. Dann aber spricht er seherisch davon, daß die Zeit kommen werde, da wieder grünende Saatfelder die verwüsteten Gefilde bedecken würden. Als der Satiriker Martial im Sommer des Jahres 88 den

Bronzekopf aus der Villa dei Papiri bei Herculaneum, der früher fälschlich Seneca genannt wurde.
Es ist aber nicht möglich, den Dargestellten überhaupt zu benennen.

In seinem Hause (V 1,26) war die Büste des Bankiers Lucius Caecilius Iucundus auf einem Hermenschaft aufgestellt. Der Bronzekopf ist ein Meisterwerk römischer Charakterisierungskunst.

Golf von Neapel besuchte, gedachte er in einem kurzen Epigramm[26] der Verwüstungen an den Abhängen des von Bacchus so geliebten Berges:»Das ist der Vesuv, noch vor kurzem von grünen Weinreben umschattet, wo der funkelnde Saft der Trauben in die Gebinde floß. Den Berg zog Bacchus selbst den Höhen seiner Geburtsstadt Nisa vor. Nicht lange ist es her, da tanzten hier noch die Satyrn ihren frohen Reigen, dort hatte Venus ihren Sitz... Der andere Ort war berühmt durch den Namen des Herkules. Nun aber ist alles von den Flammen verzehrt und in graugrüner Asche begraben. Selbst Götter hätten sich dergleichen nicht erlauben dürfen.«

Wie immer in solchen Fällen, wollte nun der eine oder andere wissen, daß Sibyllensprüche die Katastrophe der campanischen Städte schon lange im voraus verkündet hätten. Und hier vor allem, denn in dem Neapel so wenig fernen Cumae war ja die Heimat der Sibylle, und da lag nichts näher, als ihr diese Voraussicht zuzuschreiben. In von Haus aus dunkle Sprüche konnte man nachträglich leicht eine Vorhersage hineinkonstruieren. Das 4. Buch der Sibyllinischen Orakel, jener Schriften mit heidnischen, jüdischen und christlichen Weissagungen aus dem 1. Jahrhundert vor und nach Christi, scheint knapp nach der Katastrophe durch einen Juden verfaßt worden zu sein. Er sieht in dem Vesuvausbruch ein Strafgericht, das der Gott des Himmels über die Menschen verhängen wird, weil sie »das Volk der Frommen vertilgen wollten«. Denn die durch Vernichtung und Zerstörung Jerusalems im Jahre 70 geschlagenen Wunden bluteten noch, und er wollte in all dem Furchtbaren, das die Jahre 79 und 80 über römische Städte gebracht hatten, auch ein Strafgericht Gottes für den Kaiser Titus sehen, der den Krieg gegen die Juden geführt hatte. Als der Monarch nach kaum dreijähriger Regierung starb, wurde auch dies als Strafe Gottes angesehen und als solche der Welt verkündet. Überhaupt hat die Vernichtung der campanischen Städte die nun stets größere Ausdehnung gewinnende Sekte der Christen, wie die bibel-gläubigen Juden, lebhaft an den Untergang von Sodoma und Gomorrha erinnert. Sie ahnten freilich nicht, daß noch während der Katastrophe einer der Ihren in Pompeji selbst den gleichen Eindruck hatte und dem auch schriftlich Ausdruck gab.

Das Unglück blieb natürlich in der Geschichte des gewaltigen Römerreiches nur ein Zwischenspiel. Zu Beginn des 2. Jahrhunderts unter den Kaisern Trajan und Hadrian erreichte das von ihnen beherrschte Gebiet seine größte Ausdehnung; nicht nur der ganze Mittelmeerraum, selbst auch Britannien gehörten zum römischen Imperium. Damit wurde aber auch die militärische Sicherung des Riesenreiches immer schwieriger.

Mit den mächtigen Herrschern erstanden auch Geschichtsforscher, die den Ablauf des gewaltigen Geschehens ihrer Zeit möglichst getreu festhalten wollten. Unter ihnen Publius Cornelius Tacitus, ein Mann, der zur Zeit des Unglücks der campanischen Städte vierundzwanzig Jahre alt gewesen war. Auch auf ihn hatte das Ereignis den allertiefsten Eindruck gemacht, und als er nun daran ging, in seinen Historien jene Zeit zu schildern, da suchte er sich Beschreibungen der Katastrophe möglichst von Augenzeugen zu verschaffen. Darum wandte er sich etwa im Jahre 106 an seinen Freund **Gaius Plinius Caecilius Secundus** (den jüngeren Plinius), einen Neffen des in Stabiae zugrunde gegangenen großen Naturforschers, und bat ihn, ihm alles mitzuteilen, was ihm vom Untergang der campanischen Städte und dem Tod seines Onkels bekannt war. Er wolle darüber schreiben, um in den Nachkommen das Andenken an die Katastrophe und das Ende des großen Forschers wachzuerhalten.

»Ich danke Dir«, antwortete der jüngere Plinius, »weiß ich doch, daß meinem Onkel unsterblicher Ruhm beschieden sein wird, wenn Du seinen Tod beschreibst. Denn obwohl er sein Ende mitten in der Vernichtung all der herrlichen Gegenden gefunden hat, wird er doch dank dem eigenartigen Zusammentreffen, gleichwie die untergegangenen Völker und Städte, ewig weiterleben. Wenn mein Onkel auch viele Werke hinterlassen hat, die für immer lebendig bleiben, werden Deine unsterblichen Schriften doch viel zu seinem Ruhme beitragen. Was mich betrifft, so schätze ich diejenigen glücklich, denen es beschieden war, einer Darstellung würdige Taten zu vollbringen oder lesenswerte Werke zu schreiben. Noch glücklicher sind die, denen beides vergönnt war. Zu den letzteren gehört dann mein Onkel dank seinen und Deinen Werken.«

Der jüngere Plinius ging nun daran, genau zu schildern, welchen Eindruck das furchtbare Geschehen am Vesuv auf seinen Oheim gemacht habe, was er von Misenum aus beobachtete und wie er sich dann zu Schiff an die Unglücksstelle zu begeben suchte, um endlich gleich den vielen bedauernswerten Pompejanern in Stabiae den Erstickungstod zu finden. Tacitus war von dem Bericht des jüngeren Plinius ganz erschüttert und bat dann seinen Gewährsmann noch, er möge ihm auch seine eigenen Eindrücke in Misenum schildern. Diesem Ersuchen folgte der jüngere Plinius in einem zweiten Brief, der darlegte, wie alles auf seine Mutter und ihn gewirkt hätte, wie auch sie beide sich zu fliehen anschickten und die alte und gebrechliche Frau, die nur schwer und langsam gehen konnte, mit Bitten, Trostworten und Befehlen auf ihn eindrang, sich, da er noch jung wäre, doch allein zu retten und sie ihrem Schicksal zu überlassen. Aber der jüngere Plinius antwortete, daß er sich nur mit seiner Mutter zusammen retten werde, was schließlich auch gelang, da Misenum so weit vom eigentlichen Schauplatz des Unglücks entfernt lag. Tacitus verwertete diese Briefe in seinen Historien und führte in dem Vorwort dazu die Vernichtung der campanischen Städte unter den Schrecknissen des von ihm zu behandelnden Zeitraumes auf. Er wird die Katastrophe wohl auch klar und eingehend dargestellt haben, denn seine Erkundigung bei Plinius zeigt, wie sehr er sich angelegen sein ließ, genaue Nachrichten über jedes Ereignis aus der Zeit zu sammeln, das er schildern wollte. Der Teil der Historien des Tacitus aber, der uns überkommen ist, reicht nur bis zum Jahre 70 n. Chr., und man kann nur hoffen, daß irgendein glücklicher Fund in späterer Zeit, wofür freilich Pompeji und Herculaneum nicht in Betracht kommen können, uns doch noch einmal die Fortsetzung der Tacitus'schen Geschichte und damit die eingehende Schilderung des großen Vesuvausbruches bescheren wird.

Die vernichteten Städte selbst aber wurden auch unter Trajan und Hadrian ihrem Schicksal überlassen. Der eine Kaiser hatte zuviel mit der Ausdehnung des großen Reiches, der andere im Bann des Weltfriedensgedankens mit der Sicherung wenigstens der alten Dreistromgrenzen aus der Zeit des Augustus zu kämpfen. Auch Marc Aurel, der Kaiserphilosoph, der in einem seiner Werke das Schicksal der campanischen Städte als ein Beispiel für die Vergänglichkeit alles Irdischen anführt, dachte nicht daran, etwa an deren Ausgraben oder gar ihren Wiederaufbau zu schreiten.

Der Vesuv blieb während dieser Zeit höchstwahrscheinlich ungefähr so wie heute beschränkt tätig. Zumindest könnte man dies einer Bemerkung des berühmten Arztes des Altertums, Galenus, in seinem Werk von der Methode des Heilens entnehmen, welche Arbeit etwa aus dem Jahre 172 n. Chr. stammt.

In Rom folgten vom Ende des 2. bis zum 3. Jahrhundert die Soldatenkaiser, denen die wachsenden Gefahren von außen und ununterbrochenen Wirren in der Frage der Herrschaft und Nachfolgeordnung schon gar keine Zeit ließen, sich einem Friedenswerk, wie dem Wiederaufsuchen der zerstörten campanischen Städte, zu widmen. Schon pochten fremde Völker germanischer Herkunft nicht mehr nur an die Tore des Reiches, sondern drangen bereits über die Alpen vor.

In solch bösen Zeiten kamen die Soldaten immer mehr zu Wort; nur zu oft hing es von den Gardemannschaften ab wer Kaiser werden würde. So gelangte mit Septimius Severus sogar ein aus Afrika stammender Mann auf den Thron. Unter ihm verfaßte der Historiker Cassius Dio eine Darstellung der Katastrophe in Campanien vom Jahre 79 n. Chr., die vielleicht darum besonders ausführlich wurde, weil zu jener Zeit im ersten Viertel des 3. Jahrhunderts wieder ein Vesuvausbruch stärkerer Art stattgefunden hatte. Der Geschichtsforscher spricht von dem damaligen Aussehen des Vulkans, der bei aufrecht stehenden Wänden des Kraters in seinem Oberteil, »wenn man Kleines mit Großem vergleichen darf, einem Schauplatz für Tiergefechte«, also einem Amphitheater ähnlich sei. »Und zwar«, schreibt er, »enthält seine Höhe viele Baum- und Weinpflanzungen, der Kreis aber ist dem Feuer überlassen und gibt am Tage Rauch von sich, bei Nacht aber eine Flamme, so daß es aussieht, als würde in ihm viel Räucherwerk aller Art entzündet. Und das geschieht immer so, bald stärker, bald wieder schwächer; oft stößt der Berg auch Asche aus und wirft Steine empor; wenn er vom Dampf überwältigt wird, dann tost und brüllt er, weil er nicht feste, sondern schmale und verborgene Luftöffnungen hat. Das ist die Beschaffenheit des Vesuvius, und solches geschieht auf ihm fast jedes Jahr[27].«

Nur ein Kaiser aus der Reihe der Militärherrscher, Severus Alexander, der für Kunst und Wissenschaft viel übrig hatte, nach Erziehung und Gemütsanlage das Beste versprach und bestrebt war, in die stark heruntergekommene Rechtspflege, die Verwaltung und Finanzen wieder Ordnung zu bringen, interessierte sich auch für die Reste der untergegangenen Städte. Man schreibt ihm den Befehl zu, nochmals in der Gegend des versunkenen Pompeji nachzusuchen, wobei viele Marmorstücke, Säulen und Statuen geborgen wurden. Aber nachdem der Befehlshaber seiner Garden von den Soldaten ermordet worden war, wurde auch der Kaiser selbst nach kaum dreizehnjähriger Regierung von meuternden Truppen getötet. Dann dachte niemand mehr an die versunkenen Städte.

Während das Gebiet oberhalb Herculaneums, das unter 15 Meter hartem Gestein lag, allmählich wieder besiedelt wurde und zunächst ein kleines Dorf über der verschütteten Stadt entstand, waren es oberhalb des alten Pompeji nur einzelne Weinbauern, die sich dort und da ihre Hütten errichteten und zufällig einmal bei landwirtschaftlichen Arbeiten auf das eine oder andere vergrabene Haus stießen. Sonst aber wurden die Humusschicht und die Pflanzendecke immer dichter, und endlich blieb der Mantel, der über die verschwundenen Stätten einstigen blühenden Lebens gelegt war, völlig ungelüftet.

So gerieten die beiden Städte allmählich gänzlich in Vergessenheit, selbst ihre Namen verschwanden, nur eine dunkle Erinnerung erhielt sich irgendwie bei den Bauern der Gegend, die das Gebiet, wo einst Pompeji gestanden, Civitas, später Civita nannten. Aber sie dachten sich nicht mehr viel dabei, es wurde ein Gebietsnamen wie ein anderer. Nur auf Landkarten blieben noch die alten Namen verzeichnet und das kam daher, daß die vor der Katastrophe verfaßten Wegekarten des kaiserlichen Rom, welche die Entfernungen der bedeutenderen Orte des römischen Reiches angaben, natürlich auch Pompeji und Herculaneum aufwiesen. Bis ins späte Mittelalter hinein wurden diese alten römischen Karten noch benutzt und bei der Vervielfältigung auch die beiden verschwundenen Städte gedankenlos immer wieder mit übernommen und eingetragen. So ist es für uns gleichgültig, ob die in Wien aufbewahrte berühmte Peutingersche Tafel, die beide Orte enthält, in der Zeit des Theodosius, also etwa im 4. Jahrhundert entstanden ist oder erst im 13. Jahrhundert. Es ist dies eine Pergamentkopie aus dem Besitz des Augsburger Humanisten Konrad Peutinger, die alle Straßen des Römischen Reiches mit Stationsorten und den Entfernungen derselben voneinander aufweist. Man hat nie ermitteln können, wer sie angefertigt hat, aber es ist zweifellos, daß sie letzten Endes auf die alten römischen Legionskarten zurückgeht. Das Aufführen der zerstörten Städte bewies aber keineswegs, daß Ansiedlungen unter gleichem Namen wiedererstanden waren. Die völlige Vergessenheit, in die Pompeji und Herculaneum versanken, war besonders auch durch die Erschütterungen bedingt, die das Weltreich Roms nunmehr erfuhr. Es war in seiner Ausdehnung nicht mehr zu halten; die Tüchtigkeit des römischen Soldaten war gesunken, Thronkämpfe, Feindeseinfälle, Geldverfall schwächten das Reich. Um 330 wurde unter Kaiser Konstantin sogar das Kernland Italien zur Provinz und die Hauptstadt nach Byzanz verlegt, 395 gar das ganze Reich in ein ost- und ein weströmisches geteilt. Die Stürme der Völkerwanderung brausten dann über Italien, die ziehenden Germanenschwärme kamen bis in den Süden des Landes und nach Afrika. 476 wurde der letzte Schattenkaiser des Westreiches entthront. Was immer auch sonst im Lande geschah, Süditalien und Neapel blieben bis um das erste Jahrtausend unter byzantinischer Herrschaft. Aber die germanischen Völker, die bis zur Südspitze der stiefelförmigen Halbinsel vorgedrungen waren, brachten wohl den Untergang des Römischen Reiches mit sich, bezahlten ihn jedoch mit ihrer eigenen Vernichtung. So fanden die Ostgoten unter König Teja im Kampf mit dem byzantinischen Feldherrn Narses an den Hängen des Vesuv im Jahre 553 ihr Ende, aber auch die Langobarden im Norden erlagen mit der Zeit gänzlich den Einflüssen des Landes.

Während die deutschen Kaiser mit der seit Verlegung des Kaisertums nach Konstantinopel aufsteigenden Gewalt des Papstes in Rom kämpften, blieb Neapel bis zu Beginn des 11. Jahrhunderts byzantinisch. Dann landeten normannische Abenteurer in der Gegend von Salerno, mengten sich in die dortigen ewigen Kriege und gründeten endlich eine normannische Dynastie. Nach der Eroberung Neapels unter Roger II., der von seinem Vater auch Sizilien geerbt hatte, wurde 1137 ganz Süditalien zu einer das Mittelmeer beherrschenden Großmacht vereinigt.

Die beiden versunkenen Städte aber waren mittlerweile in dem neuen politischen Werden so gründlich aus dem Gedächtnis der Menschheit verschwunden, als wären sie überhaupt niemals dagewesen. Man suchte sie gar nicht mehr, selbst die dort lebende Bevölkerung hatte keine Ahnung mehr von der genauen Lage der unglücklichen Orte, und der Geist des Mittelalters war nicht dazu angetan, ein besonderes Interesse an ihrem Wiederfinden aufkommen zu lassen. Dazu kam, daß bis zum Jahre 1139, da wieder ein heftiger Ausbruch des Vesuv stattfand, zahlreiche kleinere Eruptionen nicht nur mit Aschenregen, sondern auch mit Lavaausfluß erfolgt waren, die Herculaneum noch tiefer unter harter Lava begruben und wieder Asche über die sich schon neubildenden Humusschichten hinbreiteten, die über den Auswurfmaterialien des Ausbruchs von 79 gewachsen waren.

In den ersten zwölf Jahrhunderten nach der Katastrophe von Pompeji und Herculaneum befand sich der Berg bloß in mäßiger Tätigkeit, die ungefähr elfmal durch größere Ausbrüche in Zwischenräumen von durchschnittlich hundert Jahren unterbrochen wurde[28]. Dann allerdings entbrannte der Vesuv immer seltener und seltener. Seit dem 14. Jahrhundert scheint er überhaupt kaum mehr tätig gewesen zu sein; der Krater schloß sich völlig, und selbst auf ihm begann sich eine Pflanzendecke auszubreiten. Nur heiße Quellen, die darin entsprangen, zeigten an, daß sich dort ein unterirdischer Feuerherd befinden müsse. So wurden die versunkenen Städte und damit die Geheimnisse des öffentlichen und privaten Lebens der alten Römer sowie Kunstwerke und Gegenstände ihres täglichen Gebrauchs treu bewahrt, die sonst allesamt den Verheerungen der Kriege und den Plünderungen der Sieger und Eroberer zum Opfer gefallen wären. Zwei altrömische Städte wurden förmlich verpackt und versiegelt, um so einer späteren wissenschaftlich und kulturell aufgeschlosseneren Zeit zum Entdecken und Auswerten vorbehalten zu bleiben. Für den Aberglauben des Mittelalters aber war der Vesuv, die ganze Zeit seiner Tätigkeit über, die »Öffnung der Hölle«.

Bis zur Vermählung des deutschen Kaisersohnes Heinrich (VI.) mit Konstanze, der Erbin der beiden Sizilien, wie Unteritalien und die Insel zusammen nunmehr benannt wurden, also nicht ganz zwei Jahrhunderte dauerte das Normannenreich. Dann kamen die Hohenstaufen, deren hochbegabter Vertreter Friedrich II. die deutsche Kaiserherrlichkeit in Unteritalien zur höchsten Blüte brachte, damit aber auch gleichzeitig die Eifersucht der päpstlichen Macht in Rom erregte. Von dort unterstützt, erhoben sich alle von Friedrich II. bezwungenen Gewalten zum Kampf gegen die kaiserliche Regierung, die nach dem Tode Friedrichs II. im Jahre 1250 keine so begabten Träger mehr besaß. Obwohl des großen Hohenstaufen jüngster Sohn Manfred lebte und herrschte, trug Papst Urban IV., um die deutsche Kaisergewalt in Italien zu schädigen, dem Bruder des französischen Königs Karl von Anjou die Krone Neapels an und dieser schlug dann Manfred im Jahre 1266 aus dem Felde; auch der letzte Hohenstaufe Konradin wurde besiegt, Karl von Anjou ausgeliefert und von diesem in Neapel hingerichtet. Damit war der Einfluß der deutschen Herrscher im Süden der Halbinsel ausgeschaltet, der Parteigänger des Papstes wurde Herr Italiens. Die richtunggebende, führende, überlegene Macht in diesem Lande lag nun neben der geistlichen Gewalt bei dem König von Neapel und Sizilien, einem volksfremden Franzosen.

Die Anjou machten sich aber, besonders in Sizilien, zunächst so verhaßt, daß es zur berühmten Sizilianischen Vesper von 1282 kam, das heißt der Niedermetzelung der französischen Besatzungstruppen an einem Abend. So konnte der Schwiegersohn Manfreds von Hohenstaufen, Peter von Aragon, die Herrschaft über die Insel Sizilien an sich reißen. Der seinem Vater gefolgte Karl II. von Anjou in Neapel schloß mit dem Prinzen von Aragon Frieden und bestätigte ihn in seinem Besitze Siziliens. Damit herrschte also hier eine spanische, in Neapel eine französische Dynastie. Fortwährende Kämpfe zwischen den beiden einst vereinten Staaten folgten. Es war natürlich, daß unter solchen Verhältnissen und weil die klassischen Schriften der Griechen und Römer nur in einzelnen, wenigen Abschriften in Klöstern ein verborgenes Dasein führten, niemand für Überbleibsel aus der Antike, also schon gar nicht für die vom Erdboden völlig verschwundenen campanischen Städte Interesse hegte.

Bis zur Mitte des 15. Jahrhunderts regierten die Aragon in Sizilien, die Anjou in Neapel, bis die kinderlose letzte Angehörige dieses Hauses, Johanna II., den König Alfons von Aragonien und Sizilien an Kindes Statt annahm; aber er mußte dennoch erst den Kampf um Neapel aufnehmen.

Noch einmal versuchten die Franzosen, die Stadt und ihr Gebiet als Erbe
der Anjou wiederzugewinnen, aber es gelang nur für kurze Zeit. Der nun
in Neapel regierende Enkel des Königs Alfons namens Ferdinand suchte
bei Spanien Hilfe, wo 1492 nach der Eroberung von Granada aus der Vereinigung von Aragon und Castilien eine mächtige Einheit entstanden war.
Eine gewaltige Liga bildete sich gegen den König von Frankreich, Spanien
und Österreich kämpften gegen ihn, und spanische Truppen eroberten
Neapel für den Aragonier Ferdinand ii. wieder. Von da an blieb es auf Jahrhunderte hinaus unter dem Einfluß der Spanier.

Als der große habsburgische Kaiser Karl v. Österreich und Spanien zu dem
mächtigen Reiche vereinigte, in dem die Sonne nie unterging, beherrschte
er gleichzeitig auch viele Staaten Italiens von Mailand bis Neapel und Sizilien. Glänzender und machtvoller als je war das Kaisertum der Hohenstaufen wiederhergestellt, und in Spaniens Hand lag die Vorherrschaft in
Italien ebenso wie in ganz Europa. In Neapel und Sizilien regierten nunmehr spanische Vizekönige.

Im 15. Jahrhundert hatte die um 1445 erfolgte Erfindung der Buchdrucker-
kunst eine gewaltige Veränderung in der Entwicklung der Kultur der
ganzen Welt mit sich gebracht. Während man bisher jedes Buch und damit
auch die aus der Antike überlieferten Werke nur durch mühsames Abschrei-
ben mit der Hand vervielfältigen konnte, war dies nun mit einem Schlag
anders geworden. Mit großer Schnelle verbreitete sich die Kunst, mit beweglichen Lettern Schriften zu setzen und zu drucken, über die ganze Welt.
Sie wurde die Wegbereiterin der Renaissance, der Epoche der Wiedergeburt
der Antike am Ende des Mittelalters, die im Vergleich zu den zurückge-
bliebenen letzten Jahrhunderten in allen Zweigen der Kultur, in Bauten,
Dichtkunst und Malerei eine so ungeheure Umwälzung und ein so strahlen-
des Licht verbreitete. Es ist kein Zufall, daß in den nun zahlreich auf-
sprießenden Werken und Büchern auch wieder der versunkenen Städte
Pompeji und Herculaneum gedacht wird, freilich ohne noch an Ort und
Stelle direkte Nachforschungen zu pflegen. So erwähnt im Jahre 1488
Niccolò Perotto diese Orte in seiner »Cornucopia« sowie Sannazaro in
seiner 1502 erschienenen »Arcadia«, einem Buch, in dem er in einer Art
poetischen Vision so tut, als wäre Pompeji in der Gegend des nunmehr
Civita genannten, mit Reben überdeckten Hügels wiederentdeckt. In Wirklichkeit war das damals noch nicht der Fall, und man hoffte nur darauf, der
Ort aber war völlig richtig angegeben. Es war schon viel, wenn man überhaupt wieder davon sprach, und das wurde durch den Neudruck und die

Verbreitung der Pliniusbriefe an Tacitus noch gefördert. In einer Karte, die Ambrogio Leone im Jahre 1513 verfaßte, wurde an der Stelle, wo das heutige Portici liegt, also ziemlich richtig, der Name Herculaneum Oppidum eingetragen.

Als mit dem Tode Karls v. sein Bruder Ferdinand die deutsche Krone und die österreichisch-ungarischen Länder bekam, erhielt sein Sohn Philipp II. Spanien mit den italienischen, niederländischen und amerikanischen Besitzungen. Die Lage in Neapel blieb demnach unverändert und die spanischen Vizekönige weiter an der Macht. Als Leandro Alberti 1551 eine Beschreibung Italiens herausgab, erinnerte er darin an die verschütteten Städte Herculaneum, Pompeji und Stabiae und sagte auch, wo man ihre Lage vermute, was ziemlich den richtigen Verhältnissen entsprach.

Da, am Ende des 16. Jahrhunderts etwa um 1594, ordnete der örtliche Regent Mutius Tuttavilla, dessen Familie von Alfons von Aragonien in den Grafenstand erhoben worden war, den Bau eines Stollens an, der in Form eines unterirdischen Kanals vom Flusse Sarno nach Torre d'Annunziata führen sollte, welche Ortschaft zu wenig Wasser hatte. Hiezu ließ er den hochberühmten römischen Architekten Domenico Fontana kommen, der einen Plan entwarf und den Stollen mitten durch den Civita genannten Hügel führte, unter dem Pompeji begraben war, ohne zu ahnen, daß sich dies so verhielt. Da die Stadt doch fünf bis acht Meter unter dem Boden lag und der Stollen nicht immer in so großer Tiefe vorgetrieben wurde, streifte er nur an einzelnen Stellen die Oberfläche der antiken Stadt. Er führte vom Flusse Sarno am Amphitheater vorbei quer durch, oder besser gesagt über Pompeji hinweg, nächst dem Isistempel über das Forum und die Gräberstraße nordwestwärts nach Torre d'Annunziata. Ab und zu, wenn die Aschen- und Lapillischicht weniger tief war, stieß man bei der Arbeit auf Mauerreste. Einmal fand man sogar Münzen des Kaisers Nero und zwei Marmortafeln mit Inschriften, die von einem Marcus Lucretius und von einem Decimus Rufus sprachen und die »Venus Physica Pompeiana« erwähnten. Das Wort Pompeiana war aber in der Inschrift abgekürzt, die Münzen verschwanden schnell in den Taschen der Arbeiter, die Marmortafeln wurden zerschlagen und vergessen, und aus den Funden, den Mauerresten und so fort, zog man keine weiteren Schlüsse. Sechs Jahre fast, bis 1600 dauerte der Bau dieses »Grabens des Grafen« hart über der verschütteten Stadt, ohne doch zu ihrer Endeckung zu führen.

Immerhin boten die vereinzelten Funde Anreiz zu weiterem Suchen und erweckten Interesse für die Sache. Der Historiker Capaccio spricht in seiner

1607 erschienenen Neapolitana Historia von den Ausgrabungen beim Bau jener Wasserleitung. So blieb es zumindest irgendwo festgelegt, daß sich dort um Civita etwas Antikes gefunden habe. Trotzdem vergaß man es wieder, und dies um so mehr, als nun ein Ereignis eintrat, das wieder alle Welt in Schrecken setzte und von vornherein eine weitere Nachsuche in diesen Gebieten vorläufig unmöglich, ja sehr gefährlich machte. So wurden die glücklichen Ansätze, die schon fast zur Auffindung Pompejis geführt hätten, wieder auf lange Zeit hinaus völlig vernichtet.

Der Vesuv nämlich, der in den letzten mehr als vierhundert Jahren, ganz bestimmt aber in den letzten hundert Jahren keinerlei Ausbruch mehr gezeigt hatte, begann sich wieder zu rühren. Der Arzt Niccolò de Rubeo und ein gewisser Salimbeni hatten im Jahre 1619 den Vulkan bestiegen und waren auch bis in das Innere des Kraters vorgedrungen. Er war damals mit Eichen, Steineichen, Eschen und Waldbäumen dicht bedeckt und es sollen dort sogar Wildschweine gejagt worden sein. Alles in allem dachte nun niemand mehr an die Möglichkeit eines Wiederausbruchs. Jedermann hielt den Vulkan für erloschen und untätig. In den letzten Jahrzehnten des 16. Jahrhunderts aber hatten sich mehrere Erdstöße ereignet, deren Ausgangspunkt immer irgendwo in der Umgebung Neapels zu suchen war. Ende 1631 gab es besonders heftige Erdbeben. In den ersten Dezembertagen mußte man wieder Wassermangel in den Brunnen feststellen; die Tiere waren höchst unruhig, aber der Himmel blieb heiter und wolkenlos. Da am Morgen des 16. Dezember, ungefähr um sieben Uhr, sahen die zur Arbeit gehenden Bauern plötzlich aus dem Kegel des Vesuv eine riesige Rauchwolke zum Himmel steigen. Bald folgten furchtbare Explosionen und Donnerschläge. Ungeheure schwarze Massen stiegen zum Himmel und wurden zu großer Höhe emporgewirbelt. Lapilli und Aschensand begannen zu regnen und tiefe Nacht hüllte die Gegend genau so ein wie im Jahre 79 n. Chr. Alles flüchtete wieder Hals über Kopf vor dem Aschenregen und den giftigen Gasen. Damals aber herrschte in vielen Teilen Süditaliens die Pest, und daher schlossen sich die Ortschaften gegen jeden Zuzug von anderen ab, um die gräßliche Seuche nicht einschleppen zu lassen, gegen die man zu jener Zeit vollkommen wehrlos war. Und nun mit einem Male wälzte sich ein über 40000 Köpfe starker Strom von Flüchtlingen, also der Zahl nach die Bewohnerschaft einer ganzen Stadt, heran und suchte in Neapel Zuflucht. An den Toren angekommen, fanden sie diese verschlossen, konnten aber ebensowenig zurück, denn ein Schlammstrom, gleich jenem, der im Jahre 79 Herculaneum überflutet hatte, sperrte ihnen den Rückweg.

So blieb dem Vizekönig Emanuele Fonseca schließlich nichts anderes übrig, als die Tore öffnen zu lassen, und die Masse der Flüchtenden ergoß sich in die Stadt. Bisher war der Ausbruch des Vesuv fast genau so vor sich gegangen wie jener der Antike. Am 17. Dezember 1631 aber, an welchem Tage die Tätigkeit des Vulkans in ungeheurem Maße zunahm, unterschied sie sich ganz wesentlich von dem damaligen Naturereignis. Gewaltige Wassermassen strömten plötzlich aus dem Erdinnern hervor, mengten sich mit Asche und Lapilli und stürzten herab bis ins Meer. Alles was sich entgegenstellte, Bäume und Mauern, Menschen, Tiere und Möbel, ja auch riesige Felsstücke wurden von den tosenden Fluten mitgerissen. Dann, am Vormittag desselben Tages, öffneten sich plötzlich Flanke und Fuß des Kegels, und es ergossen sich daraus glühend-feurige Lavaströme, wie sie im Jahre 79 dem Vulkan überhaupt nicht entquollen waren. Sie flossen vielfach verzweigt und über das versunkene Herculaneum hinweg nach Portici und Torre del Greco bis an das Meer und drängten es zurück, so daß es aussah, als würden die Wogen an den Küsten lichterloh brennen.

Verzweifelt veranstaltete die Neapler Bevölkerung Prozessionen mit dem berühmten Blute des im Jahre 305 in Pozzuoli enthaupteten heiligen Januarius, das zuweilen flüssig wird, um dann wieder zu erstarren. Noch am 18. Dezember setzte sich der Ausbruch fort, aber allmählich teilten sich die Wolken um den Gipfel, und als der Wind ihrer Herr geworden war und die Sonne wiederkehrte, konnte man feststellen, daß der gewaltige Kegel des Berges gleichsam »wie enthauptet« war. Ungeheuer waren die Zerstörungen, ungefähr doppelt soviel Menschen als seinerzeit bei Pompeji und Herculaneum, also etwa 4000 waren umgekommen, über 6000 Tiere wurden getötet, bis neunzig Kilometer entfernt waren Steine geschleudert worden, ja selbst in Neapel lag die vulkanische Asche dreißig Zentimeter hoch. Diesmal hatte sowohl das Wasser als auch die Lava zahlreiche Dörfer zerstört, letztere insbesondere die Gegend westlich und südlich des Vesuv. Das Gebiet um Resina, das damals wie heute genau oberhalb des fünfzehn Meter tief verschütteten Herculaneum lag, wurde durch die Lava fünf weitere Meter tief begraben. Wegen der Windverhältnisse und der Richtung des Ausbruchs überhaupt, wurde der Raum östlich und südlich des Vesuv, also jener um Pompeji, damals bedeutend weniger hergenommen, immerhin aber auch stark in Mitleidenschaft gezogen. Vor dem Ausbruch hatte der Krater ungefähr einen Umfang von zirka zwei, nachher aber einen solchen von fast fünf Kilometern[29].

Weithin schien das Land zu brennen und zu rauchen, überall war Sand, Asche und Verwüstung. Um die Nachkommen zu warnen, ließ der Vizekönig von Neapel, Emanuele Fonseca, in Portici eine eherne Gedenktafel anbringen, die noch heute an ihrem Platz steht.

»O Kinder und Enkel«, heißt es da, »euch geht es an! Ein Tag leuchtet dem anderen und im Gestern schöpft der morgige seine Lehre. Hört! Wohl zwanzigmal, seitdem die Sonne scheint – wenn die Geschichte wahr erzählt – hat der Vesuv gebrannt. Stets vernichtete er erbarmungslos diejenigen, die im Fliehen langsam waren. – Damit er euch nach diesem letzten Unglück nicht wieder unverhofft überfalle, warne ich euch! Der Schoß dieses Berges birgt viel Pech, Alaun, Schwefel, Eisen, Gold, Salpeter und Wasserquellen. Früher oder später entbrennt er. Vorher aber stöhnt er, tobt und läßt die Erde erbeben. Er speit Rauch, Flammen und Blitze aus, läßt die Luft erzittern, dröhnt, heult und jagt die Bewohner von dannen. Flieh, solang du noch fliehen kannst. Bald bricht er auseinander und speit einen Feuerstrom aus, der eilends herabstürzt und den verspäteten Flüchtlingen den Weg versperrt. Erreicht er dich, so ist's um dich getan und du bist tot! Mißachtet man ihn, so straft er die Unvorsichtigen und Habgierigen, denen Hab und Gut teurer ist als das Leben. Doch du, wenn du Vernunft hast, höre die Stimme des Marmors, der zu dir redet. Kümmere dich nicht um den häuslichen Herd, sondern fliehe, ohne zu zögern. – Anno Domini 1632. Philipp IV., König. – Emanuele Fonseca, Vizekönig.«

Die Folgen des Erdbebens waren furchtbare. Auch das Meer hatte sich dreimal weit zurückgezogen, dann aber war es wiedergekehrt und hatte, die Zerstörung vermehrend, sein altes Becken überschritten. Vor dem Ausbruch war der Vesuvkegel etwa vierzig Meter höher gewesen als der seinerzeit stehengebliebene nördliche Kraterrand, die sogenannte Somma, nun aber lag er viele Hunderte Meter tiefer als diese. Die Zeitgenossen hatten noch viel Ärgeres erlebt, als ihre Ahnen im Jahre 79 n. Chr. Begreiflich, daß jeder jetzt nur an sich dachte und alle Anstrengungen dahin gehen mußten, sobald der Vulkan zur Ruhe gekommen war, den angerichteten Schaden möglichst wieder gutzumachen. Der Vesuv blieb nun weiter in allerdings mäßiger, nur zeitweise stärkerer Tätigkeit, aber es war verständlich, daß die wenigsten mehr an Pompeji dachten.

Nur einer, der in Rom lebende Hamburger Gelehrte Luc Holstenius, der sechs Jahre nach dem gewaltigen Ausbruch, also im Jahre 1637, Neapel und auch die Gegenden südlich und südöstlich des Vesuv besuchte, gedachte noch der antiken Städte. Er kam damals auch auf den von der Bevölkerung Civita genannten Hügel, durch den sich die Wasserleitung von Torre d'Annunziata zog und der sich mittlerweile von dem Aschenregen, der ihn diesmal nur leichter getroffen, wieder erholt und neu mit Reben bedeckt hatte. Lange hielt sich der Gelehrte, der sich schon seit Jahrzehnten mit Ausgrabungen in Rom beschäftigte, forschend und sinnend in dieser Gegend auf, und als er sie verließ, stand es bei ihm fest, daß unter diesem mit Civita bezeichneten Raum Pompeji liege. In seinen »Adnotationibus« hat er dies dann auch ausdrücklich erklärt. Sofort aber traten ihm viele entgegen und behaupteten, er hätte Unrecht, denn dort müsse Stabiae und nicht Pompeji liegen. Das sei dann auch besser mit der Peutingerschen Tafel in Einklang zu bringen; doch war es natürlich ausgeschlossen, nach einer solch flüchtigen, bloß schematischen Straßenentfernungskarte die topographisch genaue und nicht nur beiläufige Lage eines Ortes feststellen zu wollen.

Ein anderer einheimischer Gelehrter, Camillo Pellegrino, seines Zeichens Geschichtsschreiber, beschäftigte sich in einem 1651 in Neapel erschienenen Buch[30] mit in Campanien gefundenen Altertümern. Er vermutete Herculaneum unterhalb der Ortschaft Torre del Greco und sprach im Test von Pompeji so, daß man eigentlich annehmen mußte, er beurteile seine Lage ganz unrichtig. Im Index aber sagt auch er von der antiken Stadt an einer Stelle, »man kann glauben, sie wäre einmal in der Gegend gestanden, die heute Civita genannt wird«. Sonst aber herrschten vielfach sehr falsche Vorstellungen darüber, wo die beiden Orte begraben lägen. Dies gilt insbesondere für das neuerlich von Lava übergossene Herculaneum. Auch Francesco Balzano erklärte 1688 in seinem »Das alte Herculaneum oder Torre del Greco aus der Vergangenheit gehoben«, diese beiden Orte lägen übereinander.

Da ließ jemand im Jahre 1689 in einiger Entfernung vom Vesuv Grabungen vornehmen, um einen Brunnen zu gewinnen. Den Arbeitenden fiel es dabei auf, daß mehrere Erdschichten verschiedener Gesteinsbeschaffenheit, sehr klar abgegrenzt, horizontal übereinander lagerten. Das war nämlich gewachsene Erde, eine schmalere Lapillischicht, eine tiefe Lage Asche, endlich eine noch breitere Lapilli aus dem alten Ausbruch vom Jahre 79. Als man die vierte Schicht durchgraben hatte, fand man einige Steine mit Aufschriften, darunter eine, die ausdrücklich den Namen Pompeji aufwies. Es war klar, daß die Funde echte Denkmäler des römischen Altertums waren, darum verständigte man sofort den Eigentümer des Grundstückes, der den Befehl gab, weiterzugraben, solange das Grundwasser dies nicht hindern würde. Gleichzeitig machte der Mann dem damals berühmten Architekten in Neapel, Francesco Picchetti, einem Naturliebhaber und Forscher, Mitteilung von dem Entdeckten und untersuchte mit ihm die verschiedenen aufgegrabenen Erdschichten näher. Dabei fanden sich noch einige andere Dinge, wie zum Beispiel verrostete eiserne Türschlösser, ein kleiner Priap (männliches Glied) und ein Dreifuß. Als man aber nun dem Picchetti die beiden Inschriften zeigte, erklärte er, es handle sich nicht um die Stadt Pompeji, sondern es sei offenbar einmal hier ein Landhaus des Pompejus gestanden. Der Historiker Bianchini dagegen erkannte ganz richtig, daß diese Inschrift sich schon aus guten geographischen Gründen auf die Stadt Pompeji beziehen müsse und schrieb dies auch in seiner 1699 erschienen »Storia universale« nieder, jedoch hatte es mit der oben geschilderten Nachsuche sein Bewenden. Picchetti blieb bei seiner Meinung und ging der Sache nicht weiter und sorgfältiger nach.

Von den verschiedenen Nachrichten angeregt, durchsuchte aber ein anderer, der Vesuvforscher Giuseppe Macrini, im Jahre 1693 auch seinerseits den Hügel, den man Civita nannte und wo sich gelegentlich der Brunnenarbeiten antike Überreste gezeigt hatten. In seiner im gleichen Jahre in Neapel herausgegebenen Schrift »De Vesuvio« erklärte er wieder klar und deutlich, in der Gegend, die heute Civita heiße, werde gewiß Pompeji sein: »Ich habe selbst ganze Häuser, Ruinen großer Mauern und einige Säulen (Hallen) aus Ziegeln gesehen, die zum Teil ausgegraben waren.« Doch auch dieser Gelehrte hatte keine Möglichkeit, sich den Funden gänzlich zu widmen. Die ausgegrabenen Teile verfielen und bedeckten sich wieder mit Grün, und so stand man nach solch glücklichen Anfängen so ziemlich wieder auf demselben Punkt wie vorher. Die meisten Gelehrten der Zeit mißachteten die vereinzelten Behauptungen einiger klarer blickender Schriftsteller und konnten sich nicht entschließen anzuerkennen, daß Pompeji tatsächlich gefunden wäre.

Mittlerweile hatte sich in der großen Politik eine gewaltige Änderung ergeben. An Stelle Spaniens war um die Mitte des 17. Jahrhunderts das Frankreich Ludwigs XIV. zur vorherrschenden Macht in Europa geworden. Ununterbrochene Kriege hatten endlich im Jahre 1697 zu einem Frieden geführt, als drei Jahre später der Tod des letzten spanischen Habsburgers von neuem den Zankapfel in den europäischen Völkerraum warf. Auf dem Spiel stand das spanische Erbe, auf das der deutsche Kaiser Leopold I. und Ludwig XIV. ziemlich gleiche Rechte geltend machten. Der nun folgende Erbfolgekrieg sah die Österreicher unter dem genialen Prinzen Eugen von

Savoyen zumeist siegreich, und dabei gelang es auch dem General Grafen Daun, den Spaniern Neapel zu entreißen. Die Friedensschlüsse von Utrecht im Jahre 1713 und Rastatt 1714 teilten endlich die spanische Monarchie, indem das Mutterland und seine amerikanischen Besitzungen an Ludwigs XIV. Enkel Philipp kamen, während Kaiser Karl VI. Belgien und den spanischen Besitz in Italien erhielt. Demnach war Österreich nicht nur zur mitteleuropäischen Vormacht geworden, sondern auch Herr über Italien und damit über Festlandsneapel. Nur Sizilien konnte nicht erobert werden und kam an Savoyen.

Nun war es an Österreich unter seinem neuen Herrscher, Neapel und Süditalien durch Vizekönige verwalten zu lassen. Der erste, Graf Martinitz, trat am 7. Juli 1707 sein Amt gleichzeitig mit der Besetzung der Stadt durch deutsche Truppen an. Damals »rejoignierte die Kaiserarmee«[31] in Neapel auch der Kavallerieoberst Emanuel Moritz von Lothringen, Prinz d'Elboeuf, ein weit entfernter Verwandter seines obersten Befehlshabers, des Prinzen Eugen. Die Fremden wurden von der Bevölkerung nicht gerade allzu begeistert begrüßt. Das zeigte sich bei der feierlichen Einsetzung des Vizekönigs. Ein glänzender Reiterzug bewegte sich bis vor das von Österreichern besetzte Schloß Castelnuovo, wo nach alter Sitte bei jedem neuen Statthalter auch der Kastellan neu einzusetzen war. Graf Martinitz klopfte[32] an das Tor.

»Wer da?« rief der Kommandant.

»Karl der Dritte«, antwortete der Vizekönig, denn sein kaiserlicher Herr, Karl VI., nannte sich als König von Neapel der Dritte. Unter Willkommgruß senkte sich die Zugbrücke, und der General, der das Kastell kommandierte, erhielt mit den Schlüsseln des Schlosses die Macht über die Stadt anvertraut. Drei Tage sollte das Fest des Einsetzens der österreichischen Herrschaft dauern und mit feenhafter Beleuchtung, Feuerwerk, Speis und Trank gefeiert werden. Da rührte sich aber der Vesuv wieder; schon seit Ende Juli hatte er erhöhte Tätigkeit gezeigt, und gerade zur Zeit der Feier öffnete sich die Flanke des Berges und ein glühender Lavastrom trat zutage. Zuerst strömte er wieder gegen Resina, wurde jedoch zum Glück anderwärts abgelenkt. Aber Lapilli und Asche richteten in der Umgebung ziemlichen Schaden an. Gerade am 2. August, als die prunkvolle Machtübernahme des Vizekönigs im Zuge war, setzte wieder solch ein Aschenregen über Neapel ein, daß es um drei Uhr nachmittags schon gänzlich dunkel war. Der weiße Staub bedeckte die Stadt bereits mehrere Finger hoch, als der Vizekönig eine große Prozession anordnete, an der er selbst teilnahm. Das Haupt des heiligen Januarius wurde dabei beschwörend gegen den Berg gehalten. Tags darauf hörte der Ausbruch des Vesuv auf. Graf Martinitz aber konnte nicht hindern, daß das Volk sich zuraunte, der Himmel selbst lehne die neue Herrschaft ab, und dies sei durch das grauenvolle Naturereignis zum Ausdruck gekommen. Der Ausbruch war der stärkste seit dem Jahre 1631, und wieder hatte sich die gefürchtete gewaltige Rauchpinie über dem Vulkan gezeigt.

Die Österreicher richteten sich in Neapel bald häuslich ein, unter ihnen auch Prinz d'Elboeuf, der in einem der vornehmsten Viertel der Stadt in einem gemieteten Palais wohnte. Obwohl noch Junggeselle, gab er viele Feste und veranstaltete auch ausgezeichnete Theatervorstellungen. Im Jahre 1710 zum Obristfeldwachtmeister ernannt, was ungefähr unserem Generalmajor entspricht, verlobte er sich mit der neapolitanischen Prinzessin Salsa. Und dies, obgleich man beim Hofkriegsrat in Wien die Verbindung eines kaiserlichen Offiziers mit einer Neapolitanerin nicht allzu gern sah, da man wußte, daß sich sehr starke Widerstände gegen die österreichische Herrschaft gerade auch innerhalb der hohen Kreise der Stadt geltend machten. D'Elboeuf mußte erst einigen Widerstand überwinden, bis er seinen Herzenswunsch erfüllt sehen konnte. Den Sommer über wohnte der General im Palazzo des Fürsten von Santo Buono, der in Portici ungefähr nordwestlich der oberhalb des einst verschütteten Herculaneum erbauten Ortschaft Resina lag. Ihre Bewohner ahnten nicht, welche Schätze zwanzig Meter unter ihren Wohnungen begraben waren.

Eines Tages legte ein Bauer, Giovanni Battista Nocerino aus Resina, genannt Enzecchetta, den Brunnen seines Hauses etwas tiefer, weil er zu wenig Wasser gab. Er mußte dazu sehr feste, harte Schichten durchdringen und stieß bei den Arbeiten plötzlich auf kostbare Steine aller Art, auf weißen Marmor und Alabaster. Auch der sogenannte giallo antico, ein zur Römerzeit sehr geschätzter gelblicher Marmor, fand sich da vor, und zeitweilig zeigten die Stücke durch ihre Form auch, daß sie offenbar Teile antiker Säulen und Bauwerke gewesen waren. Der Bauer machte sich nicht viel Gedanken darüber, warf die weniger guten weg, behielt die schönsten zu Hause und verkaufte sie nach einiger Zeit an einen sogenannten Marmoraro, einen Mann, der solche Steine suchte, um daraus Heiligenstatuen für Kirchenschmuck zu formen oder sie in den Gärten der Vornehmen für Springbrunnen und dergleichen zu gebrauchen.

Nun hatte sich Prinz d'Elboeuf in dieser Zeit, schon im Gedanken an seine Heirat, in der Nähe der Sommerresidenz von den Patres des nahegelegenen Klosters San Pietro d'Alcantara am Ufer des Meeres ein Stück Land gekauft, auf dem er ein kleines Haus, ein Kasino errichten und besonders schön

Der »Efebo« wird ausgegraben. Diese Bronzestatue eines Jünglings ist die klassizistische Verbindung eines männlichen Körpers und eines weiblichen Kopfes, deren Vorbilder beide im 5. Jahrhundert v. Chr. zu suchen sind. Der rechte Arm diente als Leuchterträger. Gefunden im Hause des Publius Cornelius Teges (I 7, 10–12), heute im Neapler Nationalmuseum.

Aus der Villa dei Papiri stammt der Jünglingskopf, der eine klassizistische Neubildung nach Vorbildern der frühklassischen Zeit, vielleicht des unteritalisch-sizilischen Kunstkreises, ist.

schmücken wollte. Dazu ließ er sich einen Mann aus Frankreich kommen, der es verstand, aus pulverisierten, alten Steinen und Marmorteilen eine Art Porzellankitt herzustellen, aus dem man einen Stuck formen konnte, der nicht nur glänzend, sondern selbst härter als Marmor war. Er und der Prinz bemühten sich also, die dafür nötigen Materialien zu beschaffen und kamen so auf den Marmoraro, der dem Enzecchetta die Steine abgekauft hatte. Sofort erkannte der Prinz, daß diese Stücke offenbar antiker Herkunft seien und befragte den Mann, woher er sie habe. Der führte den General zu dem Bauern in Resina und ließ ihm zeigen, was noch da war. Ohne Verzug kaufte der Prinz alles vorhandene und ließ die Sachen in seine Villa bringen, um sie genauer zu studieren. Aus diesen Dingen erkannte d'Elboeuf, daß das Feld und der Brunnen des Bauern nächst dem Garten des Klosters der Augustiner-Barfüßer, offenbar oberhalb irgendeines antiken Gebäudes liegen mußten. Der gleichen Meinung war auch sein Architekt, der Neapolitaner Giuseppe Stendardo, den er eiligst herbeigerufen hatte. Begeistert betrachteten die beiden die Säulen und Architravfragmente aus rotem und gelbem antiken Marmor, die geschliffenen Alabasterplatten und so weiter, die jener Mann mit der Zeit aus seinem Brunnen hervorgeholt hatte.

Sofort entschloß sich d'Elboeuf, dieses Feldstück des Bauern Enzecchetta mitsamt dem Brunnen anzukaufen und dort auf eigene Faust Ausgrabungen vorzunehmen. Er dachte damals nicht im entferntesten, daß es etwa eine der in der Antike verschütteten Städte sein könnte, deren erste Teile damals zutage traten. Mit Feuereifer ging er aber daran, sobald das Feld in seinem Besitz war, unter seiner und des Architekten Leitung Arbeiter anzustellen, die von dem besagten Brunnen aus nach allen Seiten Kaninchenlöchern gleichende, unterirdische Stollen vortrieben. Nach wenigen Tagen stieß man auf ein Gewölbe, in dem sich neben vielen Bruchstücken kostbarer Gesteine auch eine Statue des Herkules griechischer Arbeit aus parischem Marmor fand, die wohl in mehrere Stücke zerbrochen, aber sonst gut erhalten und leicht wieder zusammenzufügen war. Daneben lagen auch Säulen aus herrlichstem vielfarbigen durchsichtigen Alabaster. Endlich auch die Statue einer im ersten Augenblick fälschlicherweise für Cleopatra gehaltenen Frau, der ein Arm und ein Fuß fehlten, die aber kurz darauf auch hervorgeholt werden konnten. Endlich fand sich eine riesige Marmorplatte, zirka einein- halb Meter hoch und fünfeinhalb Meter lang. Unter ungeheuren Mühen brachte man sie so weit heran, daß sie mit einer Winde durch den Brunnen ans Tageslicht geseilt werden konnte, und da entdeckte man bei der Reini- gung darauf eingelassene, gewaltige, ein Viertelmeter hohe Lettern aus

Metall. Es war eine Inschrift in römischen Großbuchstaben, die den Namen des Appius Pulcher, Sohn des Gajus, nannte, der 38 v. Chr. zusammen mit Gajus Norbanus Flaccus römischer Konsul gewesen war. Sein Vater stand seinerzeit mit Cicero in Briefwechsel und war dessen Vorgänger in der Statthalterschaft von Kilikien. Damit war ein Anhaltspunkt gegeben und der Architekt Stendardo, in römischer Geschichte zu wenig bewandert, begab sich mit all diesen Ergebnissen sofort nach Neapel, um mit den Gelehrten dieser Stadt, vornehmlich Archäologen und Geschichtsforschern, zu beraten, was das Gefundene wohl sein könnte; insbesondere wurde der damals berühmte Professor Dr. Giuseppe Valletta zu Rate gezogen[33].

Einige Gelehrte erklärten nun mit vieler Phantasie aus ihren meist recht unklaren Kenntnissen antiker Mythologie heraus, der zweite Sohn des Herkules namens Retino habe dereinst den Hafen von Herculaneum ungefähr dort erbaut, wo sich heute Torre del Greco befinde. Die Ortschaft Resina aber hätte nach diesem selben Retino zunächst den Namen Retina und später Resina angenommen. In antiker Zeit habe nun dieser Retino dort einen Rundtempel mit vierundzwanzig Säulen aus durchsichtig-farbigem Alabaster errichtet und zwischen je zwei Säulen eine Statue gestellt. Im Innern wäre eine Halle mit gleichfalls vierundzwanzig Säulen aus giallo antico, dem gelben Marmor, gewesen und der Fußboden aus dem gleichen Material gefertigt. Sie stützten sich bei dieser Erklärung auf verschiedene Nachrichten aus der Literatur der Antike.

Prinz d'Elboeuf vermeinte also zunächst, einen prachtvollen Herkulestempel gefunden zu haben, und setzte, durch diese Gelehrtenideen angeregt, die Ausgrabungen mit Feuereifer fort. Obwohl diese Angaben falsch waren, in einem hatten sie doch recht: In der Erklärung nämlich, das Gebäude sei offenbar zur Zeit der großen Katastrophe unter Kaiser Titus verschüttet worden. Auf jeden Fall erreichten sie, daß der Prinz in seiner Arbeit nicht mehr erlahmte und diese wurde auch in der nächsten Zeit von ganz besonderem Erfolg gekrönt.

Einige Tage nach der Beratung in Neapel fand man bei dem mühevollen Vortreiben der Stollen in dem außerordentlich festen Gestein der ehemaligen Schlammasse drei herrliche Frauenstatuen, die verhältnismäßig nur wenig beschädigt waren. Es handelte sich offenbar um eine Mutter mit ihren beiden Töchtern, denn die eine Statue war in ein dünnfaltiges Untergewand und einen rückwärts her über den Kopf gezogenen weiten Mantel gekleidet, der die ganze Gestalt dicht einhüllte. So pflegten nur Matronen sich zu kleiden. Das feingeformte Gesicht trug durchaus ideale Züge, und diese wie die Behandlung des Gewandproblems wiesen darauf hin, daß das Urbild in der Richtung praxitelischer Kunst zu suchen war. Der römische Bildhauer, der dieses schuf, hatte sich offenbar des griechischen Vorwurfes bedient. Daneben fanden sich zwei Mädchenstatuen, gleichfalls in dichte Gewänder gehüllt, aber mit unbedecktem Haupt, wie es bei Jungfrauen üblich war. Die Figur der Matrone war am Hals und in der Höhe des Schenkels gebrochen, sonst aber vorzüglich erhalten.

Prinz d'Elboeuf war von seinem Fund entzückt und begeistert. Im Sinne der in Neapel erhaltenen Aufklärungen war er nun überzeugt, bisher fünf von jenen zwölf Statuen gefunden zu haben, die nach den Mitteilungen der Gelehrten zwischen den vierundzwanzig äußeren Säulen stehen mußten, und hoffte daher mit Sicherheit, auch die anderen zu finden. Er setzte also seine Arbeiten mit höchstem Eifer fort, gleichzeitig aber dachte er daran, daß die Kunde von den Funden vielleicht Begehrlichkeit vieler anderer wekken könnte und war daher sehr darum bemüht, diese möglichst geheimzuhalten.

Schon lange wünschte der Prinz, sich die Zuneigung Eugens von Savoyen in weitgehendem Maße zu erwerben, der zwar vielleicht mit ihm verwandt war, dies aber nicht recht anerkannte oder die Verwandtschaft zumindest für so entfernt hielt, daß daraus keine besonderen Folgerungen zu ziehen waren. Prinz d'Elboeuf führte ein prunkvolles Leben, brauchte viel Geld und mußte wiederholt am Wiener Hofe und insbesondere bei der Kaiserin um Geldunterstützung vorstellig werden. Darum hätte er es sehr begrüßt, wenn Eugen von Savoyen über ihn eine gute Auskunft gäbe, falls er als Präsident des Hofkriegsrates in Angelegenheit dieser erbetenen Geldaushilfen über den Bittsteller befragt werden sollte. So kam d'Elboeuf der Gedanke, dem Feldherrn, der durch seine Liebe zur Kunst und Wissenschaft nicht weniger weltberühmt war als durch seine kriegerischen Erfolge, diese unschätzbar wertvollen, herrlichen antiken Bildwerke zum Geschenk zu machen. Dem aber stand entgegen, daß sie teilweise beschädigt waren, bei der einen Mädchenstatue der Kopf, bei der anderen die Hände und Zehen des rechten Fußes ergänzt werden mußten und auch die Figur der Matrone, die 1,95 Meter maß, in einzelnen Teilen des Gewandes und an den Fingern der Hände auszubessern war. D'Elboeuf wollte aber keine Torsi schenken, sondern nur vollkommene Stücke. Er entschloß sich daher, diese drei Statuen heimlich in zurückkehrenden Trainwagen des Heeres nach Rom schaffen zu lassen, denn dort gab es zahlreiche Bildhauer, die in solchen Restaurationsarbeiten bewandert waren. Auch hätte die Ausbesserung in Neapel selbst das Geheimnis sicherlich verraten und vielleicht die weiteren Ausgrabungen privater Natur in Frage gestellt. Freilich war in Rom schon damals die Ausfuhr antiker Kunstwerke an eine Erlaubnis des Papstes gebunden, aber Prinz d'Elboeuf fürchtete einen abschlägigen Bescheid und zog es vor, die Statuen heimlich aus der Ewigen Stadt fortzubringen. Er fand schließlich Mittel und Wege, die drei schweren Figuren insgeheim bis nach Ancona und dann wohl zu Schiff nach Triest zu schaffen, von wo sie bis nach Wien und in den Palast des Prinzen Eugen von Savoyen, ins Belvedere gelangten.

Der kunstsinnige Fürst war entzückt und begeistert und bedankte sich schriftlich bei seinem Obristfeldwachtmeister in Neapel für das herrliche Geschenk[34]. Mit ihm freuten sich auch alle Künstler und Kunstfreunde Wiens, denn Prinz Eugen hatte sofort einen eigenen Saal für diese drei Figuren bauen lassen und ihre Besichtigung der Allgemeinheit zugänglich gemacht. D'Elboeuf aber führte die Ausgrabungen fort und fand, völlig unregelmäßig und im Raubbau grabend, noch mehrere andere Bildwerke, Säulen, Marmorstücke usw. verschiedenster Art. Der General brachte sie in sein Landhaus in Portici, das er mit seiner ihm im Jahre 1713 angetrauten Gemahlin bezog. Dabei konnte man aber nicht hindern, daß bald sehr übertriebene Gerüchte von seinen Funden die Stadt Neapel durchschwirrten und mit der Zeit bekannt wurde, die drei schönsten Statuen hätten ihren Weg über die Grenzen ins Ausland gefunden.

So kam die Sache auch dem Kardinal Quirini, dem Bibliothekar des Papstes und gleichzeitig Vorsteher des Amtes für antike Kunst, zu Ohren, der erfuhr, daß jene Bilder sogar Rom passiert hatten. Man scheint sich beim österreichischen Vizekönig in Neapel beschwert zu haben, der d'Elboeuf nahelegte, zurückhaltender und vorsichtiger zu sein, manche behaupten sogar, es wäre dem Prinzen ausdrücklich verboten worden, die Ausgrabungen fortzusetzen; doch dürfte dies nicht der Fall gewesen sein. Wahrscheinlicher ist, daß dem in steter Geldverlegenheit verstrickten d'Elboeuf die Kosten der Grabungen allmählich zu hoch wurden, um so mehr, als nach den ersten großen Erfolgen nicht fortgesetzt gleiche folgten und offenbar die Stollen nun an Plätzen vorgetrieben wurden, wo man wohl Mauern und Stufen, nicht aber Marmorstatuen und ähnliche Kostbarkeiten zutage förderte. So wurde es in den nächsten Jahren wieder stiller um die Ausgrabungen, jedenfalls war man sich in den zwanziger Jahren des 18. Jahrhunderts noch nicht darüber klar, was man eigentlich gefunden hatte. Das in Venedig erscheinende »Giornale dei Letterati«[35] hatte wohl sofort im Auffindungsjahr 1711 über die ersten Erfolge berichtet, dann aber wieder vollkommen darüber ge-schwiegen.

Prinz d'Elboeuf wurde in den folgenden Jahren mehrfach nach Wien beru-fen, blieb dort längere Zeit und kehrte dann nach Neapel zurück, denn seine Frau wollte ihn nicht in die Fremde begleiten. Die Ausgrabungen aber wur-den nicht mehr fortgesetzt, die Sache drohte allmählich einzuschlafen und dies um so mehr, als bald darauf der mittlerweile zum Feldmarschalleutnant vorgerückte Prinz nach Frankreich zurückkehrte und die Villa am Meer verkaufen mußte. Das Gebäude kam an das Handelshaus Falletti in Neapel, das es einige Jahre im Besitz behielt, bis sich eine günstige Möglichkeit ergab, es weiter zu veräußern.

Mittlerweile hatte sich in der europäischen Politik eine gewaltige Wendung vorbereitet. Kaiser Karl VI. wollte das Reich seiner mit dem Herzog Franz Stephan von Lothringen verlobten Tochter Maria Theresia ungeteilt ver-erben. Das ging ganz gegen das Interesse Frankreichs, und dieses griff daher bei der ersten Gelegenheit, als 1733 ein Streit um die polnische Thronfolge ausbrach, zu den Waffen. Sofort bildeten sich zwei gewaltige Bündnisgrup-pen, und auf französischer Seite fochten auch Spanien und Sardinien. Nach diesem Kriege, der auf Italien übergriff, erhielt Herzog Franz Stephan von Lothringen, der sein Stammland aufgeben mußte, als Entschädigung und österreichische Secundogenitur das Großherzogtum Toskana, auf das aller-dings vorher Königin Elisabeth Farnese von Spanien, die Gemahlin Phi-lipps V., gerechnet hatte. Sie wollte es ihrem Ältesten, Don Carlos, zukommen lassen, während sie das Königreich beider Sizilien ihrem Zweitgeborenen und die Niederlande ihrem dritten Sohne zudachte. Man sagte von jenem Don Carlos von Bourbon, er stamme von einem französischen Fürsten, der weniger wert war als eine Frau, und von einer italienischen Prinzessin, die weit mehr wert war als ein Mann. Von Natur aus besonders intelligent, lernte er viele Sprachen und die bedeutendsten Wissenschaften außer Ge-schichte. Körper und Geist entwickelten sich in bester Weise, nur die große Adlernase machte ihn fast häßlich. Im Verlauf des Krieges eroberten die spanischen Truppen im Jahre 1734 Neapel und das umliegende Land, und der insbesondere auf Jagden im Waffengebrauch geübte, nunmehr achtzehn Jahre alte Infant Karl von Bourbon-Spanien wurde dahin entsandt. Bald händigte man ihm zwei Briefe aus, in denen ihm sein Vater Philipp V. als Herr Spaniens und als Eroberer all seine einstigen Rechte auf das König-reich Neapel übertrug. Bis zum Ende des Jahres war es wieder gänzlich im Besitz der Spanier.

Der junge Fürst, dessen Herrschaft noch nicht von dem besiegten Österreich anerkannt war, befaßte sich in der allerersten Zeit etwas zuviel mit seinen Lieblingsbeschäftigungen, Jagd und Fischfang. Das konnte er allerdings leichter tun, weil ihm ein ganz ausgezeichneter Mann, der Toskaner Bernardo Tanucci zur Seite gestellt wurde, der sich allmählich zur herrschenden Persönlichkeit im Staate entwickelte.

Der königliche Jüngling sah sich um, wo er einen Platz finden könnte, der sich sowohl für Jagden wie für Fischen gut eignete. Da bot ihm das Haus Falletti den einstigen Besitz des Prinzen d'Elboeuf in Portici an, der für beide Liebhabereien Gelegenheit bot. Die Liegenschaft wurde angekauft, König Karl besuchte sie und sah darin viele dort zurückgebliebene antike Stücke, die d'Elboeuf seinerzeit in Resina ausgegraben hatte. Mit höchstem Interesse besichtigte der Monarch all dies und beschloß, einmal, wenn seine Herrschaft gefestigt und sein Verbleiben in Neapel gesichert wäre, der Fundstätte nachzugehen und vielleicht auch selbst neue solche Kostbarkeiten zutage zu fördern.

Indes hatte sich die Lage wirklich in diesem Sinne entwickelt. Der Kaiser gab den Gedanken an die Rückeroberung auf und im Wiener Präliminarfrieden vom 3. Oktober 1735 wurden Neapel und Sizilien dem ältesten Sohn des Königs von Spanien endgültig zugesprochen. Dabei wurde jedoch die Bedingung gestellt, daß diese Länder niemals mit jener Monarchie vereinigt werden dürften. Damit sah sich nun Karl von Bourbon in seinem neunzehnten Lebensjahr als unumschränkter Herrscher über das Königreich beider Sizilien, das er zum mindesten so lange würde behalten können, als sein Vater lebte und er nicht zur Erbfolge in Spanien berufen würde. Denn in diesem Fall mußte Karl, den Friedensbedingungen entsprechend, das Königreich an seinen nächsten Verwandten abgeben.

5

VOM ZUFALLSFUND HERCULANEUMS ZUR
ENTDECKUNG POMPEJIS
1735 bis 1770

Wenn auch die große Politik die Schicksale der Menschheit auf der Erde bestimmt und ihr Leben beeinflußt, verwirrt oder ordnet, die ewige Natur bleibt sich gleich. Sie grünt und blüht, ebbt und flutet, tobt und rast, breitet segenbringenden Sonnenschein oder befruchtenden Regen, Sturm oder Orkan über die Erde, ungeachtet allen Kampfes und Streites der sie bewohnenden Menschen und Tiere.

Am Neapolitanischen Golf hatte die Natur den Vesuv bis tief in die dreißiger Jahre des 18. Jahrhunderts stets, wenn auch nur beschränkt, auf seine Weise sprechen lassen. In der Zeit zwischen 1717 bis 1737 war dies hauptsächlich dadurch gekennzeichnet, daß der Berg sich auf den gegen das Meer zu abfallenden Hängen vielfach seitlich öffnete und langsam fortschreitende Lavaströme in die Richtung gegen Resina und Torre del Greco entsandte, was stets von leichten Erderschütterungen begleitet war. Diese Tätigkeit war eine so anhaltende, daß man eigentlich von einem zwanzig Jahre lang dauernden, nur durch kurze Pausen unterbrochenen Ausbruch sprechen könnte, der im Mai 1737 seinen Höhepunkt erreichte. Zu dieser Zeit öffnete sich an der südwestlichen Flanke des Berges eine gewaltige Spalte, aus der ein mächtiger, glühender Lavastrom gegen Torre del Greco floß, der schwerste Verheerungen anrichtete. Damals flog auch ein großer Teil der Vesuvspitze in die Luft, die dabei so stark an Höhe verlor, daß sie niedriger wurde als der weiter östlich liegende, nun Somma genannte Teil des einstigen Kraterrandes. So hatte der Vesuv seine Gestalt neuerdings verändert, was auch weiterhin bis in unsere Tage noch öfter geschehen sollte. Dann allerdings beruhigte sich der Berg wieder, und von da an stellte er seine Tätigkeit für längere Zeit fast völlig ein.

Es war klar, daß während der seitlichen Lavaausbruchperiode, in der gerade die Fundstätten der Statuen d'Elboeufs am meisten bedroht waren, niemand mehr daran dachte, weitere Grabungsarbeiten vorzunehmen. Alles war von Schrecken gelähmt, auch die maßgebende Persönlichkeit König Karl von Bourbon, der für die Dauer des Ausbruches im Mai 1737 die Zimmer seines Neapler Palastes nicht zu verlassen wagte[36].

Es blieb also vorläufig bei den von General d'Elboeuf gemachten Funden.

Vier von daher stammende, beschädigte Statuen standen in der nun dem König gehörenden Villa in Portici, während vier Torsi einige Zeit am Marktplatz in Resina aufgestellt waren, bis auch sie den Weg nach jenem Sommerheim des Herrschers fanden. Die drei schönsten Bildwerke aber, die man damals unter dem falschen Namen Vestalinnen kannte, hatten bis 1736, dem Todesjahr Eugen von Savoyens, die Freude der Wiener kunstsinnigen Welt gebildet. Aber sie sollte nicht lange dauern. Der Prinz war unvermählt gestorben, und es waren ihm auch drei Neffen, Söhne seines ältesten Bruders, des Grafen von Soissons, im Tode vorangegangen. Nur eine Tochter desselben, Anna Viktoria, die mit einem Prinzen von Sachsen-Hildburghausen vermählt war, lebte noch. Da Eugen ohne Testament gestorben war, kam bei dem nun folgenden Streit um die Verlassenschaft diese Nichte als die nächste Anverwandte zu dem reichen Erbe. Fast eindreiviertel Millionen Gulden, die herrlichen Juwelen, das prachtvolle Silber, die unvergleichliche Bibliothek wurden nebst den Besitztümern in Piemont und Frankreich ihr eigen. Aber das alles war an keine Würdige gekommen. »Mit einer Habgier, die wahrhaft ekelerregend war«, sagt der hochangesehene Historiker und Chef der kaiserlich-österreichischen Archive Alfred Arneth von ihr[37],»suchte sie alles, was ihr Oheim hinterlassen hatte, so schnell als möglich zu verwerten. Nichts wurde verschont, alles unnachsichtig zu Geld gemacht«. Die schönsten Einrichtungsgegenstände aus Palästen und Schlössern, selbst die Gemälde wurden von den Wänden fortgenommen, um sie an den Meistbietenden zu verkaufen. Mit Mühe und Not gelang es dem Kaiser, das Belvedere zu erwerben und die Bibliothek vor dem Zerstreutwerden zu bewahren, doch nur gegen Zusicherung einer hohen Leibrente an die Erbin.

Zu den feilgebotenen Gegenständen gehörten natürlich auch die dem Prinzen Eugen von d'Elboeuf geschenkten Statuen, die man wohl ihrer Schönheit wegen bewunderte, von denen man aber damals noch nicht wußte, was ihre Auffindung tatsächlich bedeutete und für welch gewaltige Erkenntnis sie den Ausgangspunkt bilden sollten. Schon als das noch unbestätigte Gerücht vom Verkauf dieser Kunstwerke die Stadt Wien durcheilte, waren »die ganze dortige Akademie und alle Künstler gleichsam in Empörung«[38]. Als sich die Sache dann bewahrheitete, formte der damals noch in Wien lebende und sehr berühmte Bildhauer Lorenzo Mattielli die Statuen in Ton nach, »um sich den Verlust derselben dadurch zu ersetzen«.

Dieser Mann stand mit dem kunstsinnigen Kurfürsten Friedrich August II. von Sachsen, als König von Polen August III., in Verbindung, und es wurde schon über eventuelle Berufung des Künstlers nach Dresden verhandelt. Da kam Mattielli auf den Gedanken, den Monarchen auf die drei herrlichen, in Wien zum Verkauf stehenden antiken Kunstwerke aufmerksam zu machen. Der Monarch, der einstmals bei der Aufstellung der Sixtinischen Madonna im Prunksaal des Dresdner Schlosses mit den Worten »Platz da für den großen Raffael!« eigenhändig seinen Thronsessel zurückgeschoben haben soll[39], genoß nicht umsonst den Ruf, für alles Schöne begeistert zu sein. Er ließ sich den Rat nicht zweimal geben, erwarb sogleich die drei wundervollen Statuen, stellte sie in seiner Antikensammlung auf und erfreute sich an den edlen Zügen der Bildwerke, dem herrlichen Faltenwurf der Kleidung und ihrem warmen, ins Gelbliche spielenden Marmorton. In Wien aber hatte ihnen jedermann »mit betrübten Augen« nachgesehen, als sie nach Dresden fortgeführt wurden. Somit standen die ersten, wirklich tadellosen und kostbaren Funde aus der Gegend des Vesuv nun fern im Norden und waren für Neapel so gut wie für immer verloren. Und es blieb auch dabei, weil König Karl beider Sizilien mehr Wert darauf legte, eine August III. gehörige *lebende* Statue aus Dresden nach Neapel heimzuführen, nämlich dessen schöne Tochter Maria Amalia Christine, die sich im Jahre 1738 mit dem Herrscher aus dem Süden Italiens vermählte und im Juli in ihrer neuen Heimat eintraf.

Die junge nunmehrige Königin war im Hause ihres Vaters kunstsinnig erzogen worden; sie hatte auch wiederholt die neuerworbenen drei antiken Frauengestalten gesehen, die im Pavillon des großen Gartens im Museum von Dresden aufgestellt waren. Als sie nun nach Neapel kam und zu Portici die übrigen, von d'Elboeuf zutage geförderten Dinge erblickte, da drang sie in ihren Gemahl, doch zuzusehen, ob er nicht noch weitere solche finden könne. Da dies auch mit den Wünschen des Königs übereinstimmte, und der Vesuv nach dem Großausbruch im Mai 1737 nun schon fast anderthalb Jahre völlig untätig war, beschloß der Monarch ernstlich, wieder Ausgrabungen zu versuchen. Er gab am 22. Oktober des Jahres 1738 den Befehl, neue Nachforschungen dort anzustellen, wo der General Prinz d'Elboeuf gegraben und seine Statuen gefunden hatte. Dies war freilich sehr schwierig, lagen doch die betreffenden Gegenstände fünfzehn bis zwanzig Meter tief unter steinhart gewordenem Schlamm, und war es doch auch d'Elboeuf nur mit Mühe und unter großen Kosten gelungen, da auf gut Glück enge und niedere Gänge vorzutreiben.

Der König beriet sich mit dem Cavaliere Rocco Gioacchino de Alcubierre, einem aus Spanien mitgebrachten Ingenieur, ursprünglich Feldmesser, den der Monarch zum Obersten und Befehlshaber der neapolitanischen Genietruppe gemacht hatte. Der Mann erklärte, es sei durchaus möglich, solche

Nachgrabungen zu machen, obwohl dabei große Schwierigkeiten zu gewärtigen wären. Man konnte ja auch nicht viel anderes tun, als mit natürlich etwas größeren Mitteln und mehr Arbeitern als jener Privatmann durch Gänge und Löcher ins Blinde hinein weiterzuarbeiten. Dabei war zu bedenken, daß oberhalb die Häuser von Resina standen; man glaubte also, um diese nicht zu gefährden, die vorgetriebenen Hohlräume nach Durchsuchung wieder mit Erde und Steinen füllen zu müssen. Denn wenn irgendwo etwas zusammenstürzte und ein Wohngebäude beschädigt wurde, hatte man es mit ungezählten Klagen und Schadenersatzforderungen zu tun.

So ging man also daran, sich durch den vom Prinzen d'Elboeuf entdeckten Brunnen, dessen Wasserspiegel etwa zweiundzwanzig Meter unter dem bewohnten Gebiet von Resina lag, sowohl mit der Spitzhacke wie mit Sprengungen von Pulverminen vorzuarbeiten. Und es dauerte auch nicht lange, da wurden zwei Bruchstücke von überlebensgroßen Pferden aus Bronze gefunden. Sofort meldete man dies dem Marchese Don Marcello Venuti, einem Humanisten aus Toskana, dem der König die Leitung der Bibliothek seines Palastes in Neapel und auch die Aufstellung der prachtvollen Kunstschätze anvertraut hatte, die er durch seine Mutter Elisabeth Farnese nach dem Erlöschen des Mannesstammes ihrer Familie geerbt hatte. Sofort begab sich der Marchese an den Fundort, wo man inzwischen riesige Marmorbildwerke von zwei mit einer Toga bekleideten Römern gefunden hatte, von denen eines die Gesichtszüge Kaiser Augustus' trug. Es folgten bemalte, mit Stuck überzogene Säulen aus Ziegelsteinen, endlich eine vollständig erhaltene, in schönstem Marmor ausgeführte dritte Männerstatue in einer Toga. Venuti begleitete das Königspaar an Ort und Stelle und freute sich an dessen Begeisterung über die zutage tretenden Gegenstände. Der Marchese ließ sich vor den Augen seines Herrschers in die Hohlgänge hinab und bemerkte, daß man eben im Begriff sei, eine vielstufige Stiege aufzudecken. Aus der Form der gesamten Bauanlage schloß er, daß es sich um eine Schaubühne oder ein Amphitheater handeln könnte. Nachdem man noch Kopf und Rumpf eines Bronzepferdes gefunden hatte, stieß man am 11. Dezember 1738 auf die Bruchstücke einer Inschrift, aus der zu ersehen war, daß Lucius Annius Mammianus Rufus das THEATRUM aus eigenem erbaut habe. Damit war nun die doppelte Erkenntnis gegeben: einmal, daß es sich um ein Theater handelte, und zwar, wie sich aus dem Wortrest HERCULANEN... ergab, um jenes von Herculaneum; dann auch wer dabei Bauherr und wer Architekt gewesen war. D'Elboeuf war also bei seinen ersten Funden ahnungslos genau vor die Bühne eines Theaters gekommen, auf die dereinst die wundervoll geschmückte, als Kulisse und Hintergrund dienende Rückwand mit ihrer Marmorverkleidung und ihren zahlreichen Statuen durch den Anprall des Schlammstromes aus dem Vesuv hinabgestürzt war. Daher kamen die reichen Funde an jener Stelle. Die durch den österreichischen Kavalleriegeneral dem Prinzen Eugen geschenkten Bildwerke waren also diejenigen, die zur Auffindung Herculaneums führten. Johann Joachim Winckelmann, einer der ersten Männer, die sich mit antiken Kunstwerken gründlich wissenschaftlich beschäftigten und der damit gleichsam zum Vater der deutschen Archäologie wurde, konnte so bei der Beschreibung der in Dresden stehenden antiken Frauenstatuen mit Berechtigung sagen: »Es verdienet der Welt bekanntgemacht zu werden, daß diese drei göttlichen Stücke die ersten Spuren gezeiget zur nachfolgenden Entdeckung der unterirdischen Schätze der Stadt Herculaneum.«

So ergab sich die merkwürdige Tatsache, daß dieser fast zwanzig Meter tief unter festem Gestein liegende Ort schon gefunden wurde, während die Lage des viel weniger tief und unter leichteren Lapilli und Aschensand begrabenen Pompeji immer noch ein großes Fragezeichen blieb. Dies hing allerdings auch mit der Tatsache zusammen, daß oberhalb Herculaneums eine auf Brunnenwasser angewiesene Ortschaft lag.

Nun ging Alcubierre, der spanische Ingenieur des Königs, an die Arbeit; am Anfang stellte er etwa zwanzig Mann an, die die schon vorhandenen antiken und d'Elboeufschen Gänge und Höhlungen erweiterten und ausbauten. Und wirklich, man hatte Glück und fand gleich Bruchstücke eines Streitwagens und weitere von Bronzepferden, die offenbar einer Quadriga angehört hatten. Nach ihrer Lage schien es, als ob dieses eherne Viergespann nicht dem Theater entstammte, sondern ein nahegelegenes anderes Gebäude gekrönt haben mochte und nur mit dem Schlammstrom hierher gelangt war. Auch sonstige Bronzegegenstände und Bildwerke wurden gefunden, und der König hatte seine herzliche Freude daran.

Schon waren Teile von achtzehn Sitzreihen des Theaters festgestellt; da stieß man auf einzelne herrliche Bronzestatuen. Eine davon war ganz gewaltig groß, und man glaubte, sie stelle den Kaiser Titus Vespasianus dar. Das Bildwerk war innen mit Blei ausgegossen und daher so schwer, daß selbst zwölf Männer es in dem beengten Raum nicht fortbewegen konnten. Da so viele Bruchstücke von zerbrochenen Kunstwerken gefunden wurden, beauftragte man einen sonst nicht allzu berühmten Bildhauer namens Joseph Canart mit der Wiederherstellung dieser Gegenstände. Das erste, was er tat, war, die besterhaltenen Statuen usw. glänzend zu putzen und damit die antike Patina von den Bronzen zu entfernen. Da sich ungemein zahlreiche abgebrochene Teile fanden und Canart vor der Fülle der nötigen Zusammensetzungsarbeit erschrak, ließ er Bronzefragmente einfach einschmelzen. Ja er befahl sogar, aus dem Torso des Quadrigaführers, den er als nicht wiederherstellbar bezeichnete, große Medaillons mit den Bildnissen des Königs und der Königin, Heiligenstatuen sowie prunkvolle Leuchter für die Schloßkapelle zu gießen, bis ihm das Herrscherpaar selbst das Handwerk legte. Schon aber war sehr vieles auf solche und ähnliche Weise zugrunde gegangen.

Die Aufdeckungsarbeiten, oder besser gesagt die Höhlengrabungen gingen indes weiter und wurden am 21. Mai 1739 von einem besonders schönen Erfolg gekrönt. Man grub nämlich unweit der Stelle, wo man die Quadrigareste gefunden hatte, eine wundervolle, überlebensgroße Reiterstatue aus Bronze aus, die eine Inschrift als jene des Marcus Nonius Balbus bezeichnete, einer der vornehmsten Männer des antiken Herculaneum, der dereinst Statthalter in Kreta und Afrika gewesen war. Alcubierre war sich nicht ganz klar, was das für ein Gebäude war und wußte auch nicht genau, an welcher Stelle man dieses herrliche Bildwerk gefunden hatte. Aber das war gleichgültig, sein Herrscher hatte eine unbändige Freude daran, und das Reiterbild wurde sogleich im Hofe der nahen königlichen Villa in Portici aufgestellt.

Da der Monarch bestrebt war, seine Ausgrabungserfolge möglichst geheimzuhalten, niemand außer den von ihm dazu Bestellten die Dinge zeichnen durfte und auch niemand darüber etwas schreiben konnte, so gelang es nur einigen wenigen bevorzugten Zeitgenossen, die Schätze würdigen zu können. Dazu gehörte auch der Kardinal Quirini, der kunstsinnige Vorsteher der Vatikanischen Sammlungen und Bibliothek, der sofort erklärte, es sei die prachtvollste Reiterstatue der Antike, die bisher bekannt wäre, viel schöner und selbst besser gemacht als jene des Kaisers Antoninus am Kapitol, für das er damals das jetzt als Marc Aurel erkannte Bildwerk hielt. In dem Augenblick, da die Gänge nun auch schon in, dem Theater nahegelegene, antike Häuser und Wohnungen vordrangen, fand man nun im Juli und August 1739 anmutige Wandmalereien, die meistens Szenen aus der Götterwelt und den griechischen Sagen darstellten.

Entzückt schrieb Marchese Venuti über diese Gemälde einem gelehrten Freunde: »Bei den Ausgrabungen nächst Neapel hat sich die schönste Sache der Welt gefunden. Eine bemalte Wand mit Figuren in Naturgröße, herrlich und auf das Lebenswahrste gemalt, viel schöner als die Werke Raffaels[40]!« Es handelte sich da um das Bild des Theseus mit dem erlegten Minotaurus

144

zu seinen Füßen, den Kinder und Frauen umstehen, die dem Helden zum Dank Hände und Knie küssen. Bis zu diesem Zeitpunkt waren schon etwa vierzig solche Malereien gefunden worden. Man löste sie ab, schaffte sie aus den Höhlen heraus und brachte sie in die königliche Villa nach Portici, die zur Aufnahme all der Funde bereits einen Anbau, also schon ein eigentliches Museum besaß. Nun überzog man die Gemälde mit einer Art Firnis, den ein gewisser Morriconi angeraten hatte, um sie vor dem Verblassen und Abblättern zu schützen, gab ihnen Glas und Rahmen und schuf so eine Art antiker Bildergalerie. In einzelnen Fällen aber zeigte sich, daß der Firnis die Farben an sich zog und endlich mit diesen trocken herabfiel, wodurch einige der schönsten Stücke zugrunde gingen. Das kränkte den König sehr, der mit größter Freude seine antiken Sammlungen wachsen sah; er entließ Morriconi, vermochte aber den Schaden nicht mehr zu beheben[41]. Um in Zukunft wenigstens in solchen Fällen ein Abbild von den Funden zu haben, entschloß sich der Monarch, von nun an alle zutage tretenden antiken Malereien abzeichnen zu lassen.

Auch die Königin war entzückt über all die herrlichen Dinge. Einmal fand man ein wunderschönes Schmuckstück mit einem Smaragd, der in der Mitte einen blutroten Fleck besaß; er wurde der Herrscherin gebracht, die ein Bild des Vesuv gemmenartig einschneiden und dahinter eine Inschrift anbringen ließ, die der in Neapel sehr berühmte Professor der griechischen Literatur und Archäologie Abbate Giacopo Martorelli, ein ebenso eitler wie vielgeschäftiger und umständlich schreibseliger, aber fleißiger Mann verfaßt hatte. Die Inschrift wies darauf hin, daß dieser Stein aus den dereinst vom feuerspeienden Vesuv begrabenen römischen Ortschaften stamme. So naiv und archäologisch ungebildet der Hof der ganzen Sache gegenüberstand, ebenso eifersüchtig wahrte man sich das alleinige Vorrecht, Ausgrabungen zu veranstalten. Man war da sehr streng, es konnte kaum jemand eine größere Grube machen, ohne sogleich in den Verdacht zu kommen, unerlaubte Arbeiten vorzunehmen, was sofort mit schwerer Strafe geahndet wurde. Ohne ausdrücklichen königlichen Befehl durfte niemand, nicht einmal ein Arbeiter, irgend etwas Gefundenes abmalen oder sich schriftliche Aufzeichnungen darüber machen.

Der Monarch merkte bald, daß der mit der Leitung der Arbeiten beauftragte Alcubierre wohl vom Technischen einiges verstand, daß seine wissenschaftlichen Kenntnisse aber völlig unzureichend waren; er war Ingenieur und kein Archäologe, Techniker aber kein Philologe. So entstanden die größten Fehler; auf Inschriften zum Beispiel wurde gar kein Gewicht gelegt; einmal nahm man riesige Metallbuchstaben einer solchen herab und warf sie wahllos in einen Korb, bevor man den Text auch nur gelesen hatte. Der König sah ein, da müsse Abhilfe geschaffen und dem Ingenieur eine wissenschaftliche Leuchte an die Seite gestellt werden, welche die Funde entsprechend auswerten, behandeln und beschreiben könnte. Er wandte sich an seinen leitenden Minister, den Grafen Fogliani, und da wollte es der unglückliche Zufall, daß dieser damals einem Vetter einen guten Posten verschaffen wollte. Der betreffende Verwandte war Monsignore Ottavio Antonio Bayardi aus Parma, der wohl im Rufe hoher Gelehrsamkeit stand, in Wirklichkeit aber ein verschrobener, unklarer Kopf und aufgeblasener, dünkelhafter Vielschreiber war. Der kleine, verhutzelte, kranke und alte Gelehrte behauptete von sich, er habe vierzig Bände einer Arbeit zur Regelung der Chronologie der Kirchengeschichte druckfertig liegen. Das bezeichnete blitzartig seine Arbeitsweise; aber davon erfuhr der König zunächst nichts. Er nahm den empfohlenen Mann, der sich wohl das Museum in Portici ansah, aber behauptete, sein Asthma hindere ihn, bei den Grabungen selbst anwesend zu sein. Bayardi machte die größten Fehler in der Beschreibung der gefundenen Dinge. Hellenische Bronzeköpfe erklärte er für römisch, wie er auch tausend andere Irrtümer beging. Der Herrscher aber wollte dem neugierigen Publikum irgend etwas bieten und drängte ihn, eine Darstellung der Funde zu geben. Was aber tat Bayardi? Er vergrub sich in Bücher, schrieb und schrieb, und erklärte, er brauche noch eine Anzahl von Jahren und vielleicht noch mehr für seine Einleitungen. Doch wegbringen konnte man den weitschweifigen Mann nicht, denn immer noch war der mächtige Verwandte Minister.

Nach den ersten geglückten Funden in Herculaneum machten sich die Schwierigkeiten der Grabungen in den steinharten Laven stark fühlbar. Die Richtung, in die die Gänge vorgetrieben wurden, war keine glückliche und die Ergebnisse daher sehr schmal. Aber schon hatte der Monarch sich durch das bisher zutage geschaffte, reiche Material in wenigen Jahren ein ganz prachtvolles Museum einrichten können, wie es kein anderer Herrscher Europas in solcher Fülle besaß. Schon waren auch im königlichen Palast in Neapel Loggien erbaut worden, die antike Kunstwerke aufnehmen sollten, und man dachte bereits daran, überhaupt ein neues Gebäude zu bestimmen, das nicht nur die Farnesischen Kostbarkeiten, sondern auch die Herculaner Funde aufnehmen sollte.

Um 1745 schienen die Grabungen dort auf einem toten Punkt angelangt zu sein. Die Ergebnisse waren karg geworden, überdies befürchtete man damals einen neuen Einfall kaiserlicher Truppen und den Versuch, Neapel wieder habsburgisch zu machen, wozu es aber nicht kam. Auf jeden Fall ließ Alcubierre die Arbeiten unterbrechen und sann darüber nach, wie und an welcher Stelle er neue Ausgrabungen vornehmen könnte, die womöglich geringere Schwierigkeiten bieten sollten als die bisherigen. Nun lebten damals in Neapel zwei Männer, die in dem Rufe höchster Gelehrsamkeit standen. Es waren dies ein Kanonikus Alexius Mazzocchi, ein Philologe, der sich auch mit griechischen Altertümern befaßte, und der schon genannte Martorelli, den eine wahre Leidenschaft für die herculanensischen Funde ergriffen hatte. Neiderfüllt mußte dieser zusehen, daß ein Nichtneapolitaner wie Bayardi für eine ganz unbrauchbare Arbeit schwere Dukaten einsteckte, während er, der heimische Gelehrte, förmlich spionieren mußte, um etwas von den Funden zu sehen und sich nur unter Gefahr für seine Freizeit Notizen darüber machen konnte.

Freilich, auch er war sehr schwerfällig und weitschweifig in seiner Arbeit, aber er lebte seit jeher an Ort und Stelle, und nun, da Herculaneum entdeckt war, fieberte er in dem Gedanken, auch Pompeji zu finden. Eben wieder war die Nachricht gekommen, daß auf dem Civita genannten Hügel Landarbeiter beim Bebauen des Bodens dort und da neuerdings auf Mauerreste gestoßen waren. Auch von kleineren Funden, wie einem bronzenen Dreifuß, einem Priap usw., hörte man, und im Februar 1748 erklärte Martorelli, die alten Meinungen Pellegrinos und anderer neu aufnehmend, er sei überzeugt, dort liege Pompeji begraben. Sein Kollege Mazzocchi, obwohl wissenschaftlicher Nebenbuhler und dem Martorelli spinnefeind, war der gleichen Ansicht. Den beiden schloß sich der Ingenieur-Oberst Alcubierre zwar nicht an, er glaubte eher, es handle sich um Stabiae, aber daß unter Civita etwas begraben lag, darüber gab es auch für ihn keinen Zweifel. So ging er eines Märztages 1748 zu den bezeichneten Fundstätten nächst dem Sarnokanal und kam nach dieser Untersuchung zu dem grundlegenden Entschluß, dem König vorzuschlagen, das in letzter Zeit immer schwieriger gewordene und dabei nur geringe Ausbeute liefernde Graben bei Herculaneum einzustellen und einmal zu versuchen, ernstlich auf dem Gebiet von Civita zu arbeiten. Der Monarch war einverstanden, und es erging tatsächlich am 23. März 1748 der dahingehende Befehl.

So wurde hier die Suche am 1. April 1748 mit zwölf Arbeitern begonnen, und zwar an einem, wie sich später herausstellte, sehr glücklichen Punkte[42]. Aber noch ahnte man trotz der sofort aufgefundenen Häuserteile nicht, daß man sich mitten in einer Stadt befinde; man hielt diese Mauern noch immer für jene einzelnstehender Gebäude, schüttete sie stets nach ihrer

Durchsuchung auf Gegenstände, die man ins Museum schaffen konnte, wieder zu und begann, anderswo zu graben.

Indessen war die Zahl der Arbeiter vermehrt worden. Alcubierre hatte einen Befehl an den Bürgermeister von Torre d'Annunziata durchgesetzt, wonach die bei den Grabungen Beschäftigten in den Häusern dieser Ortschaft wohnen konnten. Am 6. April waren es schon vierundzwanzig Leute, darunter zwölf mit Zwangsarbeit bestrafte Zuchthäusler. Am selben Tage fand man die erste große und wunderschöne Wandmalerei. Augenblicklich wurde Joseph Canart herbeigerufen, der sie aus der Wand herausschnitt und in sein Atelier nach Portici bringen ließ. Es waren farbige Girlanden von Obst, Blüten und Weinlaub, die offenbar ein Speisezimmer geschmückt hatten. Man fand auch einen altrömischen Helm, Öllampen, Münzen und dergleichen.

Am 19. April 1748 stieß man auf den ersten Toten, das Skelett eines am Boden liegenden Mannes, dessen Händen eine Anzahl Gold- und Silbermünzen aus der Zeit Neros und Vespasianus entglitten waren. Es handelte sich ohne Zweifel um die antike Leiche eines Pompejaners, der beim Ausbruch des Vesuv mit seiner geringen Habe an Geld hatte fliehen wollen.

Nun grub man mit verdoppeltem Eifer weiter. Neugierde und Beutegier bei völliger Planlosigkeit waren die vornehmlichen Beweggründe dabei. So kam es, daß man bald dort und bald da zu graben begann, sprunghaft und unstet, alles dem Glück und dem Zufall anheimstellend. Dann ließ man die Arbeiten an dem so günstigen Punkt, wo man sie begonnen hatte, wieder stehen und wandte sich im November des Jahres 1748 plötzlich der Gegend des Amphitheaters zu, wo die ovale Senkung, die sich dort im Gelände zeigte, auch von außen auf die Vermutung hinwies, hier liege ein großes Gebäude. Aber auch da deckte man nur einzelne Teile der Sitzreihen auf und erkannte mehr oder weniger, daß es sich um ein Amphitheater handeln müsse. Weil Alcubierre immer noch im Wahne stand, Stabiae aufzudecken, nannte er das Gebäude »Teatro Stabiano«.

Nach wie vor aber suchte man hauptsächlich nach Gold- und Silbergegenständen sowie Bronzestatuen und fand solche natürlich im Zuschauerraum, auf den man zunächst gestoßen war, nicht vor. So ließ man die Grabungen auch hier wieder stehen, wandte sich nach Westen und grub blind, schon außerhalb der Stadt, in der Gegend vor dem Herculaner Tor. Dort hatte man das Glück, eine Villa aufzudecken, von der man ganz unberechtigterweise behauptete, sie hätte Cicero gehört und die entzückende Wandmalereien enthielt: acht gleichsam fliegende Bacchantinnen in wallen-

Im Haus der Vier Stile (I 8,11) wurde die Elfenbeinstatuette der Lakshmi, der indischen Liebesgöttin, gefunden. Sie zeigt die weitreichenden kulturellen und merkantilen Beziehungen Pompejis (Zustand bei der Auffindung).

Doppelbildnis des Terentius Neo und seiner Frau in seinem Haus (VII 2,6) in Pompeji. Der Mann hält eine Schriftrolle, vielleicht einen Vertrag, die Frau Schreibtäfelchen und Griffel, wohl zur Aufzeichnung von Ausgaben im Haushalt.

den Gewändern, eine Gruppe von Kentauren und Faunen, die auf einem Seile spielen und das Gleichgewicht zu halten suchen. Nachdem auch hier die Fresken ausgeschnitten und die wenigen Gegenstände aus Bronze und Metall geborgen waren, schüttete man das Haus wieder zu. Bis zum heutigen Tage ist nicht mehr ganz klar, wo die genaue Fundstätte dieser reizenden Bilder gewesen sein mag. Diese Bacchantinnen, die kunstvolle mimische Tänze ausführen, wie sie im Altertum viel gepriesen waren, lösten das höchste Entzücken des Königs aus, und er ließ sie gleich in Kupfer stechen, wobei allerdings die zarten und schönen Farben nicht zum Ausdruck kamen. Zuerst noch geheimgehalten, erregten die Abbildungen im Augenblick, da die Stiche an die Öffentlichkeit kamen, ungeheures Aufsehen in der ganzen Welt.

Damit hatte das Jahr 1749 sehr vielverheißend begonnen, aber die weiteren Arbeiten förderten nur Mauerreste zutage, die erhofften Gold- und Silberschätze blieben so sehr aus, daß Alcubierre wieder an der Bedeutung der Funde zu zweifeln begann und eines Tages sogar erklärte, die Grabungen bei Civita seien »nunmehr schon fruchtlos« und es sei besser, wieder an anderen Orten, bei Pozzuoli, Sorrent usw., zu suchen. Aber noch arbeitete ein dem Alcubierre beigegebener Schweizer Architekt Karl Weber, ein außerordentlich vernünftiger und fleißiger Mann, dort weiter. Das geschah so bis Ende September 1750, da jedoch auch er nichts Besonderes fand, ließ man zeitweilig die Arbeiten nächst Civita gänzlich auf und dachte daran, sich wieder jenen seinerzeit unterbrochenen Versuchen zuzuwenden, Herculaneum auszugraben. Weber hatte zunächst wohl fleißig, aber auch nicht viel anders gesucht als sein Vorgesetzter. Er hatte erst Erfahrungen gesammelt und war bestrebt, sich über eine wissenschaftlichere und überlegtere Grabungsart klarzuwerden. Alcubierre zeigte sich in gewissem Sinne zufrieden, daß Weber anfangs auch nicht viel mehr Erfolg hatte, denn der Spanier war eifersüchtig bestrebt, vor dem König als alleiniger Aufdecker und Finder der wertvollen Dinge zu gelten. Doch eines Tages kam die Nachricht, man habe unweit Herculaneum und der ersten dortigen Fundstätten, nächst den Gemüsegärten der Augustinermönche westlich von Resina, Mauern und Säulen ausgegraben, die offenbar einem sehr großen Gebäude angehörten. Dieses war wieder gelegentlich einer Brunnengrabung zutage getreten, die sowohl die 1631 herabgeflossene Lava als auch die Schlammassen vom Jahre 79 n. Chr. hatte durchstoßen müssen. Dabei war man auf eine halbkreisförmige Veranda gekommen, die mit einem wertvollen eingelegten Fußboden aus farbigem Marmor geschmückt war. Dergleichen ließen sich nur in sehr reichen Häusern vorfinden.

Ingenieur Karl Weber, der indessen seine Tätigkeit wieder nach Herculaneum verlegte und dem seit 1750 für zwölf Dukaten monatlich die »Unteraufsicht und das Befahren der unterirdischen Orte und Grüfte« übertragen war, hatte eben die erste, sehr vernünftige Maßnahme, das Aufstellen eines Planes und Grundrisses der bisher angelegten Gänge und Gebäude beendet und einen Entwurf zum völligen Aufdecken des Theaters verfaßt. Bald gelang es ihm, dessen Bühne weiter zu erforschen. Doch war das Arbeiten nicht leicht für ihn angesichts seines eifersüchtigen Vorgesetzten, der zum Beispiel die neuangelegten Stützpfosten in den Stollen wieder entfernen ließ, worauf die befürchteten Einstürze auch prompt erfolgten.

Weber war auch gar nicht einverstanden gewesen, daß man trotz seiner Mißerfolge die Grabungen bei Civita ganz aufgegeben hatte, er war immer noch dafür, diese wieder aufzunehmen. Als aber nun die Nachricht kam, man habe bei Resina wieder einen schönen Marmorfußboden und Gebäude gefunden, da ging auch er mit Feuereifer daran, die Arbeiten dort weiterzutreiben. Und wirklich, es war förmlich ein Wunder, was da alles entdeckt wurde. Man kam plötzlich auf ein gewaltiges Peristyl mit nicht weniger als vierundsechzig Säulen, das ein großartiges Badebassin in Form eines langen Kanals enthielt. Dem Ingenieur Karl Weber gingen die Augen über, als zwischen den einzelnen Säulen allmählich eine wahre Galerie von höchsten Kunstwerken altrömischer und griechischer Meister aus Metall und Marmor zutage trat: dreizehn große Bronzestatuen, von denen neun zu den schönsten Antiken der Welt gehören, ein trunkener und ein schlafender Faun, Tänzerinnen, Kämpfer, siebenundvierzig Porträtbüsten aller Art. Mit einem Schlage war so klargeworden, daß man in diesen Gegenden unermeßliche Schätze werde aufdecken können. Was die Ausgrabenden in ihren kühnsten Träumen nicht zu erhoffen gewagt, fand sich da alles auf einem Platz vereint. Eine weit ausgedehnte Villa war es, mit prunkvollen Wohnräumen, mit Loggien und Veranden, mit Peristylen und Atrien und alles auf das reichste und schönste geschmückt. Und dazu war sie fast 1700 Jahre völlig unberührt geblieben und wies noch alles auf, was dieses Juwel eines altrömischen Landhauses dereinst im Jahre 79 n. Chr. enthielt, als die heranbrausende flüssige Schlammasse es erfüllte und begrub.

Die ersten Nachrichten von dem wunderbaren Fund erregten am Hofe von Portici große Freude. Der König vergaß fast seine tägliche Jagd und den von ihm so geliebten Fischfang auf dem Meere, wo er mit Leidenschaft, einem einfachen Matrosen gleich, arbeitete. Das Königspaar eilte an die Ausgrabungsstellen, und man zeigte ihm die herrlichen Statuen, die fortgesetzt hervorgeholt wurden. Wenn Karl III. nur einen Augenblick freie Zeit hatte, eilte er in sein Museum und besprach mit dem römischen Maler Camillo Paderni, der dort beschäftigt war, wie man die einzelnen Kunstwerke aufstellen sollte. Und die Königin, deren Kabinett an die Antiquitätengalerie in Portici stieß, weilte fast den ganzen Tag darin und empfing dort sogar die geheimsten und wichtigsten Besuche. Indessen gingen die Bergungsarbeiten in der herrlichen Villa nächst Resina weiter. Die Stilformen verschiedenster Zeitalter und Meister griechischer Plastik wurden hier in ausgezeichneten Nachbildungen aufgefunden, doch gab es selbst auch Originale, die offenbar aus Griechenland eingeführt waren. Man zerbrach sich noch den Kopf, wem diese wunderbare Villa gehört haben mochte, als in ihr am 19. Oktober 1752 ein weiterer, ganz überraschend kostbarer Fund gemacht wurde. An diesem Tage war man in ein kleines Zimmer eingedrungen; rings an den Mauern standen verkohlte Holzschränke in Mannshöhe und in der Mitte noch ein nach beiden Seiten offenes Gestell. Darinnen lagen übereinander aufgeschichtet merkwürdige runde, schwarze Dinge, die aussahen, als wären es aufgestapelte, in Formen gepreßte Kohlenstücke. Man nahm einige heraus, zerstieß und zerschlug oder zerschnitt sie, um daraufzukommen, was das eigentlich war. Sie blätterten ab, zerfielen in Staub, und man wurde nicht klug daraus. Endlich rief man Paderni, weil jemand durch Zufall auf einer dieser Rollen Schriftzüge entdeckt zu haben glaubte. Und nun war bald alles klar: diese runden, verkohlten Dinge waren nichts anderes als Papyrusrollen, die zur Römerzeit die Stelle unserer Bücher vertraten. Und da gab es eine Unzahl solcher, also stand man zweifellos förmlich vor einer Bibliothek. Die Gelehrten der ganzen Welt hofften schon, ihre kühnsten Träume könnten in Erfüllung gehen und es würden sich nun auch die verlorenen Schriften des Tacitus und Ovid, des Livius und des älteren Plinius finden. Ja, gut, aber wie nur diese Rollen entfalten? Wenn man die meisten auch nur berührte, zerfielen sie in Staub, und man konnte nur etwa das nachlesen, was auf der Außenseite ersichtlich war. Es schien einfach unmöglich, diese heiklen, übereinandergelegten und nun gänzlich verkohlten Häutchen der Papyruspflanze aufzuwickeln. Ein oder zwei der Rollen aber waren weniger verändert, und mit unendlicher Mühe gelang es, einzelne Zeilen zu lesen. Sie waren griechisch und wiesen den Namen des Epikuräers Philodemos auf, der ein Zeitgenosse Ciceros und Horaz' war. Paderni vergrub sich geradezu in dieser antiken Bibliothekskammer, und nach und nach gelang es, Hunderte, ja mehr als tausend von diesen Rollen zu bergen, deren Zahl immer noch stieg. Nun war der wissenschaftlichen Welt, zu welcher der des Lateinischen und Griechischen unkundige Direktor des Museums, Paderni, allerdings keineswegs gehörte, ein ungeheures, sowohl technisches als auch rein wissenschaftliches Problem gestellt, dem man aber vorerst völlig hilflos gegenüberstand.

Jahre gingen vorüber, ohne daß es gelang, ein Blatt aufzurollen. Paderni war noch 1754 überzeugt, dies werde niemals möglich sein, und man werde nach wie vor nur einzelne Zeilen lesbar machen können. Die meisten Versuche endeten immer nur mit der mehr oder weniger starken Zerstörung der gerade in Angriff genommenen Rolle. Da meldete sich der Kustos der Vatikanischen Bibliothek, ein Jesuit namens Antonio Piaggi, und erklärte, er habe einen Abwicklungsapparat erfunden. Der König berief ihn nach Neapel, gab ihm Gehalt und Wohnung, und nun arbeitete der Jesuit jahrzehntelang an den kostbaren Papyrusrollen.

Über die großartigen Funde nächst Herculaneum hatte man die Gegend von Civita nun fast ganz vergesssen. Vier Jahre lang war dort beinahe gar nichts geschehen; dies änderte sich erst gegen Ende 1754, als bei einem Straßenbau nahe der Südseite der Stadt neuerdings einzelne Grabstätten und antike Bauten zutage kamen. Auf das Drängen Karl Webers besichtigte Alcubierre diese an Ort und Stelle und setzte wieder ein paar Arbeiter ein. Wenn es auch nur vier oder fünf waren, die Ausgrabungen begannen von neuem und wurden von da an, außer in Kriegszeiten, bis zum heutigen Tage kaum mehr unterbrochen.

Der König, der eine steigende Freude an seinem stets wachsenden Antikenmuseum empfand, wollte endlich so etwas wie einen Katalog dazu haben. Aber der gute Bayardi, der mit der Schilderung der Ausgrabungsergebnisse betraut worden war, schrieb noch immer an seinen unzähligen Bänden der »Prodromi«, der Einführung und des Vorspruchs dafür, worin er sich in höchst gelehrten griechischen, hebräischen, arabischen und sonstigen Zitaten über die Reisen und Taten des Hercules und die mythische Herkunft der Stadt verlor, deren Fund er beschreiben sollte. Eifersüchtig war der Mann dabei bedacht, sich das alleinige Recht der Darstellung der Ausgrabungen zu sichern. Als 1748 Venuti und Gori Nachrichten darüber veröffentlichten und anders als Bayardi sogleich an den Kern der Sache, die bisher zutage getretenen Bauten und Dinge, herangingen, setzte Bayardi mit Hilfe seines allmächtigen Schützers, des Ministers Fogliani, das Verbot dieser Schriften durch! So konnte er dann mit Muße an das Verfassen weiterer »vorbereitender und einleitender« Bände gehen, die schon 1752 auf fünf mit 2677 Seiten[43] angewachsen waren, ohne daß darin, außer in der Vorrede dazu, überhaupt noch von den Funden gesprochen wurde. Man kann sich den byzantinischen, dem König plump schmeichelnden Grundzug dieser Schriften vorstellen, wenn man hört, daß dieser Bayardi das Unternehmen, Herculaneum auszugraben, als ein gewaltigeres und größeres Werk als die Taten Alexanders des Großen pries, denn während dieser seine Herrschaft nur über die Welt *ober* der Erde erstreckte, so wäre dies Karl von Bourbon darüber hinaus auch bis in ihre »Eingeweide« gelungen. Damit waren die unterirdischen Kreuz- und Quergänge gemeint, aus denen man die Statuen und sonstigen Funde aus Herculaneum heraufholte. Mit dem endlosen Wust meist gänzlich abseits liegender und unwichtiger, gelehrter Dinge wurden jene eher vernebelt als klargestellt. Der Marchese Caracciolo urteilte darüber: »Bis jetzt hat Herr Bayardi sich das Vergnügen gemacht, die Altertümer von Herculaneum unter einem noch dichteren Schleier zu begraben als der war, den die Lavamassen darübergebreitet hatten.«

Schließlich wurde es aber auch dem König zu bunt, und er verlangte sehr energisch von dem Schützling seines ersten Ministers, er solle vor der Drucklegung jedes weiteren seiner Bände unbedingt ein Verzeichnis des derzeitigen Bestandes des Museums anlegen. Da konnte nun Bayardi nicht mehr umhin, und im Jahre 1755 erschien endlich der erste, höchst umständlich abgefaßte, aber prachtvoll gedruckte und ausgestattete Katalog, der schon 738 ausgeschnittene Wandmalereien, 350 Statuen und 1647 verschiedene kleinere antike Gegenstände aufwies. Aber auch hier verfehlte der Gelehrte nicht, in der Widmung an den König förmlich, in drohendem Ton zu wiederholen, er brauche noch einige Jahre, ja vielleicht noch mehr, um seine Einleitung zur Beschreibung der Altertümer von Herculaneum fertigzustellen. Freilich, die unzähligen Malereien, die man gefunden, aber als nicht genügend gut für das Museum betrachtet, zerschlagen und vernichtet oder wieder zugeschüttet hatte, die waren nirgends verzeichnet. Sie waren ein für allemal verloren.

Noch im selben Jahre 1755 wurde indes der allmächtige Fogliani durch die Königin, die ihn haßte, gestürzt und mußte sich nach Sizilien zurückziehen. Damit war auch der Fall Bayardis gegeben, der nach Rom abging. Es war hohe Zeit, denn schon hatte man die vielfach unglaublichen Dinge, Ungeschicklichkeiten und Schäden bei den Ausgrabungen und deren Auswertung dem ebenso tief interessierten wie in Eifer für die Sache glühenden Monarchen in die Schuhe zu schieben begonnen, der natürlich nicht hinter allem her sein konnte. Ja, in Florenz hatte man schon zu behaupten gewagt, der ganze Lärm um Herculaneum sei eine neapolitanische Windbeutelei und ein großangelegter Schwindel.

Damit aber dergleichen nicht wieder vorkommen könnte und in Zukunft eine wirklich ernste und wissenschaftliche Bearbeitung der Funde gewährleistet würde, entschloß sich der König, über Antrag des Nachfolgers Foglianis, des hochbegabten Toskaners Bernardo Tanucci, eines früheren Universitätsprofessors, am 13. Dezember 1755 die sogenannte »Herculanensische Akademie« zu gründen, die alle Gelehrten Neapels umfassen sollte, die sich für Altertümer interessierten und in der antiken Literatur bewandert waren. Wer aber war immer noch unter den fünfzehn ersten Mitgliedern? Der gerade glücklich verabschiedete Bayardi, doch starb er kurz nach seiner Ernennung. Sonst wurden neben einigen vornehmen Sammlern, humanistisch gebildeten Rechtsgelehrten und Münzliebhabern nur sehr wenige Archäologen Mitglieder, denn damals waren die Vertreter dieser Wissenschaft noch sehr dünn gesät. Mazzocchi war der hervorragendste unter ihnen, und dem Martorelli, der auch eine Zugehörigkeit zur Akademie anstrebte, geschah es gerade im Jahre 1756, daß er in einem zweibändigen Buch von 652 Seiten hauptsächlich über ein vor zehn Jahren ausgegrabenes antikes Tintenfaß nachzuweisen suchte, Griechen und Römer hätten keine Buchrollen, sondern viereckige Bücher wie unsere heutigen im Gebrauch gehabt. Und dies, obwohl man doch schon vor drei Jahren in der Villa nächst Herculaneum eine ganze Bibliothek verkohlter Schriftrollen gefunden und Martorelli sie auch gesehen und untersucht hatte! Zudem entwickelte er da weitläufig, welche Folgerungen für den griechischen Ursprung Neapels aus diesem Tintenfaß gezogen werden könnten.

Die Gründung der Akademie war gut gemeint, aber ihre Zusammensetzung machte sie von Haus aus zu einer toten Geburt. Es wurde in eifriger Wechselrede hin- und hergesprochen, man befehdete sich eifersüchtig und intrigierte gegeneinander, man verlor sich in allen möglichen gelehrten, nicht zur Sache gehörenden Gegenständen, und das Wesentliche, der Kern des Ganzen, blieb vernachlässigt. Das größte Verdienst der Akademie war, daß nun etwas eifriger in der Gegend von Civita gegraben wurde, wofür einzelne Mitglieder, wie Mazzocchi, warm eingetreten waren. Es gelang so im Juni 1755, die Villa der Julia Felix mit zahlreichen Statuen zutage zu schaffen, wobei nicht nur schöne Wandmalereien ägyptischer Gottheiten, sondern auch reizende Darstellungen der Musen sowie auch der berühmte Dreifuß gefunden wurden, der von bronzenen Satyrn gehalten wird. Auf die Art und Weise der Ausgrabungen aber nahm die Herculanensische Akademie nicht den geringsten Einfluß; man zerstörte auch weiter zahlreiche Wandbilder, legte gar keinen Wert auf Architektur und schüttete die Häuserreste wieder zu, nachdem man alles regelrecht ausgeraubt hatte[44]. Auch die Veröffentlichungen, welche die Akademie als Nachfolgerin Bayardis herausgeben sollte, kamen nicht weiter, weil jedes Mitglied etwas anderes wollte, bis endlich einer allein, der alte Francesco Valetta, die Sache in die Hand nahm, die wichtigsten bisher gefundenen Malereien zeichnen ließ und sie im Jahre 1757 in einem Folioband unter dem Titel »Die Altertümer von Herculaneum« in der königlichen Druckerei veröffentlichte. Mit diesem ersten Band, dessen Herausgabe dem Monarchen 12000 Dukaten kostete, war immerhin ein Anfang gemacht, um der Welt die Ergebnisse der großartigen Entdeckungen zu vermitteln.

Ein besonderes Schmerzenskind war die so notwendige Entzifferung der Papyrusrollen, aber auch sie kam nicht viel weiter, da sich die abenteuerliche Maschine des Mönches Piaggi zum Aufrollen dieser verkohlten Schriften wenig bewährte. Sie glich »einem Rahmen fast von der Art, wie sie die Perückenmacher zur Zubereitung der Haare haben«, war sehr behutsam zu behandeln und es gelang vorerst in vierjähriger Arbeit nur, drei Rollen völlig aufzuwickeln, während viele andere dabei gänzlich zugrunde gingen. Unendlich vorsichtig und zart wurde die verkohlte Papyrusfläche mit unbegrenzter Langsamkeit aufgerollt und von einem unterschobenen Papier aufgefangen. So legte sich die Asche auf dieses, Zeile auf Zeile kam zutage, und wenn das Glück bei dieser peinlich langwierigen Arbeit günstig war, wurde nach einem Monat ein Blatt, eine Seite gerettet. »Zuweilen kam der König und sah dem Mönch stundenlang zu, wie er die wie ein Mohnblatt dünnen, schwarzen Blätter von dem verkohlten Zylinder abschälte und so die nebeneinanderstehenden, einer normalen Buchseite entsprechenden Schriftsäulen (Kolumnen) auf den übereinandergeleimten Streifen sichtbar wurden[45].« Nach vierjähriger anhaltender Arbeit hatte man nur einen Teil (39 Kolumnen) einer philosophischen Abhandlung des Philodemos über die Musik gewonnen. So kam die Herculanensische Akademie vorerst gar nicht dazu, irgend etwas Abschließendes darüber zu veröffentlichen, aber es war schon viel, daß man jede dieser Rollen sorgfältig hervorholte und mit der Zeit über 1800 Stück davon gewann.

Die mühselige Langsamkeit, mit der aber alles gemacht wurde, was mit den Ausgrabungen zusammenhing, erweckte in der großen Öffentlichkeit, die sich über die Schwierigkeiten kein rechtes Bild machen konnte, nur Spott und Hohn. Boshaft meinte man in Neapel, der Vesuv, der seit dem Jahre

1755 wieder in eifriger Tätigkeit aus seinen berstenden Flanken Lava aus-
strömte, spucke so sehr, weil man so lange brauche, um das zu klären, was
er dereinst in nur zwei Tagen mit Energie dem Erdboden gleichgemacht
habe.

Zu dieser Zeit im Jahre 1756 kam Johann Joachim Winckelmann von Dresden nach Neapel. Dieser Mann war der nun neununddreißigjährige Sohn
eines armen Schuhflickers, der sein Kind auch zu diesem Handwerk hatte
anhalten wollen, während der Knabe unbedingt studieren und ein »Bücher-
mann« zu werden wünschte. Und wirklich gelang es ihm hauptsächlich dadurch, daß er die Kostbarkeit der Zeit schätzen lernte und jede Minute zu
tätigem Tun und Lernen ausnutzte, sich aus dem tiefsten Elend herauszu-
arbeiten und Bibliothekar zu werden. Frühzeitig hatte er sich für Überbleibsel aus der geschichtlichen Vorzeit interessiert. Schon als Schüler
pflegte er seine Kameraden zu Sandbergen vor den Toren der Stadt zu
führen, die Hünengräber bargen, um sie nach Urnen und sonstigen Bei-
gaben zu durchsuchen.

1755 war es ihm gelungen, mit einem königlichen Freigeld nach Rom zu
kommen. Von da an war er in seinem Element. Hier, sowie in Florenz und
Neapel erwarb er sich in den folgenden dreizehn Jahren seine vielbewun-
derte, umfassende Kenntnis der antiken Bildwerke und seine Überzeugung
vom Wesen der altgriechischen Kunst als »edle Einfalt und stille Größe«.
Nicht von der akademischen Laufbahn herkommend, hatte er für die Professoren der damaligen Zeit nichts übrig, und daher war für ihn Neapel und
das dortige Gelehrtentum sowie die Art und Weise, wie das Ausgraben und
Auswerten der Funde erfolgte, ein Gegenstand solcher Abneigung, daß
Winckelmann diese Verhältnisse scharf verurteilte und dabei oft auch über
das Ziel schoß.

In Dresden, das ja seine Fürstentochter als Königin in Neapel wußte, hatte
man durch sie und ihren Anhang mehr von den herculanischen Entdeckungen gehört als irgendwo anders, und so war man besonders neugierig,
weiteres darüber in Erfahrung zu bringen. Als man Winckelmann das königliche Freigeld für Italien gab, da war nicht der letzte Beweggrund dafür die
Absicht gewesen, durch ihn Näheres darüber zu hören. Er sollte Briefe über
die Herculaner Funde schreiben, die man dann dem geistvollen Kurprinzen
zu vermitteln wünschte, der sich besonders für Ausgrabungen interessierte.
Dazu wurden Winckelmann auch Empfehlungen an die Schwester jenes
Fürsten, die Königin von Neapel, mitgegeben. Zunächst aber hielt Rom den
Archäologen derartig gefangen, daß seine erste dort geschriebene Arbeit

»Gedanken über die Nachahmung der griechischen Malerei und Bildhauer-kunst« von herculanischen Dingen nur einiges über die seinerzeit von General d'Elboeuf dem Prinzen Eugen nach Wien gesandten drei Statuen erzählte. Da der deutsche Gelehrte darüber nur vom Hörensagen unter-richtet war, erschienen viele seiner Angaben, zum Beispiel auch das Fund-jahr, unrichtig. In Dresden wollte man zudem noch viel mehr über die herculanischen Entdeckungen hören, aber Winckelmann hatte in Rom vor-läufig nichts anderes erfahren als das wenige über jene drei Bildwerke, deren Verlust man dort noch immer nicht verschmerzen konnte.

Gegen Ende des Jahres 1757 wollte er nun seine Empfehlungen an den neapolitanischen Hof ausnutzen und einmal an Ort und Stelle sehen, was es denn mit den Schätzen aus Herculaneum und den sonstigen Funden für eine Bewandtnis habe. Aber trotz der Einführungsbriefe war es nicht so einfach, eine Audienz zu bekommen. Die Königin war ein sehr schwieriger Charakter. Herrschsüchtig bis zur Tollheit, leicht erzürnt und dann sehr heftig, behandelte sie den ganzen Hof, auch die Höchststehenden, wie Skla-ven. Selbst die vornehmsten Damen durften der Herrscherin nur kniend aufwarten. Dabei wußte die Monarchin, wie eifersüchtig ihr Gemahl auf alles war, was seine Ausgrabungen betraf, die ihm mit der Zeit mehr und mehr ans Herz gewachsen waren. Dieser Sachse da sei sicher ein Maler, der nur gekommen wäre, um in dem Museum zu spionieren, die Dinge abzu-zeichnen und so den geplanten Veröffentlichungen der königlichen Aka-demie zuvorzukommen. Es dauerte lange, bis es dem Landfremden endlich gelang, empfangen und dann auch mehrfach zur Hoftafel zugezogen zu werden; es dauerte noch länger, bis der Gelehrte endlich am 27. Februar 1758 auf sein Gesuch die Erlaubnis zum Besuch des Museums und den ersten Band der Herculanensischen Akademie über die gefundenen Malereien zum Geschenk erhielt. Aber Winckelmann mußte dabei versprechen, weder eine Zeichnung noch den kleinsten Pinselstrich an Ort und Stelle zu machen und sehr zufrieden zu sein, wenn er sich nur alles in Ruhe und Bequemlichkeit ansehen könne.

Der Archäologe entschloß sich nun, um möglichst in der Nähe des Museums von Portici zu sein, in dem dortigen Augustinerkloster Aufnahme zu er-bitten. Das gelang ihm auch mit Hilfe des Papyrusabwicklers Pater Piaggi, an den er eine Empfehlung hatte und der nun eigentlich zur Hauptquelle für den Gelehrten wurde. Denn der Mönch, der es sich nun schon seit Jahren mit dem königlichen Gehalt gut sein ließ, während er wenig leistete, wurde naturgemäß von Alcubierre, vom Museumsdirektor Paderni und überhaupt von den bei den Ausgrabungen beteiligten Leuten mehr oder weniger als ein Schmarotzer und Nichtstuer betrachtet. Er vergalt dies damit, daß er sich Winckelmann gegenüber in der abfälligsten Weise über Alcubierre, Paderni und die Art und Weise lustig machte, mit der man die gefundenen Bruchstücke antiker Statuen usw. behandelte. Piaggi beeinflußte den Gelehrten, der sich lediglich ins Museum, nicht aber an den Ort der Ausgrabungen begeben konnte, in höchst einseitiger und gehässiger Weise gegen alle daran Beteiligten. Zugegeben, es wurden große Fehler gemacht, aber sie waren angesichts der Neuartigkeit des Unternehmens und der völlig mangelnden Erfahrung mehr oder weniger entschuldbar. Winckelmann ließ sich von Piaggi auch zu stark einnehmen; er ging wohl häufig in das Museum, das ihm aber einen viel größeren Eindruck hätte machen müssen, als er dann in seinem Bericht darüber erkennen ließ. Die wunderbaren, überlebensgroßen Gestalten aus Bronze und Marmor, die Cäsarenbilder, Reiterstatuen und der Familienkreis der Balbi, die zahllosen herausgeschnittenen und zu einer einzigartigen Galerie vereinigten Wandgemälde, die in Portici geschickt eingebauten herrlichen Mosaikböden und Säulen aus kostbarem Marmor, ebenso wie die reichhaltige Sammlung von Dreifüßen, Kandelabern, Vasen, Lampen und dergleichen, festigten dabei in Winckelmann die Erkenntnis, »der Geist griechischer Kunst sei sogar den Handwerkern nicht fremd gewesen«. All das hätte aber auch zu mehr Achtung für die Ausgrabenden mahnen müssen. Denn ihnen, wie Alcubierre zum Beispiel, war die Entdeckung ganz neuer Fundstätten zu danken. Auch die leidenschaftliche Anteilnahme des Königs, der die Mittel zu allem vorstreckte, hätte entsprechend gewürdigt werden müssen. Aber Winckelmann ärgerte es berechtigterweise, daß er nichts zeichnen und aufschreiben durfte, er war ungeheuer interessiert und suchte alles zu erspähen und zu sehen. Damals durchschwirrten Gerüchte Neapel, es seien höchst schlüpfrige Darstellungen gefunden worden. Die Alten waren bei der Wiedergabe von Dingen, die wir nach unserer heutigen Anschauung als unzüchtig empfinden, unendlich viel freier. Sie sahen in den Organen der menschlichen Zeugung die Verkörperung der Kraft und Schönheit sowie den Willen der Natur, neues Leben hervorzubringen, und erblickten darin ein Glückszeichen, ein Sinnbild strotzender Gesundheit, das man gern allen sichtbar außen am Hause in Stein oder Marmor aufpflanzte. Malereien zeigten Paare im Liebesakt, ja einmal wurde sogar ein künstlerisch prachtvoll gemachtes Marmorbildwerk ausgegraben, das darstellt, wie ein Satyr sich an einer Ziege vergeht; es wurde sofort nach der Auffindung nach Caserta an den

Hof gesandt. Der Monarch überwies es mit dem strengsten eigenhändigen Befehl, es niemandem zugänglich zu machen, unverzüglich und verschlossen dem königlichen Bildhauer in Portici, Joseph Canart, zur gesonderten Aufbewahrung. Obwohl Winckelmann Aufseher bestach, die ihm sonst so manches zeigten, was der Herrscher noch geheimgehalten wissen wollte, solche Dinge erhielt auch er nicht zu sehen. Der Gelehrte verließ nun Neapel wieder und kehrte nach Rom zurück, um dort seine Erfahrungen in einem »Sendschreiben« zusammenzustellen.

Indes lieferte die Villa, wo die Papyri gefunden wurden, immer noch weiter kostbare Kunstwerke, so den ruhenden Merkur, der heute eines der herrlichsten antiken Stücke ist, die überhaupt bekannt sind. Dieser Fund bildete das Entzücken des Königs und eine der letzten, noch als Herrscher von Neapel genossenen Freuden, denn am 10. August 1759 starb Ferdinand VI. von Spanien, der zeitlebens seine Regierung gänzlich den Ministern hatte überlassen müssen, da er unheilbarem Blödsinn verfallen war. Der nächste Anwärter war Karl III., sein Stiefbruder und Herr von Neapel und Sizilien. Dieser mußte nun sein Reich verlassen, um die Regierung in Spanien anzutreten, während er seinem damals erst achtjährigen dritten Sohn das Königreich beider Sizilien überließ, wobei Minister Tanucci die Regentschaft bis zur Großjährigkeit Ferdinands IV., wie der junge König nun hieß, führen sollte. Der älteste Sohn kam nicht in Betracht, da auch er hoffnungslos blödsinnig war, der zweite war Spaniens Kronprinz. Aber auch der dritte, der jetzige junge Herr Neapels, war gegenüber gleichaltrigen Knaben stark zurückgeblieben und zeigte in früher Jugend Neigungen, die nicht sehr vielversprechend waren.

Schweren Herzens verließ Karl III. das ihm liebgewordene Königreich; er hatte seiner ausgezeichneten Veranlagung nach viel Gutes getan. Seine künstlerischen Interessen ließen ihn das prächtige Theater San Carlo in Neapel erbauen; er gründete eine Gobelinwerkstätte und die berühmte Porzellanfabrik von Capo di Monte. Und schließlich war er es, der die durch den Prinzen d'Elboeuf eröffneten Ausgrabungen wieder aufzunehmen befahl, die dann zur Entdeckung des Ortes Herculaneum mit seinen herrlichen Schätzen und den Fundstätten auf dem Civitahügel führten, von dem man allerdings immer noch nicht sicher wußte, was denn eigentlich darunter verborgen lag. Es war ja doch dem König und seinem Aufwand von jährlich 8000 bis 9000 Golddukaten für diese Arbeiten zu danken, daß die wunderbaren Dinge aus der Antike zutage getreten waren, die ein so herrliches Museum bildeten, wie kein anderer Fürst der Welt es besaß. Dabei wollte der Monarch nichts für sich behalten; genauso wie er von allen anderen verlangte, daß sie jeden Fund auf antikem Boden als kostbaren Besitz der Nation und des Staates betrachteten, ebenso sah er das Museum niemals als sein Eigentum an. Einst fand er selbst im Schutte Pompejis einen Klumpen aus Bimssteinen und Münzen, den er in seine Teile zerlegte. Er enthielt neben mehreren Geldstücken aus neronischer Zeit auch einen Goldring mit einem Karneol, den der König von da an am Finger trug und ihn gern besuchenden fürstlichen Gästen zu zeigen pflegte. Als er nun nach Spanien abging, zog er selbst diesen Ring vom Finger und hinterließ ihn dem Museum, denn er fand, daß er nicht einmal darauf ein Recht habe.

Der Vesuv war indessen tätig geblieben, und Ende des Monats September 1759 zeigten heftige Erderschütterungen einen stärkeren Ausbruch an. Das Beben hatte insbesondere die Gegend Torre del Greco, aber auch Portici mitgenommen, und sofort war in Neapel eine neuntägige öffentliche Andacht bei Ausstellung des Hauptes des heiligen Januarius anbefohlen worden. Man betete, der Vesuv, dessen Lava in den letzten Septembertagen schon das Meer erreicht hatte, möge seine Tätigkeit endlich einstellen. Am Schluß des Jahres, im Dezember, kam es noch zu einer gewaltigen Explosion, die gerade zu Weihnachten einsetzte. Vier Kilometer vom Meer entfernt entstand eine lange Spalte an dem Hang des Berges, feurige Lava ergoß sich daraus und floß auf Torre d'Annunziata zu. Der Ausbruch dauerte bis zum 7. Januar 1760, und dabei ging sehr viel oft unnötigerweise zugrunde. Denn anstatt sich selbst zu helfen, vertrauten so manche ihr Hab und Gut einfach im Gebete der Sorge eines Heiligen an. So verlor der neapolitanische Advokat Masserante seinen neuen Meierhof mit der Einrichtung, die ihn 20000 Dukaten gekostet hatte. Da die Lava nur langsam fortschritt, riet man ihm, doch die Dinge auf Wagen wegzuschaffen, er aber erwiderte: »Meine Villa enthält auch eine dem heiligen Januarius geweihte schöne Kapelle.« – »Um so mehr«, sagte man ihm, »retten Sie doch die Kelche und Bilder daraus.« Er aber antwortete: »Ich habe diesen Ort dem Heiligen geweiht, der Heilige muß ihn schützen.« Dann ging er hin und warf auch noch den Schlüssel in die glühende Lava. Und so verbrannte alles und jedes[46].

Nun nach der Abreise des Königs Karl III. hing die Fortsetzung der Arbeiten nur mehr von dem jetzigen, eigentlichen Regenten, dem Minister Tanucci ab, und er ordnete auch ihr Weiterführen an. Es waren um diese Zeit etwa vierzig Zuchthäusler bei den Ausgrabungen beschäftigt. Die Folge davon war, daß gefundene Gegenstände, insbesondere Goldmünzen, häufig nicht abgeliefert wurden und plötzlich irgendwo im Handel erschienen. Tanucci fühlte sich also veranlaßt, den Befehl zu geben, daß jeder Arbeiter, der auch nur die kleinste Sache entwende, zunächst bis aufs Blut ausgepeitscht und dann für sein ganzes Leben zu Zwangsarbeit auf die Galeeren von Malta verurteilt werde. Das dämmte für den Augenblick wenigstens die schon weit gediehenen Diebstähle ein.

Die Herculanensische Akademie aber, deren wichtigste Mitglieder inzwischen gestorben waren, schlief allmählich ein. Tanucci hatte unter der Last der Regierungsgeschäfte keine Zeit mehr, den Sitzungen beizuwohnen; diese fanden nicht mehr statt. Aber es war vielleicht gut so, denn die Sorge um die Veröffentlichungen über die herculanischen Altertümer kam so in die Hände von Tanuccis Sekretär, des fleißigen und für die Sache begeisterten Pasquale Carcani, eines Mannes, der von einem unersättlichen Lesehunger und Tätigkeitsdrang beseelt war. Er sagte von sich, Arbeit wäre ihm ein solches Lebensbedürfnis, daß er glaube, es sei ihm weniger zuwider zu sterben als eine Stunde müßig zu sitzen[47]. Er fuhr nun im Auftrag Tanuccis fort, unter der Flagge dieser, nur noch dem Namen nach bestehenden Akademie weitere Bände mit in Kupfer gestochenen Zeichnungen der gefundenen Bilder, Statuen und Gegenstände zu veröffentlichen.

Indessen war Winckelmann mit seinen Berichten fertiggeworden, und im Jahre 1762 erschien sein erstes Sendschreiben über die herculanischen Entdeckungen. Zu dieser Zeit war schon der Band der Akademie in Europa bekanntgeworden und hatte eine förmliche Mode der Antike hervorgerufen. Bronzen, Schnitzereien, Schmuckstücke, ja selbst Möbel wurden »à la Herculaneum« hergestellt, alles interessierte sich für die Funde, und daher wurde das Winckelmannsche Sendschreiben, so ungenau und leichthin es auch abgefaßt war, mit Begier gelesen, aufgenommen und über Erwarten berühmt. Winckelmann gab die ersten Nachrichten in deutscher Sprache darüber, wie d'Elboeuf den Fund von Herculaneum eingeleitet hatte und wie mühsam dessen Ausgrabung durch ausgehauene unterirdische Gänge bewerkstelligt werden mußte. Dann aber ging es gleich über die Beteiligten, insbesondere den spanischen Ingenieur Alcubierre her, der nach dem italienischen Sprichwort mit Altertümern so wenig zu tun gehabt hätte, »wie der Mond mit Krebsen«. Winckelmann glaubte auch noch, daß man unter dem Hügel Civita Stabiae entdeckt habe und kritisierte berechtigt die Langsamkeit, mit der man bei den Arbeiten zu Werke ging. Prophetisch sagte er im Jahre 1762, daß »mit solcher Schläfrigkeit noch für die Nachkommen im vierten Gliede zu graben und zu finden übrigbleiben werde«. Winckelmann erzählte auch, wie man die Teile der Pferde und des Wagenführers jener zerbrochenen Quadriga aus vergoldetem Erz behandelte, die man seit dem November 1738 fand, wie man die Trümmer nach Neapel schaffte und sie in einer Hofecke des königlichen Schlosses ablud, wo sie lange liegen blieben. Dann sprach er von den daraus gegossenen Bildern des Königspaares und von dem endlichen Befehl des Monarchen, aus den vorhandenen Teilen wenigstens eines von den einstigen Bronzepferden zusammenzugießen. Dies gelang schließlich auch, blieb aber natürlich doch eine traurige Verpfuschung der gefundenen herrlichen antiken Bruchstücke. Das so erstandene Pferd steht noch heute im Museum von Neapel.

Mit Behagen und schlecht verhehlter Schadenfreude berichtete Winckelmann weiter, wie ein Venezianer Maler, Joseph Guerra, nach dem Erscheinen des ersten Bandes der Antichità den in Herculaneum gefundenen ähnliche Malereien hergestellt habe und diese als echt und antik niemand Geringerem als dem gelehrten Jesuiten und Vorsteher des Collegio Romano in Rom zum Kauf anbot. Der vertrauensselige Mann erwarb nicht weniger als vierzig solcher falscher Malereien um schweres Geld. Winckelmann ahnte da nicht, daß auch ihm in nicht allzulanger Zeit ein solcher Streich gespielt werden sollte. Guerra, der in Rom lebte, wußte die pompejanische Manier sehr gut nachzuahmen und gab mit schlauer Miene vor, die Stücke wären heimlich aus Herculaneum entwendet. Er machte aber schließlich so riesige Fehler, stattete zum Beispiel den Epaminondas in der Schlacht von Mantinea mit einer im Mittelalter üblichen Eisenrüstung aus, daß die Sache unter dem Gelächter Roms und der Welt zutage kam. In dem alles in allem überhaupt nur 96 Seiten starken Sendschreiben Winckelmanns waren den Gemälden und Statuen nur zirka zehn Seiten gewidmet, während dank der Freundschaft mit Piaggi die Behandlung der Papyrusrollen ein Drittel der ganzen Darstellung umfaßte. Interessant war die Mitteilung, in den bisher entzifferten Teilen sei eine Abhandlung des Philodemos über Musik enthalten, in der er beweisen will, diese sei den Sitten und dem Staate schädlich. Bei allen Fehlern und der Einseitigkeit dieses Sendschreibens enthielt es doch sehr viel Bedeutsames und für die Welt ganz Neues und war deshalb besonders wichtig, weil sich niemand sonst gefunden hatte, der in verständlichen, von gelehrtem Wust freien, wenn auch auf zu wenig genaue Nachrichten gegründeten Worten darüber sprach.

Indessen waren die Arbeiten auf Wunsch Tanuccis weitergegangen. Der damals zwölfjährige König war ein auch für sein Alter zurückgebliebenes Kind, das sich in gar keiner Weise dafür interessierte. Der kaiserlichösterreichische Botschafter Graf von Neipperg meldete[48] ganz befremdliche Dinge vom neapolitanischen Hof, die vom jungen Monarchen auch für die Zukunft nicht sehr viel Ersprießliches erhoffen ließen. Der Graf klagte, dessen Erziehung und Unterricht wären unter aller Kritik. »Des Königs Wohngemächer sind nicht anders als die Zimmer der Kinder von zwei, drei Jahren mit tausenderlei läppischen Spielen und Puppenzeug, kleinen Wägen, Töpfen, Schüsseln und dergleichen angefüllt. Außer diesem kindischen Zeitvertreib ist die Jagd den Überrest des Tages beinahe seine ausschließliche Beschäftigung und der einzige Gegenstand, womit sowohl sein Ajo als andere um seine Person lebende Bediente ihn unaufhaltsam zu unterhalten beflissen sind. Um alles endlich kurz zu fassen, so scheint überhaupt diese ganze Erziehung nichts anderes als eine Unerziehung, eine vollkommene Unwissenheit und Beraubung von allem nützlichen Unterricht zum Augenmerk zu haben und die guten Eigenschaften und Gaben dieses zarten, munteren und dabei biegsamen und liebreichen Prinzen, der gewiß der glücklichsten Kultur fähig wäre, recht mit Fleiß zu ersticken.«

Bei solchen Voraussetzungen war für die Zukunft wenig zu hoffen und gewiß nicht der Boden bereitet, auf dem Interesse für die Antike und damit Eifer auch für die Ausgrabungen geweckt werden würde.

Während aber die reichen Funde des Prachtgebäudes außerhalb Herculaneums, das man sich nun »Villa dei Papiri« zu nennen gewöhnte, allmählich versiegten, waren auf dem Gebiet von Civita in letzter Zeit beträchtliche Erfolge erzielt worden. Im Jahre 1763 hatte man ein Tor mit drei Eingängen (das Herculaner) gefunden, was die Erwägung, man stehe vor einem geschlossenen Stadtgebiet, noch verstärkte. Gegen das Meer zu grabend fand man ein großes antikes Wirtshaus, das Gerippe eines Maulesels mit Bruchstücken eines Karren, riesige Mengen Hausrat, Wassereimer aus Bronze, Flaschen, Gläser und Schüsseln, Töpfe und Kasserolen. Auch fünf Skelette lagen da, von denen sich vier fest umschlungen hielten. Ein säulenumgebenes Bauwerk hielt man zunächst für ein Tempelchen, es stellte sich aber bald als das Grabmal der angesehenen Pompejaner Familie der Istacidier heraus, das sich in der Nähe der mit einer halbrunden Sitzbank versehenen letzten Liegestätte der Priesterin Mamia erhob. Man war mitten in die Gräberstraße auswärts des Herculaner Tores geraten, was man aus einer Inschrift an der Lehne jener Bank erkannte.

Mittlerweile hatte der brave Karl Weber dem Minister Tanucci verschiedene Reformvorschläge für die Ausgrabungen unterbreitet. Man möge, meinte er, nicht sprunghaft einmal da und einmal dort suchen, sondern planmäßig von einem Punkt ausgehend Schritt für Schritt und Meter für Meter erforschen. Auch trat Weber schon seit Jahren dafür ein, daß man die in letzter Zeit nicht mehr ergiebigen Arbeiten unter Resina aufgebe und sich gänzlich auf das Gebiet um Civita verlege, wo bereits eine so große Zahl von Malereien und Bauwerken gefunden worden wäre. Anfang des Jahres hatte man wundervolle figürliche Mosaiken zutage gefördert, die alles in den Schatten stellten, was selbst in Rom in dieser Art jemals ans Licht getreten war. Auch wurde Camillo Paderni sein bisheriges Handwerk gelegt, jene aufgefundenen Fresken, die er für das königliche Museum als zu geringwertig erklärte, einfach von den Wänden abhacken zu lassen. Nach wie vor interessierte sich Karl III. von Spanien auch in der Ferne für die Fortschritte, die bei den Grabungen erzielt wurden, und es war eine der Hauptsorgen Tanuccis, mit jedem nach Madrid abreisenden Kurier ausführliche Berichte und Zeichnungen darüber einzusenden.

Da wurde am 16. August 1763 eine hochwichtige Entdeckung gemacht: Man grub auf dem Gebiet von Civita eine Statue aus weißem Marmor, einen Mann in Toga, aus und in der Nähe davon einen Sockel mit der Inschrift: »Im Namen des Imperators und Cäsars Vespasianus Augustus hat der Tribun T. Suedius Clemens der Öffentlichkeit gehörige Ortsteile, die von Privaten in Besitz genommen waren,... dem Staatswesen der *Pompejaner* zurückgestellt.«

Hier also war das erstemal der schriftliche und untrügliche Beweis gegeben, die Stätte von Civita, auf der man grub, sei nichts anderes als das versunkene Pompeji. Jetzt war man sich darüber klar: es galt hier, eine ganze große Stadt aus der Tiefe zu heben, und nun erging auch der Befehl, die Gebäude, die man von nun an finden würde, nicht mehr wieder zuzuschütten. Unglücklicherweise starb im gleichen Jahre unerwartet Karl Weber, und ihn ersetzte wieder ein spanischer Genieoffizier, Francesco La Vega, der im April 1764, zu einer Zeit, da durch eine Mißernte in Neapel Lebensmittelnot herrschte, die Leitung der Arbeiten übernahm. Auch die dreißig dort beschäftigten Leute litten Hunger, und davon wurden auch ihre Leistungen sehr beeinträchtigt.

Indessen hatte es Winckelmann gewagt, trotz seines Sendschreibens, das vorerst nur in deutscher Sprache veröffentlicht worden und daher noch nicht bis nach Neapel gedrungen war, neuerdings diese Stadt und auch wieder das Museum in Portici zu besuchen, um sich frischen Stoff für eine genauere und umfassendere Schilderung in einem zweiten Sendschreiben zu beschaffen. Nur Tanucci wußte schon etwas von dem Inhalt des ersten.

Die Villa dei Misteri vor den Toren Pompejis erhebt sich auf einer Substruktion (basis villae),
die einen Garten trägt. Das große Fenster mit den modernen Holzläden gehört zum
Vorraum des Saales, an dessen Wänden der große Fries gemalt ist.

Der große Fries in der Villa dei Misteri ist die figurenreichste großformatige Malerei, die uns
aus der Antike erhalten ist. Seine Rätsel sind noch nicht befriedigend gelöst. Da außer den
Göttern nur Frauen unter den Erwachsenen erscheinen, muß die Malerei sich auf das Frauenleben
– vielleicht Hochzeit und ihre sinnbildliche Spiegelung im dionysischen Bereich – beziehen.

Die Befreiung der an den Felsen geketteten Andromeda durch Perseus war ein beliebtes Sujet der pompejanischen Malerei. Zu den schönsten Beispielen zählt das Bild aus dem Haus der Dioskuren (VI 9, 6–7), in dem man eine Kopie nach einem Bild des Malers Nikias aus dem 4. Jahrhundert v. Chr. sehen wollte (Neapel, Museo Nazionale).

Als Winckelmann in Neapel bei dem Minister vorsprach, wurde er dementsprechend höchst abweisend behandelt, wodurch jede Verbindung zwischen den beiden gänzlich abgeschnitten schien. In des Gelehrten zweitem, an Herrn Heinrich Füßli in Zürich gerichteten und 1764 erschienenen Sendschreiben war schon ausdrücklich von Pompeji die Rede und von der Inschrift, die allen Zweifel darüber zerstreute, daß es sich um diese Stadt handle. Dem war aber hinzugefügt, daß man wohl schon ein Tor, Wohnhäuser und Gräber entdeckt hätte, von einem Kapitol von Pompeji bis jetzt aber keine Spur gefunden worden sei.

Winckelmann wies aber als erster darauf hin, daß die Pompejaner nach der Verschüttung in großen Scharen wieder zurückgekehrt wären, um zu retten, was zu retten war. Dieses Sendschreiben war bedeutend weniger scharf abgefaßt als das erste und enthielt nur einige berechtigte Ausfälle gegen die königliche Akademie, die jetzt bloß mehr ein Name ohne Bedeutung war. Der Ärger Winckelmanns, seinerzeit nicht in diese aufgenommen worden zu sein, war allerdings daraus zweifellos zu ersehen. Diesmal war der Gelehrte auch an den Schauplatz der Grabungen gegangen, kroch wohl in den Gängen des unterirdischen Theaters von Herculaneum herum, merkte aber bei den Behörden Widerstände und Zurückhaltung und fühlte sich nicht mehr so wohl wie einst.

Inzwischen bereitete sich ein Sturm vor, der Winckelmanns Stellung untergraben sollte und ihm weitere Besuche Neapels zunächst gründlich verbauen mußte. Im Ausland nämlich brachte man den Nachrichten über die fabelhaften antiken Ausgrabungen höchstes Interesse entgegen. In Frankreich war es besonders Anne Claude Philippe Graf von Caylus, ein Sammler kostbarer Kunstwerke, Mäzen und Archäologe, der durch Schriften über Kunst und durch seine Radierungen nach Wandzeichnungen Raffaels, Michelangelos und Tizians berühmt war. Er fieberte nach neuen Mitteilungen über Pompeji und Herculaneum, ärgerte sich auch über die Geheimtuerei des neapolitanischen Hofes und freute sich über alles, was »der Aufmerksamkeit der Drachen entrissen würde, die jenes reiche goldene Vlies hüten«. Obwohl das Winckelmannsche Sendschreiben in einer sehr geringen Auflage verbreitet worden war, gelang es Caylus, sich ein Exemplar zu verschaffen, er übersetzte es ins Französische und ließ es drucken. Da es so manches auch gegen den neapolitanischen Hof enthielt, mit dem der Graf selbst in Gegensatz geraten war, so trat er diesem mit der Veröffentlichung ganz bewußt nahe. Die französische Ausgabe wurde sofort in Neapel bekannt und bildete den Ausgangspunkt zu einem wahren Sturm der Entrüstung gegen Winckelmann. Ja, das frühere Herrscherpaar hätte sehr wohl gewußt, warum es diesem Mann von Anfang an mit Mißtrauen entgegengetreten war. So dankte er für die ihm gegebene Erlaubnis, die Dinge zu besichtigen! Die im Sendschreiben genannten Persönlichkeiten Paderni und Piaggi waren entsetzlich bloßgestellt. Mit einem Wort, es war der Boden für ein scharfes Pasquill bereitet[49], das gegen diesen »Goten« geschrieben wurde, der, wie es darin hieß, alles aufs Wort geglaubt habe, was ihm mit geheimnisvoller Miene von »irgendeinem Schimpfer oder grabenden Galeerensklaven« aufgebunden worden war. Und da rühmte sich dieser Mann noch, bis zu Dingen vorgedrungen zu sein, die sonst jedermann verschlossen waren. Das Pasquill ging zu weit, das war gar kein Zweifel, und übersah ganz die Verdienste Winckelmanns um die Erkenntnis der Kunst der Antike. Aber die Entrüstung war andererseits auch begreiflich, wenn man noch dazu bedenkt, daß es sich um einen völlig Fremden handelte, der da gekommen war, um mit seinem Sendschreiben in das neapolitanische Wespennest hineinzufahren. »Diese Schrift«, schreibt Winckelmann im Februar 1765 über das Pasquill, »hat mir nunmehr den Weg zum Museum von Portici vorerst verschlossen.«

Noch interessanter wäre es aber für den Gelehrten gewesen, die neuen Grabungen in Pompeji zu besuchen. Am 11. August 1764 nämlich hatte man auf einer Türschwelle ein menschliches Skelett gefunden, das eine Glaskaraffe mit zwei Henkeln und ein Eisenstück unbekannten Zweckes in Händen hielt. Als man weiter suchte, kam man auf ein Gemäuer, das offenbar zu einem Theater gehörte, was klar aus Inschriften daran hervorging. Man war auf das sogenannte bedeckte, hauptsächlich für musikalische Aufführungen bestimmte Theater oder Odeon gestoßen.

Diese Erfolge brachten es mit sich, daß am 9. Februar 1765 der Befehl erging, die Arbeiten an Herculaneum unterhalb Resina gänzlich aufzugeben und alle Kräfte nunmehr auf das neugefundene Pompeji zu vereinigen. Das war um so mehr geboten, als in letzter Zeit in den Gängen und Höhlungen, in denen man in Herculaneum zu arbeiten gezwungen war, Ausdünstungen eines Erdgases fühlbar wurden, die der Gesundheit der Arbeiterschaft schadeten. Der neue Befehl und die dementsprechende Steigerung des Eifers bei den Grabungen führte auch bald zu einem bemerkenswerten Erfolg. Seit dem Dezember 1764 bewegte man sich dabei in der Nähe des Isistempels und im Juni 1765 war man auf das Haus der Göttin selbst gestoßen. Man drang in den säulenumgebenen Hof ein, und das erste, was man dort fand, waren verkohlte Reste von Feigen, Pinien, Kastanien, Nüssen, Hafer und Datteln. Als man die Kapelle aufdeckte, kamen die Isisstatue mit vergoldetem Kranz und kostbaren Armbändern und davor ein großer Altar zum Vorschein. Die Gemälde an den Wänden zeigten Ansichten in alexandrinischem Stil aus der Tier- und Pflanzenwelt des Nils; alles wies auf Ägypten hin. In einem Raum hinter der Hauptkapelle lag ein Skelett, nahe dabei ein Teller mit Fischgräten. Die Malereien in den Gemächern waren im allgemeinen gut erhalten und nur dort zerkratzt, wo sich die hier eingeschlossenen Personen verzweifelt bemüht hatten, einen Ausweg zu bahnen.

Am 20. Juli 1765 fand man die Inschrift, die besagt, daß N. Popidius N. F. Celsinus den durch das Erdbeben zusammengestürzten Tempel der Isis hatte wiedererstehen lassen. Damit war nun völlig klar, was man vor sich hatte. Alles war hier schön und bemerkenswert, die Fresken prachtvoll. Die noch auf dem Altar befindlichen Knochen des letzten Tieropfers, das Skelett des Priesters, der sich mit einer Axt Bahn brechen wollte, zeugten mit einer solch unmittelbaren und eindrucksvollen Lebendigkeit von dem plötzlichen Hereinbrechen der Katastrophe, daß selbst der junge König wieder einmal Jagd und Fischerei und seine gewohnten Kindereien hintan setzte und sich an Ort und Stelle begab, um beim Ausgraben der weiteren Teile des Isistempels, insbesondere der herrlich ausgemalten Priesterwohnung anwesend zu sein. Die Bilder waren so wunderschön, daß man augenblicklich die zu diesem Zweck bestellten Künstler beauftragte, sie nachzuzeichnen.

Zu jener Zeit waren es vornehmlich zwei Männer, die im königlichen Dienste die in Pompeji und Herculaneum ausgegrabenen Gemälde für den Monarchen abzuzeichnen hatten. Es waren dies Filippo Morghen und Giovanni Battista (oder Alvise) Casanova, der jüngere, in Dresden und Venedig ausgebildete und dann ab 1752 zehn Jahre mit dem berühmten Maler Mengs als Schüler und Hausgenosse lebende Bruder des durch seine heiklen Memoiren weltbekannten Giacomo Casanova. Giovanni Battista war einer der besten Zeichner in Rom und als solcher mit Winckelmann zur Zeit bekanntgeworden, da der Gelehrte dort in der Vatikanischen Bibliothek wirkte. Damals schuf Casanova auch ein Profilbildnis von Winckelmann und fertigte überhaupt viele Skizzen zu dessen Arbeiten und Veröffentlichungen über die Kunstwerke des Altertums an.

Da im Frühjahr des Jahres 1765 in den Häusern Pompejis, nahe dem kürzlich entdeckten Theater, so zahlreiche Fresken gefunden wurden, daß man sie nicht alle nach Neapel schaffen konnte, war es Casanova überlassen, die

schönsterhaltenen und besten Wandbilder zu bestimmen, die herausgeschnitten und zum Abtransport bereitgestellt werden sollten. Nun war er
entzückt, die prächtigen Malereien im Isistempel nachbilden zu dürfen.

Mit Winckelmann hatte er sich's indessen verdorben, nachdem er für dessen
Hauptwerke, die Monumenti antichi zahlreiche Kupfer angefertigt hatte.
Denn ebenso wie Guerra hatte Casanova im Verein mit Mengs in Neapel
drei Gemälde hergestellt, wovon eines Jupiter und Ganymed, die anderen
tanzende weibliche Figuren sowie eine Fabel darstellten. Er sandte sie dann
alle Winckelmann nach Rom mit dem Bemerken, sie wären in Pompeji von
den Wänden abgelöst worden, nachdem sie ein Fremder, der Ritter Diel von
Marsilly aus der Normandie, ein ehemaliger Leutnant der Gardegrenadiere
des Königs von Frankreich, durch Zufall gefunden hätte. Es wäre dem
Offizier nicht möglich gewesen, die Gemälde heimlich im ganzen abzuneh-
men und wegzuschaffen, und so habe er sie stückweise herausgebrochen und
diese vielen Teile versteckt nach Rom gebracht, wo man sie erst zusammen-
stellen müsse. Winckelmann war über die Gemälde begeistert und erzählte
das Märchen des Findens nebst Beschreibung der drei Malereien in seiner
»Geschichte der Kunst des Altertums« im fünften, »Von der Malerei der
alten Griechen« betitelten Stück. Er erklärte darin, besonders Ganymed sei
ein Gemälde, »desgleichen niemals noch bisher gesehen worden«. »Der
Liebling des Jupiters«, sagt Winckelmann, »ist ohne Zweifel eine der aller-
schönsten Figuren, die aus dem Altertume übrig sind und mit dem Gesichte
desselben finde ich nichts zu vergleichen; es blüht so viel Wollust auf demselben, daß dessen ganzes Leben nichts als ein Kuß zu sein scheint.«

Neben dem Beschreiben zog der Gelehrte auch noch die Folgerung, daß
eines dieser Gemälde nach den Kleidern der Figuren das älteste von allen
bekannten antiken sei. Das stand nun in seiner »Geschichte der Kunst des
Altertums« zu lesen und wurde der Welt bekannt. Als die Sache dann her-
auskam und Winckelmann damit bloßgestellt war, ergrimmte er und verzichtete auf weitere, für ihn zu leistende Arbeiten Casanovas, des »zum
Schelm gewordenen oder vielmehr dazu geborenen Zeichners«. Den größten Schaden hatte er jedoch selbst, denn er mußte nun auf die Suche nach
einem anderen gediegenen Künstler gehen. Bald darauf hatte der Gelehrte
die Genugtuung zu hören, daß Casanova, der indessen die von ihm ver-
führte Tochter eines französischen Gastwirtes aus Rom geheiratet hatte,
wegen einer Wechselfälschung verfolgt wurde und es deshalb angezeigter
fand, Neapel und Italien zu verlassen und wieder nach Dresden zurückzukehren. Er wurde dort als Professor an der Akademie der bildenden Künste

angestellt, da man in der sächsischen Hauptstadt die Geschichte mit den Wechseln in Rom nicht so ernst nahm.

Noch einmal gelang es indes Winckelmann, dem eifrigen und fleißigen Forscher, der unser Dresdner Archäologe stets gewesen war, trotz der Feindschaften, die ihm seine »Sendschreiben« eingetragen hatten, wieder nach Neapel zu gelangen. Es war nämlich mittlerweile im Jahre 1764 ein Engländer, Sir William Hamilton, dahingekommen, der weniger für Politik als für alles, was mit Kunst zusammenhing, leidenschaftliches Interesse hatte. Sir William war schlank und hager, hatte eine stark gebogene Adlernase und dunkles, schon schütteres Haar. Er war ein kluger und vornehmer Mann, der zudem durch seine Frau, die einer reichen englischen Adelsfamilie entstammte, auch über große Geldmittel verfügte. Mit Feuereifer widmete er sich nicht nur dem Studium der in Pompeji und Herculaneum ausgegrabenen Dinge, sondern suchte aller Orten, in Rom, in Neapel, wo immer etwas gefunden wurde, Antiken anzukaufen und sie in seiner Wohnung aufzustellen. Er ließ sogar trotz des bestehenden Verbots auf eigene Faust und im geheimen an verschiedenen Orten Ausgrabungen veranstalten. Aber nicht nur dies, er betrieb förmlich auch einen schwunghaften Handel mit so gefundenen Gegenständen, und es gelang ihm da auf allen Gebieten, große Erfolge zu erzielen, denn der Hof störte ihn nur wenig dabei. Sir William wußte sich mit dem jungen, spielerischen König sehr gut zu stellen, ging auf dessen Narrheiten ein und begleitete ihn auf seinen, oft den ganzen Tag währenden Jagdzügen durch dick und dünn. Mittlerweile aber brachte der Engländer unter anderem allmählich eine ganz wundervolle und kostbare antike Vasensammlung zustande.

Hamilton hörte nun von Winckelmann und seinen archäologischen Kenntnissen und lud ihn zu sich nach Neapel, weil er wollte, daß der deutsche Gelehrte ihm bei der Herausgabe eines Werkes über die antiken Vasenmalereien helfen sollte. Dieser äußerte zwar seine Bedenken wegen der Feindschaften, die er sich zugezogen, aber der Engländer meinte, er werde sich bemühen, die Sache bei Tanucci in Ordnung zu bringen. Und wirklich, als Winckelmann 1767 in Neapel eintraf, um von dort aus seine sizilianische Reise vorzubereiten, wurde er auch bei Hofe nicht so schlecht aufgenommen. Der genannte leitende Minister, auf den es ja hauptsächlich ankam, verwies ihm zwar gelegentlich eines Essens vor ausländischen Gesandten sein seinerzeitiges Benehmen und sprach von den anzüglichen Stellen in den Sendschreiben, warf ihm aber doch keinen Prügel mehr in den Weg, weil er hörte, daß der Gelehrte langsam schon Weltbedeutung zu erringen begann und er auch mit Berechtigung annahm, Winckelmann werde in Zukunft rücksichtsvoller und vorsichtiger sein. Überdies konnte sich Tanucci so dem nun seit März 1767 zum bevollmächtigten Minister ernannten Hamilton und damit Großbritannien gefällig erweisen.

So gelang es Winckelmann, auch wieder an die Ausgrabungsstellen und zu den neuesten Funden und Arbeitsstätten in Pompeji zu kommen, wo sich nun alle Bemühungen vereinigten. Eben hatte man unweit des geschlossenen Theaters, das man im Juli 1764 aufzudecken begonnen hatte, einen merkwürdig geschmückten Helm mit Eisenschirm sowie eine reich verzierte Beinschiene gefunden, wie sie auf Vasenmalereien abgebildete Gladiatoren trugen. Auch eine Menge Waffen lagen in der Nähe, und fast alle waren besonders geschmückt und mit Zierat aller Art versehen. Als man nun dort weiter nachgrub, kam man im Oktober 1766 auf ein großes Gebäude, das vor dem Theater lag und einen riesigen, mit zahllosen Säulen umgebenen Hof besaß; rundherum fanden sich eine Menge kleiner Wohnzellen. Als Winckelmann Pompeji besuchte, entdeckte man dort auch viele Menschenskelette, darunter die Leiche einer Frau, an der noch Teile ihrer sehr reichen Kleidung, ein golddurchwirktes Tuch sowie wertvolle Schmuckstücke geborgen wurden. Man fand auch in einem offenen, als Kerker benutzten Raum Fußeisen und die Skelette von vier Gefangenen, dann die Überreste eines angeschirrten Pferdes; noch nie war man bisher auf so viele Tote in einem einzigen Gebäude gestoßen.

Winckelmann war gerade dazugekommen und beteiligte sich am Rätselraten über dessen Bestimmung; die einen deuteten es als Gymnasium, die anderen als Kaserne oder Markthalle, während man heute so ziemlich überzeugt ist, daß dieser einstige Vorbau des Theaters in den Jahren vor der Verschüttung als Gladiatorenkaserne verwendet wurde. Dafür zeugen nicht nur die vielen verzierten Waffen, sondern auch Zeichnungen an Säulen und Wänden, die Darstellungen von Wettkämpfen aufweisen.

Immer noch hatte man die alte Methode ungeduldigen Umhersuchens nicht aufgegeben; kaum war man sich über die Bestimmung eines irgendwo gefundenen Gebäudes halbwegs klargeworden, da ließ man die noch lange nicht vollendete Arbeit daran stehen und grub wieder anderswo. Es war ja doch immer noch ein Schatzsuchen nach Schmuck, Gold- und Silbergegenständen.

In dieser Zeit trat der recht eigentlich für alles Verantwortliche, der mächtige, nun schon mehr als sechs Jahre fast ganz ruhige Vesuv Ende Oktober 1767 neuerdings in Tätigkeit. Es war etwa das siebenundzwanzigste Mal seit der Katastrophe, daß sich das Innere des Feuerberges in die Luft entlud. Wieder wurden Steine bis zu tausend Fuß Höhe emporgeworfen, wieder sah man die berühmte Pinie über dem Berg, aber nicht nur aus dem Krater, sondern auch aus den Seiten des Vesuv floß feurige Lava zu Tal, die sich in mehrere Ströme teilte und die Gebäude auf ihrem Weg wie Kartenhäuser zerquetschte. Dazu donnerähnliches Krachen, Lapilli- und Aschenregen, Erderschütterungen, kurz die Hölle schien losgelassen. Sir William Hamilton beobachtete diesen Ausbruch in nächster Nähe; unzählige Male war er zum Vesuv emporgestiegen, um ihn und seine Tätigkeit zu erforschen, und auch diesmal befand er sich in dem Tal zwischen der Somma und dem Bergkegel und mußte sich in vollem Lauf vor der auf den Hängen schnell herabstürzenden Lava retten. Winckelmann sah dies alles von der Stadt aus und konnte sich so aus eigener Erfahrung eine Vorstellung bilden, wie Pompeji und Herculaneum verschüttet worden waren, denn auch in Neapel regneten kleine Bimssteine »dick wie Schneeflocken, so daß die Sonne verfinstert war«. Der König mußte aus seinem Palais in Portici nach Neapel flüchten. Dort betete wieder alles in den Kirchen und veranstaltete Prozessionen zum Bild des heiligen Januarius mit der innigen Bitte, er möge doch die furchtbare Wut des Berges bändigen. Er, der Schutzgott von Neapel, und sein Wunderblut in der Flasche, das einmal hart und brüchig ist, dann aber wieder schmilzt und flüssig wird, müßten doch helfen. Ob ein chemischer Vorgang an der Veränderung des Blutes des Heiligen schuld ist oder nicht, das Volk erblickte und erblickt darin nun einmal ein Wunder und hofft, wenn dieses eintritt und das Blut flüssig wird, auch gleichzeitig alles Unglück und Ungemach aufhören zu sehen. So berichtet der schwedische Reisende Jakob Jonas Björnstähl aus jener Zeit, daß man die Arme gegen das Bild ausstreckte und ihm zuredete, »zuweilen drohet man ihm, wenn das Wunder nicht bald geschieht«. Einmal wollte der Pöbel sogar die Statue des Heiligen in das Meer werfen, falls der Vesuv sein Vernichtungswerk nicht bald einstelle. Und wirklich, es dauerte diesmal nicht lange, und Ende Oktober war der feuerspeiende Berg wieder in Ruhe.

Winckelmann aber kam nicht mehr dazu, so wie er es plante, in einem neuen Sendschreiben die letzten Funde und Ausgrabungen, die er gesehen und auch den miterlebten Ausbruch des Vesuv zu schildern. Das letztere mußte er Hamilton überlassen. Die deutschen Ausgaben der Winckelmannschen Kunstgeschichte und sonstige Erwägungen nötigten den Archäologen dazu, im Jahre 1768 eine längere Urlaubs- und Besuchsreise in seine deutsche Heimat zu unternehmen. Dann im Mai 1769 wollte er über Ancona wieder nach

Italien zurückkehren. In Triest angekommen, stieg der gutgekleidete, vornehm aussehende und auch reiche Barmittel mit sich führende Fremde in einem einfachen Gasthaus ab; in dem anstoßenden kleinen Zimmer war tags vorher ein Mensch ohne Geld und Gepäck aus Venedig eingekehrt. Unten in der Wirtsstube erkundigte sich Winckelmann beim Essen nach einer Schiffsgelegenheit nach Italien. Da mischte sich sein zufällig anwesender Zimmernachbar ins Gespräch, und so machte der Archäologe die Bekanntschaft des Fremden, der sich erbot, ihm in Triest Führer zu sein. Dieser Unbekannte war ein Italiener übelster Vergangenheit, der schon mit sechzehn Jahren als Koch in Florenz und Wien seine Herren bestahl, dann eine dreijährige Strafe im Stockhaus zu Wien verbüßt hatte und seit einiger Zeit im Verein mit einer öffentlichen Person abwechselnd in Venedig und Triest auf Gaunerstreiche ausging. Von alledem konnte Winckelmann nichts wissen, aber der Mann war auch völlig ungebildet und da ist es kaum faßlich, daß sich der Gelehrte mehrere Tage lang fast ausschließlich mit ihm abgab, mit ihm spazieren ging, ja selbst sein Abendbrot in dessen Zimmer einnahm. Dabei erzählte er ihm vieles aus seinem Leben; zum Beispiel auch von einer Audienz bei der Kaiserin Maria Theresia, bei welcher Gelegenheit ihm die Monarchin sowohl, wie der Kanzler Fürst Kaunitz zur Erinnerung große goldene und silberne Schaumünzen geschenkt hätten. Der Fremde, der schon aus der Kleidung, den Schmuckstücken und den Erzählungen des Gelehrten erkannt hatte, daß es sich um eine vornehme, vielleicht sehr reiche Persönlichkeit handle, fragte Winckelmann, ob er ihm nicht die Goldstücke der Kaiserin zeigen wolle. Auf die bejahende Antwort hin reifte in dem Verbrecher der Entschluß, sich durch einen Raubmord in den Besitz der Habseligkeiten des Fremden zu setzen. Dazu suchte er sich eine Schlinge und zu aller Sicherheit noch ein schweres Küchenmesser.
Winckelmanns Schiff ging erst am 8. Juni ab und er beschäftigte sich indes damit, Druckanweisungen für die neue Ausgabe seiner Kunstgeschichte zu schreiben. Am Abend vor der Abreise legte er Perücke, Krawatte und Oberkleider ab, setzte sich an den Schreibtisch und hatte soeben die Worte »Es soll« geschrieben, als sich plötzlich die Tür von rückwärts auftat, der Italiener hastig eintrat und Winckelmann die Schlinge um den Hals warf, um ihn zu erdrosseln. Der Gelehrte sprang auf, es kam zu einem kurzen Kampf mit dem Angreifer, der nun sein Messer gebrauchte. Winckelmann wäre es fast gelungen, den Missetäter, in dem er seinen Zimmernachbarn erkannte, zu überwältigen, da glitt er aus und fiel auf den Rücken, was dem anderen ermöglichte, seinem Opfer sechs schwere, tödliche Stiche zu versetzen.

Auf den Lärm kam ein Angestellter hinaufgeeilt, der Attentäter floh, und als der Kellner den blutenden Mann sah, eilte er ihm nicht zu Hilfe, sondern lief erschreckt davon, um einen Wundarzt zu holen. Der schwerverletzte Winckelmann schleppte sich in den ersten Stock hinab, traf ein Stubenmädchen, das beim Anblick des bleichen, blutenden Mannes gleichfalls schreckerfüllt davonlief. Auch noch anderen Leuten begegnete der Todwunde auf seinem Leidenswege die Stiege hinab, aber alles floh bei seinem Anblick zum Beichtvater, zum Arzt, weiß Gott wohin um Hilfe, bis endlich ein vernünftiger Mann kam, der sich selbst um Winckelmann bemühte, ihn bettete und einen Notverband anzulegen versuchte. Aber der unglückliche Gelehrte war zu schwer verletzt, es gelang ihm gerade noch mit schwacher Stimme einige letztwillige Verfügungen zu treffen, dann verfiel er in wenigen Stunden dem Tode. So hatte ein Verbrecher, bar jeder Sittlichkeit und Bildung, einen geistig höchststehenden Mann ermordet, der neben seinen großen Verdiensten um die Altertumskunde trotz aller Irrtümern auch der erste gewesen war, der ganz Europa Näheres über die Funde von der Entdeckung und Ausgrabung Herculaneums und Pompejis kundgetan und bekanntgemacht hatte.

6

DIE WIEDERAUFERSTEHUNG POMPEJIS
UNTER DER HERRSCHAFT KÖNIG FERDINANDS UND IM
NAPOLEONISCHEN ZWISCHENSPIEL
1770 bis 1815

Mit dem 12. Januar 1767 war der junge König Ferdinand von Bourbon, für den Tanucci bisher die Regentschaft führte, sechzehn Jahre alt geworden und hatte damit nach den Hausgesetzen die Minderjährigkeit hinter sich gebracht. Sein Vater dachte schon an seine künftige Heirat und erbat von der Kaiserin Maria Theresia in Wien die Hand einer ihrer Töchter. Da diese Herrscherin bestrebt war, für ihre zahlreichen Kinder sogenannte »établissements« zu finden, die in erster Linie den großen politischen Interessen Habsburgs entsprechen sollten, willigte sie gern ein, daß eine hiervon, und zwar die damals sechzehnjährige Erzherzogin Josepha, als Frau für den Beherrscher Neapels bestimmt werde. Dieser war damit einverstanden und verlangte nur ihr Bild, denn er hatte sie natürlich noch nie gesehen. Als der junge Fürst es erhalten hatte, meldete der Botschafter, er habe »vollkommen wahrgenommen, daß dieses Ihro Majestät das wahrhaft inniglichste Vergnügen verursachte«[50].

Für den Oktober des Jahres 1767 war die Hochzeit geplant. In diesem Monat machte sich der Vesuv von neuem bemerkbar, und eines Tages brach wieder, wie Kaunitz meldete[51], »Lava mit einem gräußlichen Geprassel und Getöse aus fünf verschiedenen Orten mitten in dem Berge hervor. Da sie sehr schleunig in wenig Stunden vielen Weg gewonnen, welcher gerade nach Portici gehet, so haben sich des Königs Majestät sowohl, als alles, was zum Hofe gehöret, ein Uhr nach Mitternacht in die Stadt geflüchtet.« Abergläubig, wie man in den höchsten Kreisen war, nahm man dies als böses Vorzeichen, und wirklich kam kurze Zeit darauf die traurige Nachricht, die Braut des Königs, Erzherzogin Josepha, sei plötzlich den Blattern erlegen. Die kaiserlichen Leibärzte hatten nämlich, obgleich Maria Theresia selbst eben erst diese schreckliche Krankheit mitgemacht hatte, dem damals noch gänzlich neuen Verfahren des Impfens widerraten und seine Anwendung bei den Kindern der Kaiserin bisher verhindert.

Dieses Unglück änderte aber den Willen der Herrscherin nicht; noch am Todestage ihrer Tochter Josepha wies sie zugleich mit der Trauernachricht ihren Botschafter in Madrid an, König Karl nahezulegen, er solle nunmehr die Hand Charlottens, der fünfzehnjährigen Schwester Josephas, für seinen Sohn in Betracht ziehen. Zur selben Zeit ging ein ähnlicher Befehl nach Neapel. Dort war der junge Monarch nach der Meldung Kaunitzens »von selbsten gleich auf diesen Gedanken verfallen«, so daß es, wie der Botschafter meinte, »dermalen fast auf nichts als die Veränderung des Namens in denen Heyraths-Punkten und Vollmachten ankäme«[52].

König Ferdinand machte einen guten Tausch, denn die Kaiserin hatte einmal selbst von ihrer Tochter Josepha gesagt: »Ihre Gesichtszüge sind nicht einnehmend, und ihr Betragen ist es ebenso wenig«[53], während Maria Theresia von Charlotte kurz zuvor jemandem geschrieben hatte, sie gleiche ihr unter all ihren Töchtern am meisten[54]. Die Herrscherin war sich klar, daß ihr Kind dabei ein Opfer der Politik würde, denn aus den Berichten Kaunitzens wußte sie genau, wie der Mann war, den sie der Tochter bestimmte. »Ihro Majestät wissen nichts von den Geschäften«, schrieb der Graf über ihn, »Ihro Faulheit ist unbegrenzt. Der König weiß gar nicht, auf was Arth Er sich in seinen Zimmern die Zeit vertreiben könne, maßen von Lesung guter Bücher niemalen die Frage ist und Er weder die Musique, noch das Zeichnen versteht, auch kein einziges Spiel, nicht einmahl solche liebet, wo die Bewegung darzu erfordert wird. Nichts ist also, was Ihn auf eine angenehme Arth in dem inneren seines Gemachs unterhalten könnte, mithin bleibet Ihm nichts, wie die Jagd übrig, auf welche Er täglich zu gehen pfleget, es sey auch was für Wetter es wolle. Da aber auch diese Beschäftigung, so doch die einzige ist, nicht hinreichet, Ihm die Zeit zu vertreiben, so suchet Er solche von der Stund an, als Er nach Hause kommt, bis zu jener, als Er sich zu Bette leget, mit Kinder- und anderen Possen in Gesellschaft derjenigen abzukürzen, so sich um Ihn finden[55].«

Der König hörte Kaunitz, wenn er zur Audienz bei ihm erschien, oft gar nicht erst lange an, sondern kitzelte und zwickte ihn lieber so sehr, daß der Graf durch die Zimmer entlaufen mußte, und der kindische Monarch glaubte dabei, dies sei eine »gute Façon«, um den Botschafter auszuzeichnen[56].

Im März 1768 wurde dem jungen Fürsten auch eine Miniatur seiner neuen Braut geschickt, und über die Wirkung meldete Kaunitz nach Hause, daß der König »Ihro königliche Hoheit die Erzherzogin Charlotte dem Bildnisse nach, weilen Er nach solchem Sie sehr schön findet, mehr wie die höchstseelige Erzherzogin Josepha liebe, wozu denn auch noch beitraget, daß man Ihm beständig vorschwätzet, wie Ihre Majestät die zukünftige Königin sehr lebhaft und aufgeräumt wären, welches Ihm denn, da Er wiewohlen mit siebzehn Jahren noch ein pures Kind ist, sehr gefällt, weilen Er vermutet, daß Ihre Majestät die Königin auch an dem, so seinen Zeitvertreib ausmacht, gerne Antheil nehmen werden[57].«

So fand denn im April desselben Jahres in Wien per procura die Vermählung der Erzherzogin Charlotte mit dem jungen Monarchen statt. Nach der ganzen Charakteranlage der beiden Eheleute hatte die Kaiserin allen Grund zu hoffen, daß ihre, dem nunmehrigen Gemahl geistig weit überlegene Tochter auch auf die Regierung des Königreiches weit im Süden einen dem Hause Habsburg nur sehr nützlichen Einfluß werde nehmen können.

In Neapel angekommen, nahm die junge Frau den Namen Karoline an. Sie, die alles aus Pflichtbewußtsein auf sich lud, wußte nicht, was sie zu ihrem Gemahl sagen sollte. Nach den ersten Wochen ihrer Ehe schrieb sie einem Freund, nur ihr Glaube an Gott habe sie davor bewahrt, Selbstmord zu begehen. Nun strebte sie danach, sich mit ihrem Schicksal abzufinden und im Studium ihres neuen Königreiches, seiner Schönheiten und Verhältnisse Ablenkung und in rastloser Tätigkeit Herzensruhe zu finden. Sie mühte sich, ihren Mann so zu nehmen, wie er war, eben als ein noch unmündiges Kind, und zeigte im übrigen an allem Wichtigen im Lande das höchste Interesse. Schon zu Hause hatte sie viel von den prachtvollen Funden und Ausgrabungen aus antiker Zeit gehört. Zur Zeit ihres Eintreffens in Neapel stand man gerade im Begriff, das große offene Theater Pompejis freizulegen, dem bald auch die Entdeckung des kleineren geschlossenen folgte, das nun langsam an das Tageslicht trat. Die junge Königin ließ sich sofort dahin führen, setzte sich auf die Steinstufen in den kreisförmigen Sitzreihen und besuchte die Denkmäler, die in immer steigendem Maße an der Gräberstraße vor dem Herculaner Tor freigelegt wurden. Mit Begeisterung verfolgte sie jede neue Nachricht und wäre gern viel öfter an die Grabungsstätten gegangen, hätte sie nicht soviel Zeit für ihren Gemahl aufwenden müssen; er verlangte zum Beispiel von ihr, daß sie ihn auf seinen oft den ganzen Tag andauernden Jagden begleite. Da diese seine Hauptbeschäftigung bildeten, so war sie allzuhäufig gezwungen, stundenlang im Gelände zu sitzen, zu warten und auszuharren, ohne selbst Jägerin zu sein. Die ersten Briefe, die sie an ihre Vertrauten in der Heimat richtete, klangen zuweilen so besorgniserregend, daß Kaiserin Maria Theresia endlich beschloß, im April 1769 ihren damals achtundzwanzigjährigen Sohn Joseph, den Bruder der jungen Königin, der schon seit vier Jahren römisch-deutscher Kaiser und Mitregent seiner Mutter war, nach Neapel zu senden, um dort nach dem Rechten zu sehen. Der Monarch traf bald darauf über Florenz in Rom ein, wo er mit solcher Neugierde empfangen und begrüßt wurde, daß ein Gedicht darüber umging:

Zu sehen Rom, nach Rom, der Kaiser wollte gehen,
Doch hat Rom mehr an ihm, als er an Rom gesehen.

Vierzehn Tage hielt sich Joseph in der Ewigen Stadt auf, dann fuhr er weiter nach Neapel, das er nach siebenundzwanzigstündiger Wagenfahrt erreichte. Kaum war er angekommen, ging er sofort in den königlichen Palast, und als Karoline das hörte, eilte sie ihm entgegen und warf sich ihm, halb angekleidet wie sie war, in die Arme. Der König verwies ihr dies in einem ärgerlichen Ausruf. »Aber sie ist doch meine Schwester«, warf der Kaiser ein. Der fürstliche Gast stieg bei dem Botschafter Kaunitz ab, weil er hoffte, dort ungestörter zu sein als im königlichen Palais. Dann machte er sich aber sofort daran, die Verhältnisse Neapels und besonders die Person seines Herrschers näher kennenzulernen. Durch gänzliche Verachtung der Etikette – der Kaiser warf sich zum Beispiel im Kabinett seines Schwagers einfach auf den teppichbelegten Boden und lud Ferdinand von Neapel ein, dasselbe zu tun –, durch einen witzig scherzenden Ton wollte er dessen Zuneigung gewinnen. Es dauerte auch nicht lange, da duzten sich die beiden und nannten sich gegenseitig Don Fernando und Don Pepe. Bei aller Zurückhaltung blieb Joseph II. aber doch oft sprachlos unter dem Eindruck der Kindereien des nun schon achtzehnjährigen Königs. So stand er verlegen lächelnd da, wenn der junge Monarch, der mit Peitschen zu knallen liebte, ihm dies artige Spiel in Zimmer und Garten wiederholt vorführte. Ferdinand liebte es auch, den Hofleuten Gefrorenes in die Taschen und Marmelade in die Hüte zu geben und dergleichen mehr. Jede ernste Beschäftigung lag ihm fern, und er beklagte sich unter anderem bei dem Gast, seine Frau, die Königin, lese so gern, während er jede Lektüre nicht nur bei sich, sondern auch bei anderen hasse. Als Joseph mit seiner Schwester über ihren Gemahl sprach, meinte sie wohlwollend: »Ach Gott, er ist ein recht guter Narr[58].« Der Kaiser hätte so gern vielen interessanten Dingen mehr Aufmerksamkeit geschenkt, aber es nützte nichts, auch er mußte den König auf seinen ewigen Jagden begleiten, wobei er ironisch zusah, wie die lange gefangengehaltenen Wildschweine und Damhirsche innerhalb eines mit Netzen abgesperrten Ganges vorbeigetrieben wurden, während Don Fernando nichts weniger als waidgerecht in die Tiere hineinschoß. Auch mußte Joseph dem Monarchen zusehen, wie er in einem kleinen abgesperrten, vorher mit einer Unzahl von Fischen gefüllten Wasserbecken nächst dem Meere angelte. Die Jagd brachte aber wenigstens den einen Vorteil mit sich, daß sie den Kaiser nach Portici und damit in jene Gegend führte, die den antiken Ausgrabungen nahe lag, auf deren Besichtigung der fürstliche Gast sich schon lange freute. Er hatte einige Tage vorher mit Tanucci davon gesprochen, wie gern er den Fund von vierunddreißig menschlichen Skeletten sehen würde, der am 16. April 1768 zwischen dem großen Theater und dem Isistempel gemacht worden war. Der neapolitanische Minister gab darauf La Vega sofort den Befehl, mehr Arbeiter einzustellen und ein Haus, das man schon gefunden habe und wo sich ein Skelett befinden müsse, so wieder mit Lapilli zuzuschütten und herzurichten, daß man es dann in geschickter Weise vor den Augen des Monarchen gleichsam als eben erst entdeckt ausgraben könnte[59]. Am 7. April früh begab sich Kaiser Joseph auf den Vesuv, verweilte bei der Rückkehr eine Zeitlang nächst den Fundstätten von Herculaneum, besichtigte den Brunnen, durch den d'Elboeuf seinerzeit die ersten Spuren der Stadt zutage gefördert hatte, und traf dann schon gegen Abend in Torre d'Annunziata ein, wo das eben wieder von einer Jagd heimgekehrte Königspaar ihn erwartete. Dort wurde das Diner eingenommen, und so kam man erst um acht Uhr abends dazu, Pompeja, wie es damals hieß, zu besuchen. Während der junge Monarch Neapels die verschiedenen Sehenswürdigkeiten »recht leichthin«, wie Joseph sagte, durcheilte, interessierte sich der Kaiser ganz außerordentlich für die Sache. Sofort hatte man ihn an den ausgemachten Punkt geführt, und schon nach dem ersten Spatenstich fand man vor seinen Augen eine Bronzevase, kleine Silbersachen, Münzen, Fibeln und Terrakottafiguren. Zunächst war der Gast überrascht, dann aber zweifelte er gleich daran, daß es mit rechten Dingen zugehe und meinte ganz richtig, die Gegenstände wären vorher so zurechtgelegt und nur leicht zugedeckt worden, um dem Glück etwas unter die Arme zu greifen. Der Leiter der Grabungen, Ingenieur La Vega, suchte, höchst verlegen geworden, den Kaiser »aufzuklären«. Der aber blieb mißtrauisch, was seine höchste Anteilnahme an allem nicht verminderte. William Hamilton, der mit Kaunitz gleichfalls von der Partie war, gab mit seiner Leidenschaft für antike Dinge die nötigen Erläuterungen mit solchem Feuer, daß sich selbst der König interessierte und daran Geschmack fand. Der österreichische Gast verfehlte nicht, ihn darin zu bestärken und ihm vorzustellen, wie nützlich nicht nur, sondern auch wie ruhmvoll das Unternehmen für ihn und sein Land wäre. Der junge Monarch erklärte daraufhin, er wünsche in Zukunft öfter wiederzukommen und gab La Vega den Auftrag, ihn aufmerksam zu machen, wann immer sich Anzeichen zeigten, daß man etwas finden könnte. Er würde gegebenenfalls dafür, selbst auf Kosten der geliebten Jagd, einen ganzen Tag aufwenden.

Indessen gingen vor den Augen der beiden Herrscher die Arbeiten an dem Freilegen eines mehrstöckigen antiken Hauses vor sich, wie ein solches in Pompeji bis dahin nur selten aufgefunden worden war. Es besaß nicht nur ein sehr reich geschmücktes Atrium, ein schön mit Fresken bemaltes Schlafzimmer mit dem Abbild der Juno, dem Genius der Hausfrau, sondern auch ein Bad und eine große Bäckerei, die unterirdisch gelegen durch eine runde Öffnung Licht erhielt. Man bahnte einen Weg in den großen Backraum, in dessen Nordostecke der Ofen und in der Mitte eine große Schüssel zum Anfeuchten des Brotes stand. Auf einem Lapillihaufen fand sich, halb sitzend, halb liegend, das Skelett eines Mannes, der bei der Katastrophe hier vor den herabfallenden Steinen Schutz gesucht hatte und wie alle anderen, die sich auf ähnliche Weise zu retten versuchten, erstickt war. Neben der Leiche lagen mehrere Münzen. Sinnend stand der Kaiser lange Zeit vor diesem durch den Schein der Fackel gespenstisch beleuchteten Zeugnis eines erschütternden menschlichen Dramas. Die Königin war in ihrer lebhaften Art über den Fund wie außer sich; sie wollte alle Gegenstände schleunigst sehen und nahm sie, wenn es irgend ging, am liebsten gleich selbst in ihrem Wagen nach Hause mit.

Nun wandte man sich hinüber zum bedeckten Theater, wo erst ein kleiner Teil der Bühne ausgegraben war. Dabei erkundigte sich Joseph II. bei La Vega, wie viele Arbeiter bei den Grabungen verwendet würden. »Dreißig«, antwortete dieser, eine Zahl, die viel höher war als zu gewöhnlichen Zeiten. Aber trotzdem fand sie der Kaiser so gering, daß er Don Fernando sofort fragte:

»Wie kannst du nur zulassen, daß eine solche Arbeit ›così languendo‹ (so matt) betrieben werde.«

Der König antwortete: »Ach, das wird man ›poco a poco‹ machen.«

»Aber nein«, erwiderte Joseph, »das ist eine Arbeit, zu der man dreitausend Mann anstellen sollte. Etwas Ähnliches gibt es weder in Europa noch in Asien, Afrika oder Amerika, und es ist zudem eine ganz besondere Ehrensache des Königreichs. Wer ist denn eigentlich mit den Ausgrabungen beauftragt?«

»Marchese Tanucci«, erwiderte der Monarch. Und der Kaiser dachte sich dabei, so wie La Vega: »Nun ja, der Mann, der überhaupt alles macht.« Die Königin aber, die Tanucci nicht sehr liebte, stimmte ihrem Bruder bei allem, was er sagte, zu und schloß sich ihm an, als er immer wieder in seinen Schwager drang, dem Minister da sehr auf die Finger zu sehen, um der Arbeit einen größeren Antrieb zu verleihen.

Omphale, die auf den in ihrer Gewalt befindlichen Herakles herabblickt, ist dargestellt in dem
Ausschnitt aus einem Wandgemälde dritten Stils aus dem sogenannten »Scavo del Principe di
Montenegro« (VII, Is. Occid. 15) in Pompeji.

»Das königlichste Bild der Welt« hat Ludwig Curtius das Alexander-Mosaik aus der Casa del Fauno (VI 12) genannt. Das berühmte Mosaik, das auf ein spätklassisches Gemälde zurückgeht, stellt den Kampf Alexanders gegen den Perserkönig Darius dar, dessen Streitwagen sich zur Flucht wendet.

Der Ausschnitt aus dem linksseitig stark zerstörten Mosaik zeigt Alexander im Angriff auf seinen Gegner.

Vom Theater begab sich die Gesellschaft zum Isistempel, dessen anmutige Viersäulenfront mit der Inschrift über dem Eingang und den wundervollen Fresken mit ägyptischen Motiven den Kaiser entzückte. Er hörte nicht auf, seinen Schwager mit den eindringlichsten Vorstellungen anzuregen, diesen Dingen mehr Wert beizumessen und sie auf jede Weise zu fördern. Besonders interessierte den Monarchen der Abdruck der Holztüre des Tempels, der in dem Gestein ganz deutlich zu sehen war. Dann ging man weiter, besichtigte die Häuser links und rechts des Herculaner Tores und warf einen Blick hinaus gegen die Gräberstraße. Mittlerweile war es aber schon spät geworden, man konnte diese nicht mehr aufsuchen und der Kaiser äußerte, er wäre traurig, daß er nicht noch länger bleiben könne.

Joseph hatte schon früher von anderer Seite gehört, daß einzelne antike Gebäude wieder zugedeckt worden wären, nachdem man die darin gefundenen Gegenstände geborgen hatte. Als nun La Vega dem Monarchen einen Plan zeigte, auf dem die ausgegrabenen Teile von Pompeji verzeichnet waren, um ihm so einen Überblick über das Ganze zu vermitteln, fragte der Kaiser vorsichtig: »Was ist denn mit den Häusern, die ich nicht gesehen habe, obwohl sie in der letzten Zeit zutage gefördert wurden? Sind sie wirklich wieder zugedeckt worden?«

»Ja«, mußte La Vega kleinlaut zugeben.

»Warum hast du das denn erlaubt⁶«, wandte sich Joseph II. an den König.

»Das ist noch unter meinem erhabenen Vater geschehen.«

»Gewiß«, warf La Vega in das Gespräch ein, »das tat man in den zwanzig Jahren, als man noch nicht wußte, daß man sich da mitten in einer Stadt befinde. Jetzt aber, da man seit sechs Jahren aus einer Inschrift festgestellt hat, daß es sich um Pompeji handelt, läßt man die ans Licht gebrachten Gebäude frei stehen, während man sich früher nur damit beschäftigt hat, Material für die Bildung eines Museums zu gewinnen.«

Um viertel elf Uhr nachts verließen die Majestäten endlich Pompeji. Sie bestiegen die Wagen, und der Kaiser benutzte die lange Fahrt, um nochmals in seinen Schwager zu dringen, eine solch wunderbare Sache doch in jeder Weise zu unterstützen und auszugestalten. Dann machte er sich, davon ausgehend, daran, Don Fernando überhaupt die gewaltigen Aufgaben des Gebietens über ein Volk darzulegen, das glücklich zu machen seine Bestimmung sei, und ihm ins Gewissen zu reden, den Herrscherberuf sehr ernst zu nehmen.

»Da ich ihn gut gelaunt fand«, berichtete Joseph darüber seiner Mutter Maria Theresia, »habe ich ihm einige sehr bemerkenswerte Erwägungen vorgestellt. Ich sprach ihm von seinen Pflichten gegenüber dem Staat, von Ruhm, Ruf und Freiheit. Endlich suchte ich seinen Geschmack für die Staatsgeschäfte zu erforschen, ob er hoffen könne und es wahrscheinlich wäre, daß er einmal die Erniedrigung, in der er sich befinde, die Sklaverei und Vormundschaft abschütteln könne, in der ihn Spanien hält. Es ist kein Zweifel, ich fand in ihm die Keime für all diese Gefühle, aber dabei auch eine so ausgesprochene Abneigung für jede Neuerung, eine so große Geistesfaulheit und ein so starkes Fehlen jeder Überlegung, daß ich fast zu versichern wage, dieser Mann habe niemals im Leben weder über sich noch über seine physische und moralische Existenz, noch über seine Lage, seine Interessen und sein Land nachgedacht. Er weiß nicht ein Wort von der Vergangenheit, kennt auch die Gegenwart nicht und hat niemals daran gedacht, daß es eine Zukunft gibt, mit einem Wort, er vegetiert von heute auf morgen.«

Dieser Eindruck Kaiser Josephs vom Wesen des königlichen Schwagers war nun nicht gerade der beste. Andererseits aber fand er den Gemütszustand seiner Schwester und die Art und Weise, wie sie sich in diese merkwürdige Ehe schickte, im allgemeinen viel besser als er vorher gedacht. Mit ihrem Verstand und ihrer Klugheit schien sie sich den Verhältnissen anzupassen. Wenn auch, so meinte der Monarch, die Lebhaftigkeit und verschiedene andere Eigenschaften ihr in Zukunft einige Streiche spielen würden, so sei doch sehr zu hoffen, daß sie sowohl auf ihren Gatten als auf die Regierung eine heilsame Einwirkung üben könne. So werde die Kaiserin ihren Zweck bei der Ehestiftung, die Erhaltung habsburgischen Einflusses im Neapolitanischen mit der Zeit auch wirklich erreichen können. In kultureller Beziehung und damit auch für das Schicksal der antiken Ausgrabungen war von der dafür begeisterten Königin nur das Beste zu erwarten. In einem sehr langen, 63 Seiten umfassenden köstlichen Bericht[60] an seine kaiserliche Mutter meldete Joseph diese Eindrücke nach Wien.

Sein Besuch hatte tatsächlich eine merkliche Belebung der Arbeiten in den verschütteten Städten zur Folge. Da das Interesse des Königspaares und insbesondere der Herrscherin auch nach dem Besuch anhielten, steigerte sich die Lust an den Ausgrabungen. Jeder wollte etwas finden, und ungeduldig wurden Hacke und Spaten an immer neuen Punkten in die Erde gesenkt. Man arbeitete damals außerhalb des Herculaner Tores, dort wo in der sogenannten Villa des Cicero, die wieder zugeschüttet worden war, die entzückenden Wandbilder der Bacchantinnen und seiltanzenden Satyre gefunden und ausgeschnitten wurden. Da kam man durch Zufall plötzlich auf eine neue, ausgedehnte, schöne Villenanlage, die vor der Katastrophe in reichstem Maße besaß, was den meisten Häusern im Innern der Stadt Pompeji fehlte, nämlich Licht und Luft. Es war das Landhaus jenes Mannes, dessen unglücklicher Versuch, seine Familie in dem unterirdischen Kryptoportikus zu retten, nur deren Tod inmitten aller Hausgenossen zur Folge hatte. Nun bei den Ausgrabungen, als das riesige, von viereckigen Pfeilern getragene Peristyl, die wunderbare Badeanlage, die Vor- und Schlafzimmer zutage traten, da entdeckte man zu allererst in einer halbkreisförmigen Wand drei in Pompeji sehr seltene Fenster. Und überdies fand man an anderer Stelle runde, gucklochartige Öffnungen, die mit einem dicken Glase versehen das Licht hereinließen. Dies war der erste Beweis, daß auch schon die Römer Glasfenster benutzten; allerdings waren sie äußerst selten, anscheinend sehr kostbar und daher gerade in diesem, in jeder Weise von Pracht und Luxus zeugenden Gebäude verwendet. Aber all der Reichtum hatte den Bewohnern nichts genützt.

Im März und Mai des Jahres 1771 standen die Arbeiter vor zunächst achtzehn Skeletten Erwachsener und zweier Kinder, die dereinst vor fast 1700 Jahren im Kryptoportikus in der von überall eindringenden, klebrigen Asche erstickt dahingesunken waren. Diese hatte sich um die Körper der Unglücklichen völlig herumgelegt, so daß sie alle dort Liegenden in ganzer Gestalt abformte. Noch wußten die Ausgrabenden mit dergleichen nichts anzufangen, obwohl die seinerzeit in lebenswarmer Gestalt abgedruckten Körper in der schnell erstarrten, feuchten Asche genau die Formen zeigten, wie sie die Lebenden einst besaßen. Besonders gut war dies bei der jungen, gewiß reizend gewesenen Tochter des Hausherrn festzustellen. Sie hatte das feine Linnen ihres Kleides schutzsuchend über den Kopf gestülpt, und die Asche bewahrte genau auch dessen Abdruck. Dabei hatte das Mädchen aber ihren Oberkörper, den entzückenden, jugendlichen Busen, die runden und vollen Arme, dann auch die wunderschön geformten Schenkel und Füße entblößt, deren zarte Formen die Asche bis zum heutigen Tage bewahrt hat.

Erschüttert standen die Ausgrabenden vor diesem lebendigen Zeugnis der Vergänglichkeit alles Irdischen, selbst des Schönsten, wußten aber nur die Wiedergabe des Busens und der Arme des Mädchens in der verhärteten Asche (also eine Art Negativ) zu retten. Bald fand man auch das Skelett des Hausherrn mit dem Schlüssel und jenes seines getreuen Sklaven im Garten nächst dem Tore, dort wo das Geschick sie ereilt hatte. Der Schlüssel und die Abdrücke wurden sogleich in das Museum gebracht, sind noch heute dort zu sehen und letztere zeigen so reizende und verführerische Formen, daß der Franzose Gautier bei deren Anblick sogar zu einer Novelle »Arria Marcella« inspiriert wurde.

Während man die Grabungen mit gutem Erfolg weiterführte, arbeitete der Sekretär Tanuccis fleißig und begeistert weiter an der Herausgabe der Veröffentlichungen der nur mehr theoretisch vorhandenen Herculanensischen Akademie. Außer dem Katalog, der einen eigenen Prachtband umfaßte, waren bis 1772 drei weitere mit Beschreibungen und Bildern der gefundenen Malereien und zwei Bände über die Bronzen erschienen. In dem letzten waren schon all die herrlichen Statuen aus der Villa dei Papiri aufgenommen, zum Beispiel die wunderbaren Darstellungen des liegenden trunkenen, nach einem hellenischen Original römisch nachgebildeten Satyrs und des zu Pferde kämpfenden Alexanders des Großen, die Giovanni Casanova für das Werk gezeichnet hatte. Der Maler Vanni hatte darin den jungen schlafenden Faun aus der Villa und den ruhenden Hermes sowie ein tanzendes Satyrkind neben vielen anderen Dingen abgebildet. Auch Morghen zeichnete Bronzestatuen für dieses Werk, dessen Erscheinen aber doch nur unter großen Schwierigkeiten erfolgte. Denn trotz der Bemühungen Kaiser Josephs und dessen Schwester, der Königin, hatte der Monarch in Wirklichkeit kein tieferes Interesse für die antiken Dinge, und dort, wo das Geldausgeben begann, zeigte sich dies ganz besonders. Ferdinand von Neapel bestimmte schon im Jahre 1770, die Veröffentlichungen über Herculaneum und Pompeji, die aufs reichste und kostbarste mit Kupfern geschmückt und herrlich in Leder gebunden je Band eine Ausgabe von 16000 Dukaten erforderten, dürften nun nicht mehr auf königliche Kosten herausgebracht werden, sondern, so wie jedes andere Buch, durch Verleger. So kam der einzelne Band im Verkauf auf zwanzig Gulden damaliger österreichischer Währung zu stehen, ein großer Betrag, der den Absatz natürlich schwierig gestaltete, sofern er von privater Hand durchgeführt werden mußte.

Die Kritik dieser Veröffentlichungen aber war nicht gerade günstig. Die Zeichner der Gemälde und Bronzen wurden beschuldigt, zwar sehr prächtige, aber bei Vergleich mit den Originalen »vielfach mangelhafte«, ja falsche Kupferstiche von den entdeckten Sachen geliefert zu haben. Auch fand man die in dem Werk enthaltenen Erklärungen dessen, was die vorgefundenen Dinge vorstellen sollten, geradezu dumm. »Wer erwartet bei Gelegenheit einer Nymphe, deren Geschlecht nicht recht ausgedrückt ist«, schrieb zum Beispiel der Gelehrte Heinrich Cramer in seinen Nachrichten zur Geschichte der herculanischen Entdeckungen, »eine Untersuchung der Frage, ob es Hermaphroditen gebe, und das haben gleichwohl diese Ausleger getan[61].« Die Ausgrabungen gingen indes mit wechselndem Erfolg weiter.

Tanucci stellte das bisher betriebene planlose Schatzsuchen ab und befahl im Jahre 1775, es sei von nun an systematisch von der »Porta Herculanensis« gegen die innere Stadt zu graben. Dabei fiel auch die Bemerkung, man habe in den letzten zwei, drei Jahren anscheinend weniger fleißig gearbeitet. La Vega, der bei dem zunehmenden Alter Alcubierres die Ausgrabungen nun fast allein leitete, verteidigte sich mit der Beschwerde, man müsse jetzt in Pompeji alles aufgedeckt lassen und dies bilde einen gewaltigen Unterschied gegen früher, weil man das gesamte Material erst weithin fortzuschaffen gezwungen wäre. Bisher habe man in der gleichen Zeit und mit derselben Anzahl Arbeiter, die jetzt für das Zutagefördern von acht Räumen erforderlich sind, nicht weniger als achtundvierzig solche ausgegraben. Die Anwürfe gegen La Vega waren nicht voll berechtigt; er stellte sein ganzes Leben in den Dienst der Sache und hatte auch als erster Pläne verfaßt, aus denen die bisher erforschten Teile der beiden verschütteten Ortschaften ziemlich genau zu erkennen waren.

Auch Königin Karoline hielt zu La Vega, um so mehr, als ihr Tanucci sehr unsympathisch war und sie überhaupt auf seinen Sturz hinarbeitete. Seit sie im Jahre 1775 einem Kronprinzen das Leben geschenkt hatte, verstärkte sich ihre Stellung im Königreich sehr und sie begann, angesichts der Wesensart ihres Gemahls, steigenden Einfluß auf die Regierung zu gewinnen. Wirklich erreichte sie 1777 den Sturz des bisher fast allmächtigen Ministers, der besonders in der Zeit der Regentschaft die Geschicke Neapels ausschließlich geleitet hatte. Dies wirkte sich aber auf die Fortführung der Ausgrabungen nicht gut aus, denn Tanucci hatte ihnen persönliches Interesse entgegengebracht, das allein schon durch seinen Sekretär, den Verfasser des großen Werkes der sogenannten Herculanensischen Akademie, genährt wurde. Der Nachfolger des Ministers aber wußte genau, daß der König selbst keinen Geschmack für Altertümer und schöne Wissenschaften besaß, wie der gelehrte Schwede Björnstähl bestätigt, der damals in Neapel weilte und sich bemühte, den Monarchen zu bewegen, entweder Soldaten oder die auf den Galeeren schlafenden Sklaven nach Pompeji zu schicken. Obwohl also die Herrscherin nach wie vor fleißigere Arbeit gewünscht hatte und auch der einstige König Karl in Madrid die eifrige Fortführung der Ausgrabungen befürwortete, gingen sie nach Tanuccis Abgang doch recht zurück. »Man hat mir gesagt«, schrieb Björnstähl,[62] »daß der König von

Spanien sehr unzufrieden war, wenn er nicht jede Woche etwas Neues in sein Museum bekam. Jetzt gehen Monate und Jahre vorbei, ohne daß etwas von Wert hineingebracht wird; so lahm gehet die Arbeit.« Für die Zukunft war aber von der Einwirkung der Königin Neapels doch Besseres zu erhoffen. Sie wurde in dieser Zeit von dem in italienischer Kunst und Geschichte sehr bewanderten Prinzen Caramanico besonders auf kulturelle Ziele verwiesen, versammelte hochgebildete Leute um sich und wurde durch jenen kunstsinnigen Mann darin bestärkt, Ihr Interesse für das Wiedererstehen der verschütteten Städte weiter zu entwickeln[63].

Im Jahre 1780 starb nun auch der älteste Veteran der Ausgrabungen, der Ingenieur Alcubierre. Sein Verdienst, die Arbeiten in das Gebiet von Civita und damit nach Pompeji verlegt zu haben, wird ewig bleiben, trotz aller Irrtümer, die er mangels Erfahrung und archäologischer Bildung dabei gezeigt haben mag.

Der Vesuv hatte sich indessen mehrmals in kleineren Ausbrüchen tätig erwiesen, so im August 1776 und auch offenbar gleichsam »als Zentenarfeier«[64] der Verschüttung der Städte am 8. August 1779. Damals schleuderte eine gewaltige Explosion neuerlich einen Stein- und Aschenregen aus dem Krater. Der Wind führte auch wieder Lapilli auf die ausgegrabenen Teile von Pompeji, so daß man Besorgnisse hegte, nicht nur dieses, sondern auch das nahegelegene Portici und damit die königliche Villa sowie das Museum könnten eines Tages von neuem wieder begraben werden und zugrunde gehen. Die eben erst in Neapel neu errichtete Akademie der Wissenschaften und schönen Künste drang daher nach ihrer ersten Versammlung in den König, daß nicht nur die auf dem Lustschlosse Capo di Monte bewahrte Farnesische Bibliothek, sondern auch das gesamte Museum oder wie es damals eigentlich falsch hieß »Herculanische Antiquitätenkabinett von Portici« in die Hauptstadt gebracht werden solle. Das geschah denn auch, und in langem Zuge wurden auf eigens dazu hergestellten, mit Rädern versehenen Transportflächen die riesigen Bronzestatuen, Säulen und Funde aller Art unter dem Jubel des Volkes in ein am Fuße des Hügels Santa Teresa gelegenes Gebäude gebracht. Es war ursprünglich 1586 als königlicher Marstall errichtet, dann aber um 1600 durch den Architekten Fontana, den Erbauer des durch Civita gelegten Wasserleitungsgrabens, zu einer Universität umgestaltet worden. Diese wurde nun in den einstigen Palast der damals aus Neapel vertriebenen Jesuiten verlegt, wodurch das alte, nunmehr Palazzo degli studi benannte frühere Marstallgebäude für die Aufnahme der antiken Kostbarkeiten aus Portici frei wurde. Bis zum heutigen Tage birgt dieses Gebäude, allerdings umgestaltet und erneuert, die nun weltberühmte, herrliche Antikensammlung aus Pompeji und Herculaneum. Durch dieses Zusammenführen der Bücher und Bilder aus dem Farnesischen Erbe und der antiken Funde an einen Ort hoffte man, daß der dort »seit langer Zeit gänzlich erloschene Geschmack für das Schöne endlich wieder aufleben werde«[65].

Die Nachrichten über den Erfolg der Ausgrabungen waren mittlerweile weithin in die Welt hinausgedrungen. Alles was an Gutem und Wertvollem, an Wissenschaft und Kunst interessiert war und halbwegs die damals beschwerliche und kostspielige Reise nach Neapel erschwingen konnte, machte sich auf den Weg, um durch persönlichen Augenschein eine Vorstellung von den aufgedeckten Schätzen der Antike zu gewinnen. Hierzu gehörte auch Goethe, der auf seiner italienischen Reise am 11. März 1737 Pompeji von Neapel aus aufsuchte. Es war eine muntere, kleine Künstlerschaft, die diesen Ausflug unternahm: der Maler Johann Heinrich Wilhelm Tischbein, ein Vetter jenes Friedrich August, der durch die Gönnerschaft des Fürsten von Waldeck eine Empfehlung an den neapolitanischen Hof hatte und dem es auch später gelang, Königin Karoline zu malen. Dann Jakob Philipp Hackert, ein Landschafter und gewandter Manierist, dessen Ruf vielleicht größer war, als er es verdiente und der damals in Neapel weilte, wo er jene Verbindungen anknüpfte, die seine glänzende Zeit als Hofmaler des Königs einleitete. Der große Dichter und die beiden bildenden Künstler hatten sich der Führung des Ehepaares Marchese Venuti anvertraut, eines Nachkommen jenes Marcello Venuti, der in Karls III. Diensten an den Anfängen der herculanischen Ausgrabungen beteiligt war und 1749 auch die ersten Entdeckungen beschrieb[66].

Auf der Fahrt von Neapel zu den versunkenen Ortschaften war Goethe entzückt von den herrlichen Aussichten, die sich links und rechts boten und die ihm, bisher nur aus Zeichnungen und Abbildungen wohl bekannt, nunmehr in Wirklichkeit und im Sonnenglanz wundervoll erschienen. Dann aber an Ort und Stelle war er im ersten Augenblick etwas weniger begeistert, weil er von vornherein zu große Erwartungen gehegt hatte. »Pompeji setzt jedermann wegen seiner Enge und Kleinheit in Verwunderung«, schreibt Goethe unter dem Sonntag des 11. März 1787 in seiner italienischen Reise. »Schmale Straßen... kleine Häuser ohne Fenster... Selbst öffentliche Werke, die Bank am Tor, der Tempel, sodann auch eine Villa in der Nähe, mehr Modell und Puppenschrank als Gebäude. Diese Zimmer, Gänge und Galerien aber aufs heiterste gemalt, die Wandflächen einförmig, in der Mitte ein ausführliches Gemälde, jetzt meist ausgebrochen... So deutet der jetzige ganz wüste Zustand einer erst durch Stein- und Aschenregen bedeckten, dann aber durch die Aufgrabenden geplünderten Stadt auf eine Kunst- und Bilderlust eines ganzen Volkes, von der jetzo der eifrigste Liebhaber weder Begriff noch Gefühl, noch Bedürfnis hat. Bedenkt man die Entfernung dieses Orts vom Vesuv, so kann die bedeckende vulkanische Masse weder durch ein Schleudern noch durch einen Windstoß hierher getrieben sein; man muß sich vielmehr vorstellen, daß diese Steine und Asche eine Zeitlang wolkenartig in der Luft geschwebt, bis sie endlich über diesem unglücklichen Orte niedergegangen. Wenn man sich nun dieses Ereignis noch mehr versinnlichen will, so denke man allenfalls an ein eingeschneites Bergdorf...«

Nachdem Goethe und seine Gesellschaft einige »kleine und enge, aber alle inwendig aufs zierlichste gemalte Häuser« besucht hatten, begaben sie sich durch das »merkwürdige Stadttor« (das Herculaner) in die Gräberstraße, in der man damals vornehmlich arbeitete. Hier ließen sich Goethe und seine Begleiter auf der halbrunden Bank des Grabmals der Priesterin Mamia nieder. Von dort aus genoß man eine herrliche Aussicht auf das Meer, die im Blau verschwimmenden Inseln und die sich im Dunst verlierenden Küsten des Golfes von Neapel. Eben als Goethe auf der Bank ausruhte, tauchte die Sonne in Gold und Purpur gehüllt in die Fluten. »Ein herrlicher Platz, des schönen Gedankens wert«, schrieb der Dichter.

Nach soviel Poesie meldeten sich aber bald Hunger und Durst, und die kleine Gesellschaft kehrte in einer nahegelegenen Osteria ein. »Den wunderlichen, halb unangenehmen Eindruck dieser mumisierten Stadt wuschen wir wieder aus den Gemütern«, berichtet Goethe, »als wir in der Laube, zunächst des Meeres, in einem geringen Gasthof sitzend, ein frugales Mahl verzehrten und uns an der Himmelsbläue, an des Meeres Glanz und Licht ergötzten, in Hoffnung, wenn dieses Fleckchen mit Weinlaub bedeckt sein würde, uns hier wiederzusehen...«

Der gute Lacrimae Christi, der herrliche, auf den Hängen des Vesuv wachsende Wein hatte die Ausflügler angeregt, und als man sich vor der Heimfahrt noch ein wenig am Strande erging, waren alle so lustig und mutwillig, als kämen sie nicht aus einer von einer schrecklichen Katastrophe zerstörten Stadt. Die Teilnehmer an der Partie veranstalteten ein munteres Gefecht, bewarfen sich gegenseitig mit dem feinen Meeressand und Tischbein hielt in einer kleinen Skizze diese Szene fest.

Als Goethe nach Neapel zurückgekehrt war, ließ ihn der Gedanke an den tragischen Ursprung dieser antiken Funde nicht los. Er belebte in seiner Phantasie die Stätten, die er gesehen, mit den einstigen Bewohnern, er gedachte des Lebens und Treibens, der Kunst und Kultur, deren Reste da zutage traten, und sein abschließendes Urteil über diesen Besuch faßte er nun in den Worten zusammen: »Es ist viel Unheil in der Welt geschehen, aber wenig, das den Nachkommen so viel Freude gemacht hätte. Ich weiß nicht leicht etwas Interessanteres.« Doch war er sich auch durchaus bewußt, daß sein Verweilen hier viel zu flüchtig und kurz war, um einen richtigen Eindruck zu vermitteln. Er unterstrich dies auch in einem Brief durch die Erklärung, es sei gewiß, daß man den ganzen Zauber dieser Stätte erst bei einem längeren Aufenthalt und gründlichem Studium empfinden könne. Goethe gab sich bei diesem Besuch nicht zu erkennen und traf zudem auch nicht mit La Vega, dem Leiter der Ausgrabungen zusammen, der gleichzeitig auch deren Tagebuch führte. Diese schon 1748 begonnenen Aufzeichnungen der wichtigsten Funde und Vorfälle, wie Besuche des Königspaares oder vornehmer Fremder, berichtet nichts von dem Aufenthalt des Dichters.

Wäre Goethe einige Monate später gekommen, so hätte man ihm wohl den Schauplatz eines der zahlreichen menschlichen Dramen im Augenblick der Katastrophe gezeigt, das ihn vielleicht zu einem Gedicht begeistert hätte. Im August desselben Jahres 1787 fand man nämlich in dem Kellerraum eines Hauses nächst den Mauern der Stadt ein menschliches Skelett und das eines Hundes. Aber als man es näher untersuchte, erkannte man, daß die Knochen des Toten nicht am gleichen Ort beisammen lagen, sondern in verschiedene Teile des Zimmers verstreut und angenagt waren. Das Hundeskelett aber lag ausgezeichnet erhalten und vollständig in einer Ecke. Es war klar, das einstürzende Gemäuer hatte Mensch und Tier hier eingeschlossen. Wahrscheinlich war der erstere früher zugrunde gegangen, doch der Hund hatte noch eine Zeitlang gelebt und sich währenddessen von dem Fleisch des Verstorbenen genährt, bis auch er erstickte oder verdurstete. Auf dem abgenagten Armknochen der Toten, die offenbar eine Frau war, fanden sich noch ein Armband aus Metall und daneben auch einige Münzen.

Inzwischen war die sogenannte Herculanensische Akademie, ohne daß sie eigentlich aufgelöst worden wäre, sang- und klanglos vom Schauplatz abgetreten. Sie verschwand allmählich selbst aus dem Hof- und Staatsalmanach, der sie noch lange aufführte, als sie in Wirklichkeit längst nicht mehr arbeitete. Im Jahre 1787 aber wurde sie auf Betreiben des Marchese Domenico Caracciolo, der Minister und eine Zeitlang Vizekönig von Sizilien war, mit Zustimmung des Monarchen wieder ins Leben gerufen. Hierzu hatte auch der englische Gesandte, Sir William Hamilton, sehr viel beigetragen, dessen Gemahlin mittlerweile gestorben war und der sich neben seinen politischen Verpflichtungen mit verschiedenen wissenschaftlichen Büchern über etruskische, griechische und römische Antike, Beobachtungen des Vesuv und Beschreibung der phlegräischen Felder im Gebiet um Neapel beschäftigte. Er war nun dreiundfünfzig Jahre alt geworden, als einer seiner Neffen eine entzückende Frau, mit der er in nähere Beziehungen getreten war, im Hause seines Onkels einführte. Es dauerte nicht lange, da lud Sir William die anmutige Freundin seines jungen Verwandten zu sich nach Neapel; der Diplomat erlag bald den Reizen seines schönen Gastes, und obwohl der Ruf Emma Lyons nicht gerade der beste war, machte er sie im Jahre 1791 zu seiner Frau. Eben hatte er seine neapolitanische Antikensammlung, die auch viele Stücke aus Pompeji und Herculaneum enthielt, für eine sehr hohe Summe (8400 Pfund) an das »British Museum« verkauft, und man sagte allgemein, das sei geschehen, weil er so große Ausgaben für die schöne Emma gemacht habe. Überhaupt zerriß man sich den Mund über diese unpassende Ehe eines königlich britischen Geschäftsträgers. Aber ihn focht das wenig an, »a fig for the world« war seine Antwort, und in einem der Briefe an seine junge Frau schrieb er: »Mein Studium der Antike hat mich in ständigem Überdenken des ewigen Flusses aller Dinge gehalten. Die ganze Kunst besteht darin, all die Tage unseres Daseins zu leben und nicht mit ängstlichen Sorgen die süßesten Augenblicke zu zerstören, die das Leben bietet. Und dies ist die gegenwärtige Stunde[67].« Der glücklich verliebte Sechziger sah in seinen »hobbies« und in seiner entzückenden sechsundzwanzigjährigen Gemahlin den Himmel auf Erden.

Anfangs wollte die neapolitanische Adelsgesellschaft sie überhaupt nicht empfangen, als aber die Königin, die trotz allem von der reizenden, liebenswürdigen, jungen Gesandtin begeistert war, sie einlud und sogar auszeichnete, blieb auch dem stolzen Adel nichts anderes übrig, als die Dame in seinen Kreis aufzunehmen. Von nun an begleitete die schöne junge Frau Sir William bei seinen zahlreichen Besuchen der verschütteten Städte, und sie, die von Haus aus gar keine Bildung genossen hatte und von ihrem Gemahl erst in die Schule genommen wurde, saß oft und oft auf den Stufen des großen offenen Theaters, das nun auf Betreiben der Akademie ebenso wie das kleine bedeckte seit dem 2. Dezember 1789 völlig ausgegraben wurde. Man hat alles andere stehengelassen und sämtliche Arbeiter dort angesetzt.

Das war schon ein zielbewußter Fortschritt, der der neuen Akademie zu verdanken war, die es sich nun auch angelegen sein ließ, der Welt die bisher aufgerollten und entzifferten Papyri zu vermitteln. Es geschah dies in zwei großen, kostspieligen Bänden[68], deren erster im Jahre 1793 erschien und worin die Bruchteile der Papyri, den Originalen gleich, genau abgezeichnet und in Kupfer geätzt, gedruckt wurden. Die Photographie war ja noch nicht erfunden, und so konnte man diese Veröffentlichung, die magere Teile von Schriften epikuräischer Philosophen nicht allzu interessanter Natur vermittelte, nur unter größten Kosten und mit viel Mühe bewerkstelligen.

Indessen hatten sich in der Welt gewaltige und folgenschwere Ereignisse abgespielt. Seit am 14. Juli 1789 der Sturm auf die Bastille von Paris, die Zwingburg der französischen Könige, erfolgt war, brauste die Revolution und ihre ansteckende Ideenwelt über Europa hinweg. Sämtliche Fürstenhöfe erzitterten; so auch Ferdinand und Karoline, die Umwälzungen und Neuerungen noch entschiedener ablehnten als andere Herrscher. Als gar das Herrscherpaar in Paris – Marie Antoinette war ja die Schwester der Königin von Neapel – an Leib und Leben bedroht wurde, erreichte der Haß gegen die neue Richtung an Ferdinands Hof seinen Höhepunkt. Der Gesandte der frischgebackenen Republik, die man um keinen Preis anerkennen wollte, bekam dies als erster zu fühlen, aber andererseits fürchtete man sich vor der französischen Flotte, die von einem Tag zum anderen die Stadt Neapel bedrohen konnte. Als aber die Nachricht kam, daß König Ludwig XVI. im Januar 1793 sein Leben auf der Guillotine lassen mußte, da war es nach den Worten des österreichischen Botschafters, Grafen Esterházy, »unmöglich, den Zuwachs des Abscheues und Hasses gegen die französische Nation zu beschreiben, den diese neueste Freveltat...bewirkte«[69]. Die Empörung erreichte ihren Höhepunkt, als im Oktober desselben Jahres auch Marie Antoinette ein Opfer des Höllenbeiles wurde.

Die folgende Zeit war ein stetes Hangen und Bangen; die Hoffnung auf England und den Kaiser in Wien und der Wunsch, sich am Kriege gegen das revolutionäre Frankreich zu beteiligen, herrschten vor. Wirklich erschien nun die französische Flotte im Dezember 1793 vor Neapel, drohte mit Vernichtung und Tod und man hatte ihr nichts entgegenzustellen. Sobald die Kriegsschiffe wieder abgesegelt waren, lebten die Wünsche, gegen die Revolution zu kämpfen, von neuem auf, und Neapel trat in den großen Bund ihrer Feinde ein. In der Stadt herrschten Angst und Unruhe, im März 1794 wurde sogar eine Verschwörung gegen das Königspaar aufgedeckt. Man wollte die Herrscherfamilie »ohne viel Umstände ermorden,

Freiheit und Gleichheit ausrufen, mit einem Wort eine Revolution nach dem Urbild der französischen zustande bringen«[70].

Jetzt war es in diesen Jahren natürlich nicht möglich, sich viel um die Ausgrabungen zu kümmern; selbst Hamilton, dessen Stellung dadurch, daß man in England die letzte Hilfe und Rettung sah, in dieser Zeit an Bedeutung gewaltig wuchs, hatte mit der Politik zuviel zu tun, um sich seiner Lieblingsbeschäftigung voll zu widmen. So lagen Herculaneum und Pompeji mehr oder weniger öde und verlassen da, nur wenige Zwangsarbeiter setzten die Grabungen fort. Der Vesuv aber kümmerte sich nicht um Revolution und Krieg, und am 15. Juni 1794 brach der südwestliche Hang des Berges an nicht weniger als sechs neuen Stellen auf und warf eine solche Menge Dampf, Steine und Asche aus, daß der ganze Horizont verdunkelt wurde. Als am Tage darauf das Donnern der Erdbewegungen und der ausbrechende Lavastrom nicht aufhörten, ließ der Kardinal-Erzbischof von Neapel die Statue des heiligen Januarius in feierlichem Aufzug nach der Gegend des Vesuv tragen, um den göttlichen Beistand zu erflehen. Die Lava aber hatte indessen Torre del Greco erreicht, den ganzen Ort überdeckt und war dann weiter bis ins Meer geflossen. Zum dritten Male seit 1631 war dieses Städtchen das Opfer eines solchen brennenden Stroms flüssigen Magmas geworden.

Wieder zeigte der Vesuv nach diesem Ausbruch, der bis zum 21. Juni dauerte, eine völlig neue Form. Seine Spitze war gänzlich in sich zusammengefallen und bildete an jenem Tage einen ungeheuren, kreisrunden Krater. Angst und Sorge herrschten wieder in Portici; anonyme Briefe, die in dieser Zeit das Königspaar vor Attentaten warnten, verstärkten noch das Unbehagen, das am Hofe um sich griff.

Indessen hatte im großen Koalitionskrieg, der 1796 in Italien geführt wurde, General Bonaparte den Oberbefehl bekommen und die Armee zum Siege geführt. Auf der Halbinsel bildete sich nun aus der Lombardei, Genua und päpstlichen Gebieten eine Republik französischen Musters nach der anderen. Der nächste Schritt war die Errichtung auch einer römischen in der Hauptstadt des Papstes. Man konnte sich an den Fingern abzählen, daß in Kürze Neapel denselben Weg gehen werde. Zwar hatte Napoleon, der den Krieg nicht so weit tragen wollte, 1796 mit König Ferdinand noch einen Sonderfrieden geschlossen, aber als er England durch den Feldzug in Ägypten treffen wollte, rückte General Berthier 1798 in Rom ein und vertrieb den Papst. König Ferdinand wollte dem auch ihm drohenden Unheil zuvorkommen und marschierte mit einem Heer nach Rom, um die päpstliche

Macht wiederherzustellen. Er wurde hierzu sowohl von Englands Gesandtem Hamilton als auch von dem nach der Seeschlacht von Abukir ruhmgekrönt nach Neapel gekommenen Admiral Nelson ermutigt. Der Feldzug gegen Rom aber mißlang völlig; das neapolitanische Heer wurde Ende 1798 vernichtend geschlagen, und der König mußte nicht nur in seine Hauptstadt zurück, sondern auch mit seiner Gemahlin bei Nacht und Nebel und in dramatischer Weise mit Hilfe Nelsons nach Sizilien fliehen.

Schon hatten sich nämlich auf die Nachricht vom Herannahen der Franzosen auch in Neapel revolutionäre Ausbrüche gezeigt. Man konnte nur die notwendigsten Dinge und das Wertvollste auf die Flucht mitnehmen, so auch nur einige wenige, besonders kostbare Münzen und kleine Stücke aus dem Museum der antiken Ausgrabungen. Sonst jedoch mußte man alles zurücklassen und gewärtig sein, daß die einrückenden Franzosen vielleicht gar die herrlichen Bronzestatuen aus der Villa dei Papiri, die wundervollen, in jahrzehntelanger Mühe ans Tageslicht geschafften Malereien aus Pompeji wegschleppen würden. Aber was half es? In dieser Zeit war das Königspaar schon so weit gekommen, froh sein zu müssen, mit Hilfe Nelsons und Emma Hamiltons, der schönen Gesandtin Englands und nunmehrigen Geliebten seines Admirals, das nackte Leben gerettet zu haben.

Die französische Besetzung folgte auch auf dem Fuße. General Championnet erschien mit einer allerdings sehr schwachen Heeresmacht in Neapel, erklärte das bourbonische Haus für abgesetzt und gründete dort die sogenannte »Parthenopäische« Republik. Das ging nicht ohne einige Kämpfe in der Stadt ab. Dabei wollte es der Zufall, daß eine Kanonenkugel den Kopf der prachtvollen Reiterstatue des Sohnes des Marcus Nonius Balbus aus Herculaneum abschlug, worauf der Bildhauer Brunelli Ersatz schaffen mußte. »Immerhin besser«, meinten die Neapolitaner dazu, »als wäre einem von uns Lebendigen der Kopf abgerissen worden.«

Gerade am Tage des Einmarsches der französischen Armee, an dem sich übrigens die Hinrichtung Ludwigs XVI. zum sechstenmal jährte, zeigte der Vesuv einen kleinen Ausbruch. Eine Pariser Darstellung aus der Zeit meinte dazu, dies scheine mehr ein Freudenfeuer anläßlich dieses Ereignisses gewesen zu sein als ein Entbrennen des Vulkans. Selbstverständlich waren infolge des Krieges sämtliche Arbeiter am 5. Januar 1799 entlassen worden. Aber Championnet, der ein hochgebildeter Mann war und auch schon vieles von Pompeji und Herculaneum gehört hatte, interessierte sich besonders dafür. Und kaum waren in Neapel die notwendigen Verfügungen getroffen, um die junge Republik nach französischem Vorbild zu gestalten, begab er sich schon hinaus zu den verschütteten Städten und befahl die Wiederaufnahme der Arbeiten. In deren Verlauf wurden fünf Häuser[71] aufgedeckt, deren eines noch heute zur Erinnerung den Namen des Generals Championnet führt. In dem einen fand man Frauenskelette mit Armbändern, Ringen und Halsketten in Gold, in den anderen war besonders bemerkenswert zu sehen, wie der letzte Besitzer nach in Pompeji häufig vorkommender Gepflogenheit, die ursprünglich dorischen Säulen seines Peristyls mit Stuck so verkleidet hatte, daß sie nun solchen korinthischer Ordnung glichen. Am Rande der Stadt, südlich der Basilika gegen das Meer zu gelegen, hatten die Häuser hängende Gärten, von denen man einen wundervollen Blick auf den Golf genießen konnte.

Die französische Herrlichkeit in Neapel währte jedoch nicht lange. Napoleon war zu lange abwesend gewesen. Ein neues Bündnis zwischen Rußland, Österreich und England war zustande gekommen; Oberitalien ging den Franzosen verloren und damit verschwanden auch die frischgebackenen italienischen Republiken mit den schönen Namen eine nach der anderen. Als die römische gleichfalls zusammenbrach und der Papst in den Vatikan zurückkehren konnte, da war es auch um die Parthenopäische geschehen. Im Juni des Jahres 1799 wurde Neapel geräumt; der König hätte sogleich zurückkehren können, aber er blieb vorläufig noch in Sizilien und gedachte noch einige Zeit zu warten.

Nach Abzug der Franzosen wurden in Pompeji und Herculaneum keine Grabungen mehr vorgenommen. Es wurde betont, man müsse erst Ordnung schaffen, den Schutt wegführen, mit einem Wort die »Schäden der Revolution« wiedergutmachen. Dahinter verbarg sich aber völliger Geldmangel, man hätte gar nichts tun können, weil die Mittel dazu fehlten. Noch im Dezember des Jahres 1799 hatte Francesco La Vega eine dringende Vorstellung an den Finanzdirektor gerichtet und gesagt, daß all die geschickten Künstler, die die Wiederherstellungsarbeiten bei den ausgegrabenen Antiken auszuführen hatten, Hungers stürben. Sie hätten im abgelaufenen Jahre keinen Kreuzer bezogen, da sie keine Arbeit bekamen [72] und dies, obwohl sie sich in der Zeit der nun zerstörten republikanischen Regierung stets treu und der Person Seiner Majestät des Königs anhänglich erwiesen hätten.

Ohne königliches Machtwort knauserten aber die Behörden nach wie vor, und der Monarch weilte weiter in Sizilien. Überdies war der wichtige Anwalt in allen Dingen, die die Ausgrabungen betrafen, Sir William Hamilton, aus Sizilien in die Heimat abberufen worden. Das war nicht nur für die

Tätigkeit an den verschütteten Städten ein schwerer Schlag, sondern überhaupt für das Königspaar, das seine Beziehungen zu dem Gesandten und seiner Frau und durch diese auch zu ihrem Retter Nelson so innig gestaltet hatte. Diese Gefühle waren besonders im September 1799 bei einem königlichen Gartenfest zum Ausdruck gekommen. Im taghell beleuchteten Park des Schlosses von Palermo war ein Ruhmestempel errichtet worden; darin sah man die Statue des Herrschers und davor drei weitere Bildwerke in Wachs, die in der Mitte Lord Nelson und rechts und links von ihm Sir William Hamilton und seine Gemahlin darstellten. Als sich der Hof nun in den Park begab, trat der junge Kronprinz vor und legte einen Lorbeerkranz um das wächserne Haupt des Admirals. So ehrte der König seine Retter; angesichts solch auszeichnender Behandlung fiel es Hamilton besonders schwer, seinen Posten zu verlassen, wo er nicht nur siebenunddreißig Jahre verlebt hatte, sondern auch dem höchsten wissenschaftlichen Interesse seines Daseins und dem angeborenen Sammeltrieb nach Herzenslust fröhnen konnte.

In der großen Politik aber hatte sich plötzlich wieder ein völliger Umschwung vollzogen. Als die französische Republik schon auf allen Kriegsschauplätzen zu erliegen drohte und sich neuerlich einer großen Koalition gegenübersah, da berief sie General Bonaparte zurück, und mit einem Schlag änderte sich das Bild. Heimgekommen beseitigte Napoleon mit Waffengewalt die Direktorialregierung in Paris und machte sich selbst zum Ersten Konsul mit diktatorischer Machtvollkommenheit. Dann zog er ins Feld, und nach dem Siege von Marengo über die Österreicher kam es zum Frieden von Lunéville vom Jahre 1801, dem später auch jener mit England folgte. Neapel, das auch zu der zweiten Koalition gehörte, gab gleichfalls nach und beugte sich allen Forderungen, die Napoleon stellte. König Ferdinand ließ damals der französischen Regierung eine Anzahl von Fundstücken aus Herculaneum als Geschenk für Bonaparte übergeben. So fand eine große Menge von Kunstwerken, insbesondere eine Wandmalerei[73] in neun Teilen, Apollo und die Musen darstellend, ihren Weg nach Paris in das Haus des Ersten Konsuls, der sie später seinem Bruder Joseph vererbte. Sie sind noch heute in der französischen Hauptstadt, aber nicht mehr in Bonapartischem Besitz. Im Juni 1802 kehrte das Herrscherpaar von Neapel wieder in die Stadt zurück, aber man war durch all die Veränderungen und die immer noch gefahrdrohende Weltlage so unruhig und beschäftigt, daß trotz der Neigung der Königin für die verschütteten Städte und ihre Geheimnisse in den nächsten Jahren dort nichts Wesentliches gearbeitet wurde. Und wirklich, nach der Erhebung Napoleons zum Kaiser der Franzosen im Jahre 1804 begann der Reigen der Kriege von neuem, die nun mit geringen Unterbrechungen fast durch zehn Jahre bis zu des großen Mannes Sturz währten. Im dritten Koalitionskriege des Jahres 1805 war Neapel wieder auf der Seite der Gegner Napoleons. Karoline, die den korsischen Emporkömmling bis ins tiefste haßte, war sich ganz klar darüber, was geschehen würde, wenn dieser siegte. »Wir sind in einer sehr peinlichen Lage«, schrieb sie im Juli 1805, »Bonaparte hat unseren Untergang geschworen. Unter dem Anschein der Milde ist er das vollendetste Chamäleon, der größte Verbrecher unter allen Wesen[74].« Die Königin hatte richtig vorausgesehen. Ihr großer Freund Nelson siegte zwar überwältigend bei Trafalgar, aber er fiel auch im Kampfe, während zu Lande Napoleon in der Dreikaiserschlacht bei Austerlitz am 2.Dezember den feindlichen Bund aufs Haupt schlug. Diesmal war es um Neapel geschehen. Trotz des Widerstandes Englands sandte der Kaiser den General Masséna mit Truppen dahin, Ferdinand mußte neuerdings nach Sizilien fliehen, und der Bruder des Korsen, Joseph Bonaparte, wurde zum König von Neapel erhoben.

Am 14.Februar 1806 war er dort eingetroffen, nachdem Königin Karoline nur zwei Tage vorher ihrem Gemahl nach Palermo gefolgt war. Joseph war der gebildetste und klügste unter den Brüdern Napoleons. Er war kaum vierzehn Tage König, als er schon am 2.März nach Pompeji fuhr, die Ausgrabungen mit höchster Anteilnahme besichtigte, sich alles erklären ließ und den festen Entschluß faßte, was nur möglich sei zu tun, um im Interesse der Kultur und Wissenschaft der Welt das große Unternehmen zu fördern. Der König beauftragte einen seiner Minister, den der Polizei vorstehenden und durch Willkür und Härte sonst sehr verhaßten Korsen Cristoforo Saliceti mit der Obsorge für die Arbeiten. Der Mann versprach bei seiner bekannten Rücksichtslosigkeit, zumindest eine gewisse Energie dafür aufzuwenden. Es wurden sofort fünfzig Mann nächst der Basilika Pompejis angesetzt und Saliceti fand sich auch persönlich bei den Grabungen ein. Zunächst wurde auch jetzt wieder sprungweise da und dort ausgegraben. Bald aber erschien König Joseph selbst und besichtigte die Arbeiten beim Tempel der Fortuna und im Hause des Sallust, an der vom Herculaner Tor zum Forum führenden Konsularstraße. In Kürze waren über hundertfünfzig Arbeiter beschäftigt.

Im Jahre 1807 befahl der König, der einsah, daß das ungeregelte, planlose Graben der Sache nicht förderlich wäre, dem Direktor des königlichen Museums, Cavaliere Don Michele Arditi, einen genauen Plan für das Führen

Eine Komödienszene gibt das Mosaik des Dioskurides von Samos aus der Villa des Cicero in Pompeji wieder. Das Vorbild für diese Musikantenszene dürfte dem 3. Jahrhundert v. Chr. angehören, das Mosaik ist um 100 v. Chr. ausgeführt.

Zum Mosaikschmuck des Hauses des Fauns (VI 12) gehört auch das sogenannte Katzenmosaik, das im oberen Streifen eine Katze zeigt, die einen Vogel schlägt, während unten Enten, Fische, Muscheln und andere Delikatessen dargestellt sind.

und Verbessern der Ausgrabungen vorzulegen. Er, der Monarch, werde dafür sorgen, daß auch eine entsprechende Zahl von Leuten zur Verfügung gestellt würde[75]. Arditi machte sich sofort an die Arbeit und trug dem König in Kürze seine Ansichten vor. Er riet vor allem anderen, das ganze Terrain, unter dem Pompeji liegt und auch noch dessen Umgebung, anzukaufen, soweit es sich in privater Hand befände. Dann solle man nicht sprunghaft bald dort und bald da arbeiten, sondern beim Landhaus des Diomedes vor dem Herculaner Tor eine Gruppe, beim Haus des Sallust an der Konsularstraße die andere ansetzen und die Leute so aufeinander zu und gegen das Herculaner Tor graben lassen. Außerdem erbat er einen täglichen Geldaufwand von zwanzig Dukaten. König Joseph stimmte im allgemeinen zu; er erließ zwar auch eine Verordnung zum Ankauf der in Betracht kommenden Gebiete, aber sie wurde zunächst wegen Geldmangels nicht durchgeführt. Auch die tägliche Ausgabe konnte nicht aufgebracht werden, und man arbeitete unter Joseph nur in der Gegend des Hauses des Sallust und in jenem des Apollo an der Merkurstraße am nördlichen Rande der Stadt. Dort allerdings wurde die Mühe durch das Entdecken sehr schöner Wandmalereien gelohnt, deren eine die Erfindung der Flöte durch Athene darstellte. Viele hier weiter vorgefundene Bilder des Apollo gaben dem Haus den Namen, und im Hof fielen ein Miniaturspringbrunnen und eine kleine, einer Spielerei ähnliche Wasserfallanlage in die Augen. Joseph Bonaparte weilte oft und oft in diesem Hause und bewunderte die Fresken und dort zutage geförderten Einzelgegenstände.

Des neuen Königs Lage in Neapel war jedoch sehr ungünstig; die Bevölkerung zeigte nicht nur stillen, sondern offenen, ja schon bewaffneten Widerstand, und die Joseph von seinem kaiserlichen Bruder in Paris anbefohlene Eroberung von Sizilien blieb völlig unmöglich. Im Gegenteil, schon drangen bourbonische Truppen mit Hilfe Englands in neapolitanisches Gebiet ein. Unter diesen Verhältnissen mußte das Friedenswerk der Ausgrabungen, so gern der König es auch weiter gefördert hätte, naturgemäß gewaltig leiden. Und als inzwischen Napoleon nach der Niederwerfung Preußens und dem Frieden von Tilsit endlich auch die Hauptstadt Spaniens erobert hatte, gab er seinem Bruder Joseph den Befehl, die dortige Königskrone zu übernehmen. Am 22.Mai 1808 verließ Joseph Neapel, wenig erfreut, ja fast von vornherein an seiner unmöglichen Aufgabe verzweifelnd, die Spanier zu guten Franzosen zu machen. Wenn ähnliches schon in Neapel nicht möglich gewesen war, wie erst in jenem größeren und noch fanatischeren Lande.

Nun zog im Juli 1808 ein neues Königspaar in Neapel ein: der französische Marschall Joachim Murat, bisher Großherzog von Berg, und wieder eine Karoline, seine Gemahlin, die nun sechsundzwanzigjährige jüngste Schwester Napoleons. Der Kaiser war mit seines Bruders Herrschaft in Neapel unzufrieden gewesen, von seinem General erwartete er sich Besseres. »Murat ist ein Vieh«, sagte er zwar von ihm, »aber er hat Schwung und Tollkühnheit! Er hat sein ganzes Leben nur Kriege geführt. Er ist wohl ein Vieh, aber ein Held!«

In Neapel war auch Krieg, das Königreich mußte erst gänzlich wieder erobert werden. Trotzdem gewannen Pompeji und Herculaneum durch den Tausch der Dynastie, denn auch Murat hatte dafür Interesse; er nahm sofort die noch nicht ausgeführten Pläne auf, die Arditi unter König Joseph entwickelt hatte, und brachte sie ihrer Verwirklichung näher. Während anfangs hundert Arbeiter beschäftigt waren, stieg ihre Zahl in den Jahren seiner Herrschaft bald auf das Vier- und Fünffache. Nach seinen ersten Besuchen war Murat so begeistert, daß er am liebsten das Amphitheater ganz neu wieder aufgebaut hätte und sogar den festen Vorsatz dazu faßte. Man legte nun einmal den Gesamtumfang der Stadt Pompeji fest, indem man die Mauern aufsuchte. Dann ließ der König den Schutt herausschaffen und begann nun, genau dem Lauf der Straße folgend, deren Freilegung im Gebiet zwischen jener großen Villa vor dem Herculaner Tor und dem sogenannten Haus des Sallust, ganz wie es Arditi vorgeschlagen hatte. Freilich arbeitete man so, daß man immer nur von der Seite her Haus um Haus, Zimmer für Zimmer ausräumte, indem man willkürlich auch oft von unten nach oben grub, wodurch manches im Innern freigelegte Gebäude schließlich einstürzte und Architektur und Gegenstände zerstörte.

Königin Karoline Murat war noch viel begeisterter für die Ausgrabungen als ihre bourbonische Namensschwester. Der Erzbischof von Neapel, Giuseppe Capece, der sich im Studium der Antike sehr gut auskannte, wußte sie in äußerst geschickter Weise in die Geheimnisse der beiden verschütteten Ortschaften einzuführen. Der Erfolg war eine geradezu leidenschaftliche Anteilnahme. Wiederholt fand sie sich persönlich an den Arbeitsstätten ein. Die Ausgrabungsleitung unterstützte diese Neigung der Herrscherin mit allen, auch schon seinerzeit bei Kaiser Joseph II. versuchten Mitteln. Als die Königin und der Kronprinz sich für den 27. Oktober 1808 zu einem Besuch ansagten, wurde ein an der Straße liegendes altrömisches Geschäft zur Freilegung vor den hohen Herrschaften »vorbereitet«. Als man dort in zwei Räumen einzelne antike Bronzegegenstände und viele Terrakottagefäße gefunden hatte, merkte man sich den Ort und schüttete die Dinge gleich wieder leichthin zu, um sie dann vor der Königin aufzudecken. In zahlreichen ihrer Briefe schrieb Karoline Murat über diese Besuche. Aus dem Isistempel hatte man ihr drei Amulette gebracht mit Inschriften, die Sieg bedeuteten. »Ich schicke Dir, meine liebe Hortense«, schrieb sie ihrer Schwägerin, der Königin von Holland, »zwei wahre Talismane, die im Tempel des Serapis gefunden wurden. Gib bitte das dritte der Kaiserin als von mir kommend. Zwei der Inschriften bedeuten, wie Du erkennen wirst, ›Sieg‹, und Du wirst einsehen, daß das für sie sehr passend ist. Ich ließ Ausgrabungen machen, war dabei und habe zweitausend Jahre alte Asche gesehen und verschiedene seltene Gefäße, die ich der Kaiserin gesandt habe[76].« Königin Karoline trug alles, was gefunden wurde und was halbwegs beweglich war, nach Hause und brachte so in ihren Gemächern förmlich ein Sondermuseum zusammen. Sie ließ auch nicht locker, bis ihr Gemahl am 3. Oktober 1810 mit seinen Ministern nach Pompeji kam und sie ihnen allen an Ort und Stelle persönlich klarmachen konnte, wie wichtig es sei, die Arbeit dort zu fördern. Die Königin war glücklich, als man – wahrscheinlich auch vorbereiteterweise – in ihrer Anwesenheit ein Triclinium oder Speisezimmer ausgrub, dessen Wände von oben bis unten fröhlich mit Fischen, Vögeln und Wild aller Art bemalt waren und sie an den drei steinernen Ruhebetten erkennen konnte, wie die Römer dereinst um den kleinen Tisch gelagert getafelt hatten. Nur dessen Holzplatte war verschwunden, während seine drei Marmorfüße noch vorhanden waren. Es war dies ein wesentlicher Unterschied gegenüber Herculaneum. Die schüttere, luftdurchlässigere Aschen- und Lapillidecke konnte nichts, was aus Holz war, vor dem völligen Verderben und damit endlichem Verschwinden schützen; wohl aber der zu Tuff erstarrende Schlamm, der Herculaneum begraben hatte, unter dessen Schutz die Holzgegenstände zwar einen Fossilisationsprozeß mitmachten und völlig verkohlten, aber ihre ursprüngliche Gestalt beibehielten.

Die Königin gab damals vor ihrem Gemahl, dem Minister des Innern und Cavaliere Arditi sowie La Vega, der immer noch die Durchführung der Arbeiten leitete, ihren höchsten Eifer zu erkennen, der dahin ging, möglichst schnell die ganze Stadt zutage zu fördern. Eindringlich wurde beraten, was da zu tun sei, um diesen ihren heißen Wunsch auch tatsächlich zu verwirklichen. Der Minister der Finanzen wurde inständigst gebeten, alles was in seiner Macht liege aufzubieten, um diese Aufgabe, die ja schließlich zu einer Geldfrage wurde, möglich zu machen.

Die bei dem Besuch Anwesenden standen sämtlich unter dem Eindruck, welch wahre Leidenschaft für die antiken Funde die Königin erfaßt hatte. Alles, was damit zusammenhing, auch der Vulkan selbst interessierte sie. »Ich bin jetzt in Portici«, berichtete sie wenige Tage nach diesem Besuch ihrer Schwägerin Hortense, »und wie Du siehst ganz nah am Vesuv, der jeden Tag die Form seiner Eruption wechselt. Seit drei Monaten ist die Mündung des Kraters völlig verändert ... So wie Du sehe ich wenig Menschen, lese und arbeite viel. Ich habe Ausgrabungen machen lassen, da hast Du, meine liebe Hortense, meine Zerstreuungen[77].«

Und wirklich, jede Woche erschien die Königin bei den Arbeiten, eiferte die Leute an, erhöhte ihre Löhne, gab ihnen selbst Geld und war überglücklich über jeden kleinen Fund, den sie gleich mitnehmen konnte. Nach dem gemeinsamen Besuch brachte der »Monitore Napoletano« vom 7. Oktober 1809 einen ausführlichen Bericht darüber, und eine der Folgen war, daß man nun ernstlich an die Frage des Ankaufes des Privaten gehörigen, antike Bauten deckenden Geländes ging. Im Jahre 1811 wurden auch tatsächlich zwei Drittel der in Betracht kommenden Bodenfläche für den Staat erworben. Das Königspaar interessierte sich so sehr, daß man fast sagen kann, sein Einfluß sei für gründliche Arbeit zu übereifrig, ja zu fieberhaft gewesen. Die Herrscherin gebärdete sich gleichsam als die unmittelbare Leiterin der Ausgrabungen. Sie wollte monatlich zweitausend Dukaten aufwenden und setzte es durch, daß zu den schon aufgenommenen Hunderten von Arbeitern, die die Erdbewegungen unter einem Pächter ausführten, auch noch Pioniere des Heeres traten. Karoline Murat verlangte wöchentlich zwei Berichte über die Fortschritte. Jetzt wurde hauptsächlich in der Gräberstraße gearbeitet, und man fand hier sehr viele Skelette von Pompejanern, die gegen das Meer hatten flüchten wollen. Man merkte nun den Unterschied zwischen Herculaneum und Pompeji, in welch letzterer Stadt, obwohl sie erst zum geringsten Teil erforscht war, schon Hunderte von Skeletten gefunden wurden, während man seinerzeit in Herculaneum nur auf wenige, im ganzen zwölf Totengeripppe gestoßen war.

Daneben wünschte die Königin, daß insbesondere das Amphitheater und die Basilika völlig zutage gefördert würden. Es machte ihr die größte Freude, ihre Gäste nach Pompeji zu führen und ihnen die neuesten Entdeckungen zu zeigen. So kam Karoline Murat am 6. April 1811 mit der Schwägerin des Kaisers von Rußland und sah den Ausgrabungen in dem Hause des Apollo zu. Bald wurde es auch allgemein bekannt, wie sehr die Fürstin alles schätzte, was mit den verschütteten Städten zusammenhing. Ein Abbé namens Domenico Romanelli, Vorsteher der Bibliothek der königlichen Kinder, widmete ihr im selben Jahr die Beschreibung einer Reise von Pompeji über Paestum nach Herculaneum. François Piranesi, ein geschickter Zeichner und Archäologe, Sohn des berühmten Graphikers und Architekten Jean Baptiste gleichen Namens, der die Denkmäler Roms in Kupfer stach, hatte 1809 sein gewaltiges, zweibändiges Werk »Das Theater von Herculaneum« fertiggestellt. Die Königin liebte es, ihren Gästen dieses sowohl als auch die Veröffentlichungen des französischen Architekten F. Mazois zu schenken, der auf Kosten des Hofes von Neapel und unter dem Ehrenschutz der Herrscherin ein herrliches Werk über Pompeji herausgab[78].

Eines Tages, am 11. Januar 1812, fand man auf der Gräberstraße, nicht weit vor dem Tore der Stadt, zwei Gerippe just dort, wo die Lapilli aufhörten und die Wasserasche begann. Das eine lag mit dem Gesicht zur Erde, und unmittelbar an der Hüfte entdeckte man nicht weniger als 69, aus einem von der Zeit völlig zersetzten Beutel entfallene Gold- und 115 Silbermünzen. Die ersteren waren nagelneu, hatten 22 Karat und stammten von den Kaisern Tiberius, Nero, Otho, Vitellius, Vespasianus und Domitian; sie sahen so aus, als wären sie gestern erst aus der Prägestätte gekommen. Der zweite Tote lag mit weitgeöffneten Armen auf dem Rücken, ohne aber etwas bei sich gehabt zu haben. Unweit davon fand sich noch ein drittes Skelett. Alle Toten hatten den Abdruck ihrer Körper in der Asche hinterlassen. Damals aber stand man dem noch hilflos gegenüber und zerstörte die so lebendig erhaltene Wiedergabe antiker Körper.

Der Ausgrabungsleiter Arditi begab sich mit dem Goldschatz sofort zum Minister des Innern, Zurlo, der den glücklichen Entdecker augenblicklich in seinen Wagen setzte und mit ihm ohne Zeitverlust zu Murat und seiner Frau fuhr, die ihn begeistert empfingen. Sie besahen wieder und immer wieder die schönen und seltenen Münzen und bedauerten nur, der Aufdeckung nicht selbst beigewohnt zu haben. Dieses Gefühl wurde noch verstärkt, als die Königin erfuhr, daß am 12. Mai 1812 wieder auf der Gräberstraße unweit der fälschlich benannten Villa des Diomedes eine junge Frau gefunden wurde, die herrliche Ringe und reizende, perlengeschmückte Ohrgehänge trug. Sie hatte ihr Kind gegen den Busen gepreßt, und zwei junge Mädchen ruhten nicht weit von ihr.

Die Ausgrabungsleitung gab nun den Befehl, bei dem nächsten Skelettfund nichts verlauten zu lassen, alles sogleich wieder zuzuschütten und es erst wieder vor Karoline Murat an den Tag zu schaffen. Und wirklich deckten kurz darauf die den Arbeitern beigegebenen Pioniere neuerdings einen solchen Toten auf, den man entsprechend zurichtete und am 21.November 1812 vor der Herrscherin und ihren Kindern bloßlegte. Neben dem Toten fand sich ein anfangs unkenntliches Etwas, das an einer Stelle golden glänzte. Als man näher zusah, stellte sich dies als ein Klumpen von nicht weniger als 360 Silber- und 42 aneinandergepickten Bronzemünzen dar, die wegen des Edelrostes (der Patina) kaum erkenntlich waren. Mitten darin aber fanden sich acht wundervolle kaiserliche Goldmedaillen, die gleichfalls aussahen, als wären sie erst gestern geprägt worden. Sie waren in einem dunkelbraunen Sack aus grobem Linnen gewesen, von dem sich noch einzelne Teile erhalten hatten. Es gelang, ein Stück davon zu bergen und ins Museum zu bringen, der Rest aber zerfiel in Staub sobald man ihn nur berührte. Diese Leichen wurden schon zehn Fuß hoch über der Aschenlage gefunden und über ihnen war nur eine schmale Schicht von mit Lapilli gemischter Asche[79].

Noch zu einem zweiten solch »vorbereiteten« Skelett führte man Karoline Murat, und als man weitergrub, fand man noch vier Tote, darunter ein Kind, von denen man vorher nichts gewußt hatte, so daß die Königin doch endlich einmal vor einem echten, vor ihr selbst gemachten Funde stand. Auch diese Opfer hatten Ohrringe mit Perlen und an den Fingern mit Granaten geschmückte Goldringe in Schlangenform; überall lagen Münzen verstreut. Die Herrscherin freute sich wie ein Kind, kam am 30.November desselben Jahres wieder und brachte diesmal einen kleinen Esel mit, der dann mit allen Funden beladen an den königlichen Wagen angebunden wurde und damit gleich bis nach Portici lief. Die glückstrahlende Königin schenkte den Arbeitern und Pionieren an diesem Tage zweihundert klingende Dukaten.

Während Karoline Murat sich voll Eifer mit den Ausgrabungen beschäftigte, die in den letzten Monaten des Jahres 1812 vornehmlich Denkmäler an der Gräberstraße, wie jenes des Scaurus mit den Darstellungen von Gladiatorengefechten und Tierhetzen ans Tageslicht brachten, vergaß diese tüchtige und ehrgeizige Frau auch die Politik nicht. Sie war nun Regentin, da ihr Gemahl an dem Feldzug der »grande armée« gegen Rußland teilnahm, der im Juni des Jahres 1812 begonnen, nun schon im November zum völligen Zusammenbruch führte. Auch ihre Lage mußte unter diesem Unglück des kaiserlichen Bruders schwer leiden, und von dieser Zeit an datierten die Kämpfe, die das Ehepaar Murat um die Beibehaltung des ihm so lieb gewordenen Thrones führten und die es so weit brachten, selbst denjenigen zu verraten, dem es die Krone und überhaupt alles verdankte. Murat und seine Frau liebten die königliche Gewalt, aber auch die herrliche Stadt Neapel, und nicht zum wenigsten trug dazu auch die Freude an den Ausgrabungen bei.

Eben im Februar 1813 hatte man an der Gräberstraße ein sehr schönes Denkmal gefunden, das dereinst eine freigelassene Griechin namens Naevoleia Tyche noch bei Lebzeiten für sich und offenbar für ihren Geliebten, den Augustalis Munatius Faustus, errichtet hatte. Dieser Munatius war ein angesehener Mann, denn man hatte ihm die Ehre des Biselliums, das heißt eines Sitzes im Theater in doppelter Breite zuerkannt, was auf dem Denkmal ersichtlich gemacht war[79].

Kaum war man auf dieses Grabmonument gestoßen, vermauerte man, ohne weiter zu suchen, den Zugang dazu sofort wieder, um es dann vor der Königin ausgraben zu können. Am 18.März darauf erschien sie in Begleitung des Bildhauers Canova, und man förderte das Denkmal zutage. Es fanden sich dabei zwei Aschenurnen aus Glas und in ihnen verbrannte Gebeine der Verstorbenen in einer noch nicht eingetrockneten Mischung von Wasser, Wein und Öl. Eine Bleihülle schützte die Glasvasen von außen und hatte sie so 1700 Jahre hindurch unversehrt erhalten. Nebenbei fanden sich viele reizende Terrakottalampen. Die Königin ließ sich diese Dinge mit nicht weniger als 900 in der letzten Zeit gefundenen Münzen nach Portici senden und spendete den Pionieren wieder hundert Dukaten. Begreiflich, daß dies für die Soldaten den höchsten Ansporn bedeutete, immer neue Dinge zutage zu fördern. Königin Karoline erwartete den Erfolg stets mit solcher Ungeduld, und man mußte ihr immer alles unmittelbar nach dem Finden so schnell schicken, daß man oft gar keine Zeit hatte, die Dinge genauer zu bestimmen.

Während ihr großer Bruder und Beschützer Napoleon im Laufe des Jahres 1813 nunmehr schon in Deutschland um die Aufrechterhaltung seiner Herrschaft kämpfte, selbst das verschwägerte Österreich von ihm abzufallen begann und daher ernste Sorgen um die eigene Zukunft das Muratsche Königspaar bedrängten, hörte es doch nicht auf, sich um die Ausgrabungen zu kümmern. Im September 1813 arbeiteten schon 532 Leute hauptsächlich an der Basilika und am Amphitheater sowie an der Vorbereitung an Orten, die vor der Herrscherin ausgegraben werden sollten. Dabei hielt es sehr auf, daß man die Straßen und Wege stets gut herrichten mußte, auf denen man die Majestäten zu den Funden führte. Gegen Ende des Jahres kamen sie immer häufiger, die Königin oft mehrere Tage hintereinander.

Mittlerweile hatte sich die Lage auf den Kriegsschauplätzen in Europa verschärft. Die dort und da erfochtenen französischen Siege waren teuer erkauft, und Napoleon mußte von überall, wo er nur konnte, Truppen und Verstärkungen heranziehen. So sollte auch Neapel 20000 Mann stellen, die für die

Armee des kaiserlichen Stiefsohnes, des Vizekönigs Eugen, in Oberitalien bestimmt waren. Napoleon schrieb in diesem Sinne wiederholt und höchst energisch an seine Schwester und Murat. Einmal traf eine solche Mahnung gerade ein, als das Herrscherpaar eben die Ausgrabungen von Pompeji besuchte. Kaum hatte der König gelesen, so zerriß er den Brief wütend vor allen Leuten, trat ihn mit Füßen und schrie: »Nicht eine Kompanie lasse ich ausmarschieren.« In Neapel dann versammelte er seine Minister und sagte ihnen empört: »Meine Herren, es ist unerhört, der Kaiser behandelt mich von oben herab, wie einen Korporal[80].«

Im Herbst dann begannen sich die Ereignisse zu überstürzen. In den Tagen vom 16. bis 18.Oktober erlag Napoleon in der Völkerschlacht von Leipzig und mußte seinen Rückzug über den Rhein nach Innerfrankreich antreten. Nun war es für Murat und seine Gemahlin an der Zeit nachzudenken, welche Vorsorgen sie für den Fall der endgültigen Niederlage des Kaisers treffen könnten. Sie hätten sich viel lieber weiter mit den Ausgrabungen von Pompeji beschäftigt. Man war damals im November 1813 gerade auf das Forum gelangt und begann, dieses allmählich freizulegen, während das Königspaar nun schwere, seine Zukunft betreffende Entschlüsse fassen mußte. Schon seit Jahresfrist hatte Murat mit dem Gedanken zu spielen begonnen, zu den Gegnern Napoleons überzugehen und sich sein Königtum von diesen rechtzeitig vor dem kommenden Zusammenbruch sicherstellen zu lassen. Dafür wollte er am Kriege gegen seinen Schwager und Wohltäter teilnehmen. Im Januar 1814 vollzog Murat auch wirklich den Bruch mit Napoleon und damit auch mit Frankreich, seiner Heimat. Die Verbündeten aber gedachten ihn vorerst dazu zu benutzen, mit seiner Hilfe die übrigen Franzosen aus Italien hinauszuwerfen, dann aber sich auch gegen ihn, den Verräter selbst zu wenden. Irgendwie schwebte dem zum König aufgestiegenen Marschall vor, Italien zu einigen und sich dann zum nationalen Heros des Landes aufzuspielen. Aber das waren alles Träume, die vor den harten Tatsachen in nichts zergehen mußten. Sein Schriftwechsel mit dem mittlerweile nach Elba verbannten Napoleon, der mitgelesen wurde, zeigte den Verbündeten, daß er ein Doppelspiel trieb, und gab ihnen die nötige Handhabe, ihn trotz seiner Abmachungen mit Österreich bald ganz fallen zu lassen.

Da, am 1.März 1815, landete plötzlich Napoleon, der Elba heimlich verlassen hatte, auf französischem Boden. Nun begann sein Triumph- und Siegeszug, der ihn in Kürze bis nach Paris führte und ihm die Möglichkeit gab, neue Armeen aus dem Boden zu stampfen und den in Wien am Kongreß beratenden und streitenden Verbündeten von neuem den Fehdehandschuh hinzuwerfen. Auf diese Nachricht hin vergaß Murat alles Geschehene. Er sah nur den Stern seines kaiserlichen Herrn wieder neu aufgehen, dessen Führergenie er in so unzähligen Schlachten und Gefechten bewundert hatte. Im Nu vergaß er alle seine Verträge, zog mit den neapolitanischen Truppen ins Feld und bekämpfte die Gegner Napoleons in Italien, wo immer er sie antraf.

Angstvoll horchte die Königin in Neapel auf die Nachrichten vom Kriegsschauplatz und von dem Ausgang der tollkühnen Unternehmungen ihres Bruders sowohl wie ihres Gatten. Sie wußte kein besseres Mittel, die Aufregung und die mitgenommenen Nerven zu beruhigen, als immer wieder nach Pompeji zu pilgern. Dort hatte man eben die Arena des Amphitheaters gänzlich aufgedeckt, und am 11. April kam die Königin vom Schlosse von Portici aus, wohin sie sich nach der Abreise Murats zur Armee zurückgezogen hatte, um sich diesen Erfolg zu besehen. Sie bewunderte besonders einen noch ziemlich gut erhaltenen Tuchsack mit einer Bronzelaterne darin, der bei einem in dem rechten Umgang des Amphitheaters aufgedeckten Skelett gefunden worden war. Nach diesem Besuch wurde der Befehl gegeben, »zur Unterhaltung der Königin« mit größtem Eifer neue antike Häuser zur Ausgrabung vorzubereiten. Alle Arbeiter, die beim Amphitheater beschäftigt gewesen waren, wurden nun an einer Stelle zusammengezogen, wo fünf Zimmer in dieser Weise behandelt wurden. Am 17. April konnte sie noch ihrem Bruder Jérôme, dem gewesenen König von Westfalen, und am 18. noch dem spanischen Königspaar begeistert die Ausgrabungen zeigen. Das aber war ihr letzter Besuch.

Murat war es indes im Felde schlecht ergangen. Österreich hatte sich wieder mit König Ferdinand von Bourbon verbündet; einige Tage darauf, am 2. und 3. Mai, wurde Murat in der Schlacht von Tolentino geschlagen. Am 10. verlangte die englische Flotte vor Neapel in einem Ultimatum die Auslieferung aller Kriegsschiffe und Arsenale. Schon drohte ein Volksaufstand in der Stadt, Karoline Murat aber beschwor ihn noch, indem sie sich bei einer Truppenschau der »garde nationale« furchtlos vor aller Welt zeigte. Am 18. Mai, neun Uhr abends, kehrte ihr Gemahl verzweifelt nach Neapel zurück. »Alles ist verloren«, sagte er zu seiner Frau, »nur mein Leben noch nicht. Ich war nicht glücklich genug, den Tod zu finden. Es bleibt mir nichts übrig als nach Frankreich zu fliehen, um womöglich noch Napoleon meinen Degen anzubieten.« Nächtlicherweise in Zivilkleidern verließ Murat, nur von wenigen Getreuen begleitet, die Stadt. Zwei Tage darauf mußte sich Karoline auf einem englischen Schiff gefangen geben. Sie wurde nach Triest gebracht, legte ihre Würden ab und versank unter dem Namen einer Gräfin von Lipona in das private Dunkel[81].

Nun war der Weg für die Rückkehr des nach Sizilien geflüchteten Bourbonenkönigs wieder frei, die Fremdherrschaft wohl gebrochen, aber für die beiden versunkenen Ortschaften war die Franzosenzeit dank der leidenschaftlichen Anteilnahme des Königspaares von Vorteil gewesen. Wäre mit der gleichen Hast weitergearbeitet worden, wie dieses die Ausgrabungen in den letzten Jahren betrieben hatte, so wäre Pompeji in verhältnismäßig sehr kurzer Zeit völlig ans Licht gebracht worden, wenn man auch nicht zu viel fragen darf, wie dies geschehen wäre.

Ein großes Drama war ausgespielt, nun versuchte man in ganz Europa das Rad der Geschichte wieder zurückzudrehen.

7

POMPEJI UND HERCULANEUM IN DER NEUESTEN ZEIT
1815 – 1951

Der Wiener Kongreß bestimmte nunmehr die Rückkehr des Bourbonen Ferdinand auf den neapolitanischen Thron unter der von diesem König nur zu sehr begrüßten Bedingung, daß er mit allen freiheitlichen französischen Neuerungsideen aufräume und auch niemals eine Verfassung gebe. Der Monarch, dessen Gemahlin Karoline inzwischen in der Verbannung in Wien zu Beginn des dortigen Kongresses gestorben war, schickte sich nun wieder an, nach seiner Hauptstadt Neapel zurückzukehren. Er mußte lächeln, als der den erkrankten La Vega vertretende Arditi aus Pompeji Berichte erstattete, in denen die eben erst geflohene Königin und Schwester Napoleons einfach mit »Madame Murat« bezeichnet war. Deren Wiederkehr stand freilich nicht mehr zu befürchten, denn ihr Gemahl hatte nach der Niederlage seines kaiserlichen Schwagers bei Waterloo Ende September 1815 in einem verzweifelten Abenteuer versucht, von Korsika aus mit schwachen Truppen Neapel wiederzuerobern. Die Unternehmung mißlang völlig; Murat wurde bei seiner Landung gefangengenommen und standrechtlich erschossen. Arditi hatte aber trotzdem allen Grund zu bedauern, daß die »Madama« nicht mehr in Neapel das große Wort führen konnte. Denn nun, da auch die bourbonische Königin Karoline gestorben war, die doch ebenfalls, wenn auch in geringerem Maße, für die Ausgrabungen geschwärmt hatte, fand sich bei dem mangelnden Interesse des Königs niemand mehr, der wirklich ernsten Anteil an der Sache nahm und auch die nötigen Machtmittel hatte, um sie zu fördern. La Vega starb 1815 und der Architekt Antonio Bonucci übernahm nun unter diesen schlechten Bedingungen die Leitung der Ausgrabungen. Er versuchte zwar langsam weiterzuschaffen, aber mit immer schwächeren Arbeitskräften. Pompeji sank nun bloß zu einer interessanten Vergnügungsstätte herab, einer Art Freilichtmuseum, in das man Gäste führte, um sie zu unterhalten. Die bisher aufgewandten Gelder wurden auf die Hälfte herabgesetzt, ja sogar einzelne auf Befehl Murats angekaufte Landstrecken, unter denen Teile Pompejis begraben lagen, wieder veräußert. Nur vierzig bis hundert Mann wurden mit großen Pausen wechselnd beschäftigt. Im Dezember 1818 waren es gar nur mehr dreizehn, denn die Pächter fanden dabei nicht mehr ihre Rechnung und hätten am liebsten alles ganz einschlafen lassen.

Für mit den Grabungen nicht zusammenhängende Dinge, die der Hof wünschte, hatte man aber immer Geld und Arbeitskräfte. Eines Tages erklärte der König, es sei so mühsam in Pompeji zu gehen, er wünsche seine fürstlichen Gäste mit dem Wagen durch die Stadt fahren zu lassen und man solle sofort die entsprechenden Maßnahmen treffen. So ließ man alles liegen und stehen und arbeitete eine Woche, um es zu ermöglichen, daß der Monarch durch die Gräber- und Konsularstraße bis zum Forum fahren konnte. Man mußte dazu auch die antike Form dieser Verkehrswege verändern und die großen Trittsteine wegschaffen, die dort und da mitten in der Straße lagen, um deren Überschreiten trockenen Fußes zu erleichtern. Die hochgeräderten antiken Wagen kamen darüber hinweg, die tiefgefederten königlichen Karossen der modernen Zeit wären an diese angestoßen. Nun aber konnte König Ferdinand von Neapel am 11. April 1818 nach so viel hundert Jahren als erster wieder durch die antike Stadt fahren. Man betrachtete Pompeji mehr oder weniger als eine Spielerei zu persönlichem Vergnügen. Von diesem Augenblick an wurde der dereinst vom Vesuv verschüttete Ort in steigendem Maße dazu benutzt, den Prinzen des königlichen Hauses wie fremden Fürstlichkeiten, Unterhaltung zu bieten. Als man einmal in einem Gebäude vielartige chirurgische Instrumente ausgrub, die davon zeugten, wieweit die Kunst der römischen Ärzte damals schon gediehen war, schüttete man den Fund wieder zu und »entdeckte« ihn neuerdings am 31. Oktober 1818 vor den Prinzen von Salerno und Württemberg. Ähnlich ging man am 13. Mai 1819 vor, als auch Kaiser Franz 1. von Österreich und seine vierte Gemahlin Karoline Auguste auf ihrer Italienreise Pompeji besuchten. Sie konnten sich dabei nicht nur von den Schönheiten Neapels und den interessanten Entdeckungen in den verschütteten Städten überzeugen, sondern erkannten auch aus verschiedenen Anzeichen, welche Erbitterung sich in der Bevölkerung gegen die rückschrittlichen Regierungsmaßnahmen bemerkbar machte. Und wirklich erzwangen bald darauf aufrührerische Volksmassen im Jahre 1820, daß ihr Rädelsführer General Pepe zum Oberkommandanten des neapolitanischen Heeres ernannt wurde und der Monarch eine Verfassung eidlich bestätigen mußte. Diese drohte das »Legitimitätsprinzip« und damit die Grundsätze des seit der Niederlage Napoleons in Europa maßgebenden österreichischen Kanzlers, Fürst Metternich, zu untergraben, und so wurde ein Kongreß der Mächte in Laibach veranstaltet, wohin auch Ferdinand von Neapel berufen wurde. Kaum hatte er die Grenze seines aufrührerischen Landes überschritten, erklärte der König die Verfassung für nur erzwungen und willigte ein, daß österreichische Truppen in

Neapel »Ordnung machten«. So kam es zur Besetzung des Landes durch den kaiserlichen General Frimont, die bis zum Dezember des Jahres 1826 andauerte. Während dieser Zeit wurde fast gar nichts ausgegraben, erst nach erfolgter Einnahme der Hauptstadt begannen die Arbeiten wieder, an deren Fortführung der Generalintendant der österreichischen Armee in Neapel, Franz Freiherr von Koller, wesentlichen Anteil nahm. Es war derselbe Offizier, der 1814 Napoleon nach Elba begleitet und dem gestürzten Helden damals seinen Generalsrock geliehen hatte, damit er nicht erkannt würde. Ein wissenschaftlich gebildeter und die Künste hochschätzender Mann, weilte Koller oft an den Ausgrabungsstätten, begleitete gelegentlich die Könige von Schweden und Holland dahin und legte selbst eine herrliche antike Vasensammlung an, die 1828 für das Museum in Berlin angekauft wurde.

Im Oktober des Jahres 1822 machte sich der Vesuv wieder stark bemerkbar. Am 22. floß ein Lavastrom aus dem Krater herab, und bald folgte ein Ausbruch, der so heftig war, daß die bekannte Rauchpinie sich nicht weniger als drei Kilometer hoch zum Himmel erhob, während schwarze, mit Lapilli vermischte Asche weithin über das Land verstreut wurde und auch wieder zum Teil über Pompeji fiel. Die mit den Ausgrabungen Beschäftigten mußten nach Torre d'Annunziata flüchten, der Krater brach in weitem Umfang in sich zusammen, die Vesuvspitze war damit zweihundert Meter tiefer und der Umfang der Öffnung ungefähr vier Kilometer groß geworden. Auch über Neapel ging ein Aschenregen nieder. Nach kurzer Zeit beruhigte sich der Vulkan jedoch wieder, und die Schäden des Ausbruches blieben gering. Immerhin hatte dieser Zwischenfall die Arbeiten wesentlich gestört, man mußte neuerdings ganz frische Asche wegräumen. Dies war um so schwieriger, als seit 1823 kein Pächter mehr vorhanden war und die damals am Forum durchgeführten Grabungen besonders beim Gebäude der Eumachia nur äußerst langsam fortschritten. Auch war gar kein Geld zur Verfügung, und dies ging so weit, daß man erst die ausdrückliche königliche Bewilligung der Fortschaffungskosten abwarten mußte, wenn einmal eine Kiste mit in Pompeji gefundenen antiken Gegenständen zum Abtransport ins Museum bereitstand.

Überblickte man das Ergebnis der Ausgrabungen bis zum Jahre 1823, so ergab sich, daß trotz allem in der bourbonischen Zeit das Herz Pompejis, das Forum mit den umliegenden Gebäuden, das Theaterviertel mit der Gladiatorenkaserne sowie die gegen Westen gelegene Stadtmauer, endlich die westlichen Teile der Ortschaft bis zum Herculaner Tor und der Großteil

der Gräberstraße aufgedeckt worden waren; außerdem lag in der Südostecke vereinzelt das Amphitheater zutage und dort und da verstreut waren
auch Privathäuser am Nordrande der Stadt und an der Stabianer Straße ausgegraben. Um 1824 arbeitete man am Tempel der Fortuna und an den
Forumsthermen, wo man auch wieder einzelne kreisrunde, den Schiffsluken
ähnliche Fenster aus dickem Glas vorfand, sowie nicht weniger als 778 römische Öllampen, deren große Zahl bewies, daß die Thermen von den Römern
offenbar auch zur Nachtzeit benutzt worden waren.

Im Zusammenhang mit der Besetzung der Stadt waren es nunmehr auch
vielfach österreichische Gäste, die die Ausgrabungen besuchten. So kam
Marie Luise, die Tochter des Kaisers Franz und Witwe Napoleons, die nunmehrige Herzogin von Parma, nach Pompeji; ihrer Sinnesart entsprechend
machte ihr die Sache jedoch wenig Eindruck. Sie besichtigte vornehmlich
die Arbeiten nächst dem Forum.

Am 4. Januar 1825 starb Ferdinand von Bourbon nach nicht weniger als fast
sechsundsechzigjähriger, meist von anderen geführter Regierung. Ihm folgte
sein Sohn Franz I., der, schon bei der Thronbesteigung krank, keinen
großen Einfluß auf den Gang der Dinge im Königreich nahm. Für die Ausgrabungen aber hatte er, dereinst von der Mutter angeregt, mehr Sinn als
sein Vater. Unter ihm arbeitete man hauptsächlich an der Freilegung der
Häuser nördlich der Forumsthermen, insbesondere an einem großen Gebäude, das einem pompejanischen Geschäftsmann gehörte. Es besaß eine
große Bäckerei und, da bei den alten Römern die Bäcker auch gleichzeitig
Müller waren, drei große Mühlen, in denen konische Steine, in geschickter
Weise angebracht und von Sklaven oder kleinen Eseln gedreht, das dazwischen durchrieselnde Getreide zu Mehl mahlten. Im Mühlraum war ein
glückbringendes Zeichen an die Wand gemalt mit der Inschrift »Hic habitat
felicitas« (Hier wohnt das Glück).

Unweit davon wurde in der nächsten Zeit auch ein Gebäude aufgedeckt,
das den irrigen Namen »Haus des tragischen Dichters« erhielt. Man hatte
nämlich darin im Fußboden ein großes Mosaik gefunden, das sieben Personen zeigte, die Vorbereitungen für eine Theaterprobe trafen. Auch ein anderes Gemälde schien einer Szene entnommen, in welcher der Tragödiendichter sein Werk selbst vorlas. In Wirklichkeit sollte dies aber keinen solchen
vorstellen, sondern einen Sendling Apollos, des Gottes der Orakel, der aus
einer Papyrusrolle den Spruch verkündet, jemand müsse für König Adme-
tus freiwillig sein Leben hingeben, sollte der Herrscher nicht wegen des
Zornes der Göttin Artemis fallen. So starb dieses Mannes Gemahlin Alkestis

für ihren Gatten; Euripides verwendete die Sage in seinem gleichnamigen Drama. Das sonst kleine Haus wurde in Bulwers vielgelesenem Roman »Die letzten Tage von Pompeji« zu der Wohnstätte des Helden Glaucus gemacht und ist durch dieses Werk weltberühmt geworden.

Der neue König besichtigte mit wahrem Vergnügen die Funde, weilte nun häufiger in Pompeji und begab sich zum Beispiel mit der Königin im September und Oktober 1826 mit großem Gefolge auch des Abends dahin, um bei Mondenschein zwischen den antiken Monumenten spazieren zu gehen und dabei dem gänzlichen Zutageschaffen eines vorher gefundenen Mosaikbrunnens beizuwohnen. Unter diesem Monarchen wurde das Ausgraben vor vornehmen Persönlichkeiten noch weiter ausgedehnt. Jetzt veranstaltete man schon nicht mehr nur für Fürsten, sondern auch für andere hervorragende Besucher »vorbereitete« Sonderausgrabungen.

Ende Dezember 1826 war die Räumung des Königreiches von den österreichischen Truppen durchgeführt worden, und in diesem Winter strömten zahlreiche »Fremde von Distinction« in der schönen Stadt des Südens zusammen. Neben vielen Fürstlichkeiten, wie dem späteren König Leopold von Belgien, auch viele reiche englische Besucher, die sich besonders begeistert zeigten. Ende September 1827 bereitete man der neapolitanischen Herrscherfamilie beim Einzug eines Hauses nächst dem Forum das Schauspiel des Aufdeckens fünf menschlicher Skelette mit Goldarmbändern und Münzen. Auch wurde im Isistempel eine Büste des hochberühmten römischen Schauspielers C. Norbanus Sorex gefunden, der zur Erbauung jenes Heiligtums beigesteuert hatte. Dadurch wurde das Interesse des Königspaares angeregt, und als man ihm kurz darauf mit dem Vorschlag nahte, auch in Herculaneum die Grabungsarbeiten wieder aufzunehmen, kam es zu einer Entscheidung, die das Wertvollste war, was König Franz während seiner kurzen Regierung in bezug auf die Ausgrabungen verfügte. Zufällig war im Jahre 1827 in der Gegend von Resina auf einem Landsitz eine antike Höhlung gefunden worden, deren Verlauf neuerliche Hoffnungen auf erfolgreiche Grabungen erweckte. Auf diese Meldung hin gab der Monarch den Befehl, dort, wo sich das Gebiet von Herculaneum zum Meer hin zu neigen beginne, neuerdings zu arbeiten. Zwar hatte man hier schon im 18. Jahrhundert geforscht, aber einzelne aufgedeckte Gebäude waren damals wieder zugeschüttet worden. Jetzt beschloß man, abweichend von der bisher in Herculaneum betriebenen Suche durch Stollen, die antiken Häuser völlig freizulegen und das Terrain abzugraben, soweit die nötige Schonung des Ortes Resina dies nicht verhinderte. Damit war der Anfang für das weitere Aufdecken von Herculaneum gemacht, das durch fast dreiundsechzig Jahre völlig geruht hatte und nun mit mancherlei Unterbrechungen bis zum Jahre 1855 langsam weitergeführt wurde.

Die Fürstenbesuche wurden in der Folge geradezu zu einem Zeremoniell ausgestaltet; es genügte die bloße Ansage, da wußte man schon bei der Ausgrabungsleitung, was man zu tun hatte. Bald kam die Gepflogenheit auf, zu besonderer Ehrung hoher Gäste die in ihrer Anwesenheit freigelegten Häuser auch nach ihnen zu benennen. Die meisten aber zeigten geringes Verständnis für die dort gefundenen herrlichen Dinge. Ganz anders war dies bei dem kunstsinnigen König Ludwig I. von Bayern, der im Jahre 1829 mit den Grafen Arco und Seinsheim in Italien weilte. Er liebte dieses Land, seine Bewohner und herrlichen Kunstschätze wie kein zweiter Deutscher und besaß dafür ein ganz besonderes Verständnis. Vor Eifer förmlich glühend besuchte er Pompeji und stach durch sein dabei bezeigtes warmes Interesse wohltuend gegen die vielen sonstigen Fürstlichkeiten ab, deren neugierige, aber unsachliche, ja naive Fragen stets neuen Stoff für Witze boten. Ludwig von Bayern jedoch zeigte nach den eigenen Worten der Ausgrabungsleitung jener Zeit »bei jedem Schritt derart außergewöhnliche Kenntnisse und solche Begeisterung für die wertvollen Denkmäler antiken Ruhmes, daß man dies kaum schildern kann«. Einige Jahre waren seit seinem letzten Besuch vergangen und er wollte daher vornehmlich sehen, was neu ans Licht geschafft worden war, vor allem die Thermen. Man förderte in seiner Anwesenheit in einem antiken Geschäft an der Straße eine Menge Dinge, wie Münzen, Öllampen und Gefäße aller Art zutage. Der Monarch war so begeistert, daß er am liebsten Beil und Hacke in die Hand genommen und mitgearbeitet hätte. »Der sollte unser König sein«, meinte der Architekt Antonio Bonucci, »dann würden wir ganz anders weiterkommen, als es jetzt geschieht.«

König Ludwig kam auch in der Folge bei seinen zahlreichen Italienreisen, die allerdings hauptsächlich der schönen Marchesa Florenzi galten, immer wieder nach Pompeji. In seiner Begeisterung baute er später nach dem Plan des Landsitzes vor dem Herculaner Tor ein pompejanisches Haus in Aschaffenburg, das dem deutschen Volk ein altrömisches Heim für alle Zukunft lebendig vor Augen führen soll. Franz von Neapel hatte seinem Gast alle nur möglichen Erleichterungen geboten, um dessen Freude an den Funden zu steigern. Er selbst aber war ein kranker Mann; nach nur fünfjähriger Herrschaft starb er am 8. November 1830 und ihm folgte sein Sohn Ferdinand II. Der sich zu Anfang freiheitlich gebärdende neue König hatte für Pompeji und

*Das Bildnis einer jungen Frau mit Schreibtäfelchen und Griffel aus Pompeji, das im Motiv sehr
der Frau des Terentius Neo gleicht (S. 150), ist fälschlich als »Sappho« bezeichnet worden.
Die Frisur weist das Gemälde als Werk der claudischen Zeit aus.*

*Zu den wichtigsten Beispielen des claudischen dritten Stils, um 40/50 n.Chr., zählt das Tablinum
im Hause des Bankiers Lucius Caecilius Iucundus (V 1,26). Die Büsten zweier Figuren aus dem
bacchischen Kreis befinden sich nicht mehr an Ort und Stelle, sondern im Nationalmuseum zu Neapel.*

Herculaneum noch weniger übrig als sein Vater, obwohl gerade in der allerletzten Zeit vor seiner Thronbesteigung ein sehr vielversprechendes Gebäude, das riesige, nach der reizenden Brunnenfigur eines trunkenen Fauns benannte Haus eines schwerreichen Römers gefunden wurde. Es war der Architekt Bonucci, der an der Fortunastraße unweit des Tempels die prächtige Wohnung aufdeckte und dies in Anwesenheit des liebenswürdigen unglücklichen August von Goethe, Sohn des Dichters, der kurz darauf im Oktober 1830 in Rom plötzlich an den Blattern starb. Er konnte nicht mehr sehen, wie man dieses herrliche Gebäude mit seinem malerischen Atrium und prächtigen Peristyl zutage förderte. Das Drama der antiken Herrin dieses Hauses enthüllte sich dabei. Ihr Skelett wurde gefunden, umgeben von wertvollen, schnell zusammengerafften Schätzen. Ein Sack voll Münzen, schwere Goldarmbänder, Ohr- und gemmengeschmückte Fingerringe lagen rings um die Frau, deren Gebeine schon durch ihre Lage den einstigen schweren Todeskampf erraten ließen.

Es dauerte jedoch ein ganzes Jahr, bis man am 24. Oktober 1831 am Boden des schönsten Zimmers zu dem wundervollen Alexandermosaik vordrang, das den großen Herrscher mit Darius in der Schlacht von Issus kämpfend darstellt. Leider war es an einer Ecke ziemlich arg mitgenommen, aber man erkannte aus verschiedenen Anzeichen und getroffenen Vorbereitungen für die Ausbesserung, daß dieser Schaden nicht erst bei der Katastrophe im Jahre 79, sondern schon vorher, wahrscheinlich bei dem Erdbeben von 63 geschehen war. Auch heute noch kann man sagen, was August Mau in seinem berühmten Buch über Pompeji von 1900 erklärt hat, daß dieses Bild sowie die übrigen Mosaike jenes Hauses, Wiedergaben aus der Nilfauna, wie die eines Nilpferdes, Krokodils und eines Ibis, »weitaus das Schönste sind, was von dieser Technik aus dem Altertum erhalten blieb«[82]. Das herrliche Schlachtenbild, die Mosaiknachbildung eines im 4. Jahrhundert v. Chr. geschaffenen, hochberühmten, dem griechischen Meister Philoxenos aus Eretria zugeschriebenen Gemäldes hatte die ungeheure Größe von 5 zu 2,7 Metern und war aus etwa eineinhalb Millionen nur 2 bis 3 Millimeter großen farbigen Steinchen hergestellt[83]. In monatelanger Arbeit wurde das gewaltige Mosaik herausgeschnitten und am 21. August 1832 zum Abtransport bereitgestellt, nachdem es noch an der Fundstelle vom neapolitanischen Königspaar besichtigt worden war. Man zeigte den Monarchen auch das gleichzeitig freigelegte Mosaik, das eine Menge Fische und Seetiere aufwies, die im Mittelmeer leben. Sofort ordnete man die wissenschaftliche Untersuchung dieser Bilder an. Unter den Gelehrten stritt man sich lange, welche

Schlacht das Alexandermosaik darstelle, und erst viele Jahrzehnte später einigte man sich auf Issus. In dem Garten des Hauses des Fauns hatte man unter anderem damals auch in einem von Lapilli verschütteten Nest das Gerippe einer Taube gefunden, die auf Eiern brütete, von denen eines noch gut erkennbar das Skelettchen eines knapp vor dem Ausschlüpfen stehenden Kleinen enthielt.

Die Nachrichten von den herrlichen Mosaiken erregten ungeheures Aufsehen in der ganzen Kunstwelt. Goethe war der Ansicht, dieser Fund bedeute einen Abschnitt in der Geschichte der Erkenntnis der antiken Malerei und schrieb darüber an Professor Zahn, von dem er die farbige Zeichnung davon erhalten hatte, unter dem 10. März 1832: »Mit- und Nachwelt werden nicht hinreichen, solches Wunder der Kunst richtig zu commentieren, und wir genöthigt sein, nach aufklärender Betrachtung und Untersuchung, immer wieder zur einfachen, reinen Bewunderung zurückzukehren.«

Trotz dieses Erfolgs, der am Anfang noch die Lust weckte, die Grabungen beschleunigter fortzuführen, drückten die großen Geldausgaben bei dem in Wirklichkeit mangelnden Interesse des Königspaares langsam so sehr auf den Fortgang der Arbeiten, daß sie schließlich kaum mehr nennenswert waren. Nun begann wieder die berüchtigte Art und Weise des unsteten Schatzgrabens. Bald arbeitete man an der äußersten Südwestecke nächst der Porta Marina, bald im Norden bei der Gräberstraße, dann wieder nahe dem Haus des Faun, kurz und gut, völlig planlos und mit nur ganz wenigen Arbeitern. Nur wenn ein hoher Besuch in Aussicht stand, wie zum Beispiel am 7. November 1838, als die junge Königin Victoria von England kam, wurde vorher rasch etwas getan. Die Ausgrabungsleitung und der Architekt Bonucci bemühten sich, mehr Interesse für ihre Aufgabe zu erwecken, aber vergebens. Die Zahl der Beschäftigten war jämmerlich zusammengeschrumpft, so daß der in aller Welt reisende Spötter Fürst Pückler-Muskau nach einem Besuche Pompejis in jener Zeit ironisch meinte, er habe dreißig Arbeiter gezählt, nämlich fünfzehn Maulesel und fünfzehn Kinder.

Jahre gingen dahin, und die Grabungen schleppten sich nur mühsam weiter. Die unruhigen Zeiten aber, die mit der Revolution von 48 und 49 über die Welt kamen, konnten ihnen um so weniger förderlich sein, als der Aufruhr gerade im Königreich beider Sizilien seinen Anfang nahm. Der hier regierende Monarch war nun gänzlich wieder in die rückschrittlichen Bahnen seines Großvaters zurückgelenkt und vertrat nach wie vor die Metternichschen Grundsätze, für die nun die Götterdämmerung herannahte. Gegen die Unterdrückung aller freiheitlichen Bestrebungen erhoben sich die Sizilianer, und der Monarch sah sich schon am 28. Januar 1848 zum Erlaß einer von ihm und Metternich so sehr verabscheuten Verfassung in Neapel gezwungen. Als dann auch in Frankreich, in Wien, Berlin und in Oberitalien Aufstände losbrachen und die Schrecken des Krieges Europa heimsuchten, da zeigte sich bald, daß diese Maßnahmen nur erzwungen waren. Ferdinand II. von Bourbon begann die Aufrührer zu bekämpfen, jagte im Mai 1848 das Neapler Parlament wieder auseinander, bedrohte das widerstrebende Sizilien mit seiner Truppenmacht und legte Messina durch eine Beschießung in Trümmer. So gelang es ihm, die Insel wieder zu unterwerfen.

Inzwischen hatte auch Papst Pius IX. vor der Revolution flüchten müssen und seinen Weg gegen Ende 1849 nach Neapel genommen, wo der König seine Macht durch Verfolgung der besiegten Freiheitlichen wieder gefestigt hatte. Es war klar, daß während dieser aufregenden Zeit die Arbeiten in Pompeji und Herculaneum fast völlig ruhen mußten. Nur im Oktober 1849, als man hörte, der Papst werde die beiden Städte besuchen, begann man schnell einige kleine Ausgrabungen in Pompeji vorzubereiten, um sie dem Heiligen Vater vorführen zu können. Und wirklich, am 22. jenes Monats erschien Pius IX., besichtigte alles mit größtem Interesse und segnete auf dem Forum von dem erhöhten Sockel des Jupitertempels aus die auf dem weiten Platz zusammengeströmten Landleute der Umgebung.

Mit der Wiederkehr der Ruhe im Jahre 1850 begann auch für Pompeji, wo nur mehr zwanzig Arbeiter wirkten, eine etwas bessere Zeit; aber viel bedeutete dies doch nicht. Solange in den maßgebenden Kreisen solch eine Interesselosigkeit für die Sache herrschte, war kaum eine Änderung zu erwarten. Man grub in dieser Zeit bei den Stabianer Thermen, fand das gleichnamige Tor am Südende von Pompeji, im übrigen aber kehrte man wieder zu der alten Gewohnheit zurück, die antike Stadt nur als Unterhaltungsstätte für fremde Prinzen zu betrachten und nur dann etwas zu arbeiten, wenn solche Besuche in Aussicht standen. So war am 12. August 1851 auch der Bruder des Kaisers Franz Joseph von Österreich, der nachmals in Mexiko erschossene Maximilian, dort zu Gast, der eben den Vesuv bestiegen und sich das bourbonische Museum in Neapel angesehen hatte. Seine Gefühle waren verschiedenartig: »Was aus Pompeji in die Glaskasten des Museo Borbonico geschafft wurde«, schreibt Maximilian in seinen Lebenserinnerungen[84], »zeigt uns freilich nur das Gerippe des einstigen Lebens; man hat diesen Dingen den Geist genommen und sie, vielleicht mit vollem wissenschaftlichen Rechte, prosaisch gelehrt zersetzt... Pompeji ist in seinen Ruinen niedlich und doch auch schauerlich, noch schimmern gleich geschminkten Leichen

die Zimmerchen in grellen Farben, noch klebt das Gestern an den Wänden, das eine Nacht von beinahe zweitausend Jahren brauchte, um zum Heute zu werden. Der Totaleindruck ist jedoch mehr der einer verwüsteten Brandstätte, als einer sorgsamen Ausgrabung, und großartig ist er durchaus nicht; auch waren wir alle mehr oder minder enttäuscht ... Man kennt übrigens erst ein Viertel der Stadt ... Nur zwei Punkte wirkten auf mich: die aus massiven Steinen erbaute Arena und die Stadt der Toten, die Gasse der Gräber; ist die Arena auch viel kleiner als die von Verona und Pola, so hat sie doch etwas Grandioses: sie ist eine düstere Ruine, wie ich sie liebe, grau und steinig, von frischem Grün durchwuchert, und von einer wahrhaft himmlischen Aussicht umflossen, welche der südliche Abend mit paradiesischer Färbung zu einem Bilde der reinsten Sehnsucht verklärte. Die Straße der Gräber war bei beginnender Dunkelheit ernst und geisterhaft, ohne schauerlich zu sein...«
Der Herzog fand ebenfalls, daß in Pompeji eigentlich nichts mehr geleistet würde; in den letzten Jahren der bourbonischen Herrschaft schliefen die Arbeiten wirklich immer mehr ein. Auch der Vesuv schien diesen allgemeinen Stillstand mitmachen zu wollen. Er war von 1840 bis 1850 nur sehr wenig tätig gewesen, nur Anfang Februar 1850 hatte er wieder einige schwache Lebenszeichen gegeben. 1855 wurden die sehr langsam und ohne großen Erfolg weitergeführten Grabungen in Herculaneum wieder gänzlich aufgelassen. Man hatte dort seit 1828 mühsam Teile von zwei Häuservierecken, sogenannte Insulae, zutage geschafft. Das schönste daran war das nun frei dastehende, gut erhaltene Säulenperistyl der Casa d'Argo. Es zeigte sich dabei von neuem, wie unverhältnismäßig kostspieliger und mühsamer das Zutagefördern der Häuser hier gegenüber der gleichen Arbeit in Pompeji war.
Einer der letzten Erfolge bourbonischer Ausgrabungstätigkeit war das 1855 in Herculaneum ans Licht gebrachte Haus eines Färbers, das zwei riesige Kessel mit darunter angeordneter, wohlerhaltener Feuerung besaß. In einem Gewölbe des Hauses fand man in bleiernem Gefäß noch eine ganze Menge fest eingetrockneter zinnoberroter Farbe, derselben, die man so vielfach auf den Wänden Pompejis verwendet sieht.
Die Unzufriedenheit des neapolitanischen Volkes führte am 8. Dezember 1856 zu einem Anschlag auf König Ferdinand II., wobei der Monarch eine starke Verwundung davontrug, an deren Folgen er drei Jahre später am 22. Mai 1859 in Caserta starb; an seine Stelle trat ein Fürst, dessen Herrschaft nicht lange dauern sollte. Die Ereignisse des Jahres 1859, der Krieg Napoleons III. und der Sarden gegen Österreich und die damit angebahnte, nun

unaufhaltsam fortschreitende Einigungsbewegung Italiens rissen auch das Königreich beider Sizilien in ihren Strudel. Infolge der politischen Ereignisse wurden die Grabungen in Pompeji natürlich gänzlich eingestellt. Indessen hatte sich der kühne Freischarenführer Giuseppe Garibaldi mit tausend Freiwilligen bei Genua eingeschifft, landete am 11. Mai 1860 in Sizilien, schlug die bourbonischen Truppen und eroberte in Kürze die ganze Insel. Im August darauf setzte er von Sizilien nach Kalabrien über, um in stillschweigendem Einvernehmen mit der Turiner Regierung auch Neapel in das gemeinsame, nun bald geeinigte Vaterland zurückzuführen. Die Bevölkerung und viele königliche Truppen schlossen sich Garibaldi bei seinem Vormarsch begeistert an. Franz II. mußte sich Anfang September mit den letzten Regimentern und seiner tapferen Frau Maria, Schwester der Kaiserin Elisabeth von Österreich, in den Kriegshafen Gaeta zurückziehen, und Garibaldi rückte darauf am 7. September in die Hauptstadt Neapel ein. Die Festung Gaeta hielt noch eine Zeitlang dank dem die Verteidiger anfeuernden tapferen Verhalten der Königin, mußte aber am 13. Februar 1861 die Waffen strecken. Damit war die Herrschaft der Bourbonen in beiden Sizilien zu Ende, und es stand der Vereinigung dieser Länder mit dem übrigen Italien nichts mehr im Wege.

Bei dem Ausstatten und Bewaffnen der Tausend, die Garibaldi nach Sizilien geführt hatte, war ein berühmter französischer Romanschriftsteller, der damals achtundfünfzigjährige Alexander Dumas, nach einem literarisch und auch sonst an Erfolgen und Mißerfolgen reichen und abenteuerlichen Leben jenem italienischen Volkshelden sehr behilflich gewesen und hatte sich ihm auch persönlich als Vermittler, Bote und Handlanger beim Feldzug zur Verfügung gestellt. Als dieser nun geglückt war und Garibaldi kurze Zeit in Neapel unumschränkt gebot, belohnte er den Schriftsteller für seine Treue und vertraute ihm im Hinblick auf seine literarische und künstlerische Bildung die Leitung des Museums und der Ausgrabungen an. Der Diktator wies Dumas überdies auch ein kleines Palais, den Palazzo Chiaramonte, als Wohnung zu. Mit Eifer nahm sich der Romancier seiner neuen Aufgabe an, obwohl er dafür sehr geringe, ja fast keine Vorkenntnisse mitbrachte. Er brütete über den Stadtplänen, besuchte die zutage liegenden Teile und beabsichtigte, französische Gelehrte in großer Zahl ins Land zu rufen, um ihnen Ausgrabungen anzuvertrauen. In Neapel aber fand der fremde Schriftsteller gerade deshalb besondere Widerstände; geeignetere Männer als er strebten mit Berechtigung seinen Posten an, und die Neapolitaner bemängelten, daß er auf Kosten der Stadt ein glänzendes Leben führte. So kam es bis zu einer feindseligen Kundgebung vor dem Palazzo Chiaramonte, die tiefen Eindruck auf Dumas machte. Er blieb zwar noch jahrelang in Neapel, aber die Freude an seiner Stellung war dahin.

Sein Schutzherr Garibaldi, dessen Ideen über die Vollendung der Einigung Italiens mit jenen König Victor Emanuels ii. und Cavours nicht übereinstimmten, hatte sich indessen auf sein heimatliches Inselchen Caprera zurückgezogen und dem Herrscher aus dem Hause Savoyen das Feld überlassen. Der königliche Befreier Italiens erkannte auch augenblicklich die patriotische Nationalpflicht, das in der letzten Zeit durch die Bourbonen so sehr vernachlässigte Werk wieder aufzunehmen und mit verstärkter Kraft, Eifer und Begeisterung weiterzuführen. Er bewilligte nicht nur sofort eine laufend zu zahlende, bedeutende Geldsumme für die Ausgrabungen, er tat noch viel mehr, das Beste, was überhaupt getan werden konnte. Der Monarch stellte nämlich eine Persönlichkeit an die Spitze des Werkes, die für die Aufgabe ganz hervorragend geeignet war. Dieser glückliche Griff führte zu einem nie geahnten Aufschwung und einer wunderbaren Blüte des Unternehmens und zu hervorragender Verbesserung der Technik und Planmäßigkeit der Arbeiten.

Der Mann, den das Vertrauen des Königs an diese wichtige Stelle führte, war der damals im siebenunddreißigsten Lebensjahr stehende Archäologe und Münzenkundige Giuseppe Fiorelli, der sich von jeher für die antiken Funde in dem Neapolitanischen interessierte und gelegentlich auch vor 1848 schon bei den Ausgrabungen von Pompeji und bei der Beschreibung der dort gefundenen Gegenstände und Münzen verwendet worden war. In den Revolutionsstürmen der Jahre 1848 bis 1849 wurde er von Leuten, denen er im Wege stand, liberaler Neigungen verdächtigt und wegen politischer Verschwörung angeklagt und eingekerkert. So hatte er seine Stellung verloren und war nach seiner Entlassung aus dem Gefängnis brotlos. Eines Tages rief ihn der Bruder des bourbonischen Königs, der, soweit es seine Stellung zuließ, selbst freiheitlich gesinnte Graf von Syrakus zu sich, der Künste und Ausgrabungen liebte. Es war diesem Prinzen gemeldet worden, man hätte in Cumae antike Leichen mit guterhaltenen Köpfen gefunden. Die Sache war eine beabsichtigte Täuschung, Fiorelli deckte sie auf und bewies, daß die Gesichter der Toten neu aus Wachs verfertigt waren. Der Graf zeigte sich sehr erfreut, von Fiorelli vor einer bloßstellenden Niederlage bewahrt worden zu sein, kam mit dem Mann ins Gespräch, hörte seine Leidensgeschichte und fragte ihn, schon in der Absicht ihm zu helfen, ob er nicht wüßte, wo man außerhalb Pompejis mit Hoffnung auf Erfolg neue Grabungen vornehmen könnte. Fiorelli führte ihn an einen Punkt, wo er schon seit langem antike Dinge vermutete; man ordnete eine Nachsuche an und fand dort wirklich wertvolle Sachen, Gräber usw. Der königliche Prinz nahm ihn nun als Sekretär in seine Dienste, in denen er bis zum Tode des Gönners blieb. In dieser Stellung war der Gelehrte auch gegen politische Verfolgungen gesichert, weil der herrschende König seinen Bruder natürlich schonen mußte. Nach dessen Tode aber war Fiorelli wieder brotlos und konnte keine neue Arbeit finden, da er auch bei Franz II. schlecht angeschrieben war. Als nun Garibaldi der bourbonischen Herrschaft ein Ende machte und Dumas abgetreten war, dessen Ernennung zum Leiter der Ausgrabungen niemand ganz ernst nahm, stellte König Victor Emanuel nun Fiorelli an ihre Spitze. Er wurde Professor der Archäologie an der Universität von Neapel und Direktor der Arbeiten von Pompeji und Herculaneum. Nun konnte er das verwerten, was er sich in seiner Lebensarbeit zu eigen gemacht. Schon einst im Gefängnis hatte er begonnen, die Geschichte der pompejanischen Funde zu verfassen[85], die noch heute das Hauptquellenwerk für das zeitlich genaue Aufzeichnen und Beschreiben der Grabungen bildet.

Am 20. Dezember 1860 hatte Fiorelli seine neue Würde angetreten, am 7. Januar 1861 waren schon nicht weniger als 512 Arbeiter beschäftigt. Im September desselben Jahres wurde ein neuer Pachtvertrag vergeben. Fiorelli ließ nun seit 1861 ein »Tagebuch der Ausgrabungen von Pompeji«[86] herausgeben, das viel vernünftiger und ausführlicher abgefaßt war als das bisherige und nicht mehr nur Fürstenbesuche und gefundene Gegenstände aufzählte. Die wichtigsten Verbesserungen aber, die Fiorelli gleich einführte, betrafen das Wesen und die Art und Weise des Grabens. Bisher hatte man dort und da ein Haus zutage gefördert, dann eine Strecke weiter das nächste, während die Zwischenteile stehen blieben. Die von der einen Seite weggeschafften Erd- und Lapillimengen wurden ganz in der Nähe zu Bergen gehäuft, und wenn man nun die ans Licht gebrachten Häuser zu besuchen wünschte, mußte man erst mühsam über diese Steinhaufen klettern. Dazu waren die neu zutage geförderten Mauern, Säulen und Malereien, die nun plötzlich wieder den Wetterunbilden ausgesetzt waren, in größter Gefahr. Fiorellis erstes war, die Schutt- und Lapillimassen wegzuschaffen, die freigelegten, abgedeckten Gebäude durch Dächer vor Regen und Sonne zu schützen, endlich die Verbindung zwischen den einzelnen antiken Häusern und Tempeln wiederherzustellen. Erst nachdem dies geschehen war, ging er daran, weitere Ausgrabungen vorzunehmen, aber auch da beschritt er ganz neue Wege. Aus den schon zutage liegenden Straßenteilen schloß er auf den wahrscheinlichen weiteren Verlauf dieser Verkehrswege unter der Erde und zeichnete diesen in die Karte ein. Weiter grub er nun nicht mehr wie bisher zuerst die Straßen aus, um dann von unten her gegen die rechts und links stehenden Häuser vorzugehen und diese dadurch in die Gefahr des Einsturzes zu bringen, sondern von oben, von den Dächern her nach unten. Eine kleine Eisenbahn beförderte stets sofort die Schuttmassen hinweg. Fiorelli war es, der die Stadt in Bezirke (Regiones) und innerhalb dieser in Gebäudevierecke, die sogenannten Insulae, einteilte, wobei die einzelnen Häuser Nummern bekamen. So war eine leichtere und planmäßigere Verständigung über die Arbeiten ermöglicht. Er war auch der erste, der nicht nur verfügte, daß keine Malerei mehr herausgesägt werden durfte, sondern auch dafür sorgte, daß sie nicht durch Licht, Luft und Wetter Schaden litt. Als in dieser Beziehung das Notwendigste geschehen war, ging man an weitere Ausgrabungen, aber nicht mehr so, daß man nur solche Gegenden in Angriff nahm, die besonders reiche Funde versprachen, sondern von nun ab wurde, da ja der westliche Teil Pompejis fast völlig zutage lag, planmäßig gegen Osten vorgegangen.

Eine interessante Entdeckung in dieser Zeit war in einer schmalen Gasse im Mittelpunkt von Pompeji das Lupanar oder Freudenhaus, dessen Bestimmung schon durch die überall mit der gemauerten Unterlage eines Bettes versehenen Zellen und die unanständigen Bilder unzweifelhaft war. An den Wänden vorhandene, schamlos klare Inschriften lobten und priesen die erotischen Eigenschaften mit vollem Namen genannter Männer und der häufig nur mit Vornamen aufgeführten Frauen. In dem alles in allem nichts weniger als prunkhaft ausgestatteten Hause fand man noch einen Korb mit verkohlten Bohnen und Zwiebeln. Sofort nach dem Aufdecken dieser zweifelhaften Stätte wurden besondere Vorkehrungen getroffen, um die Räume nur wenigen Besuchern zugänglich zu machen.

In jener Zeit kam auch an einer zum Jupitertempel führenden Straße[87] eine völlig erhaltene Bäckerei zutage. Fiorelli war selbst bei den Ausgrabungen anwesend. Aus einem fast luftdicht abgeschlossenen Ofen, in den kein Stäubchen Asche oder Lapilli eingedrungen war, zog Fiorelli persönlich nicht weniger als 81, allerdings etwas altbackene, doch in ihrer Form tadellos erhaltene, gänzlich schwarz verkohlte, steinharte Brote heraus. Sie waren zweifellos am Unglückstage des Jahres 79 eben erst in den Ofen gegeben worden, dann bis zu diesem Tage darin verblieben und zeigten die charakteristische runde Form des römischen Brotes, das in der häufigst vorkommenden Größe ungefähr ein Pfund schwer war. Die Laibe waren nach

Art unserer Semmeln in Abschnitte geteilt, nur ihrer Größe entsprechend in acht statt fünf solche. Heute noch formt man im Neapolitanischen die Brote fast genauso.

Auf diese Weise gelang es, neue Einblicke in Leben und Sitte der alten Römer zu gewinnen. Aufmerksam wurde nun jedes Merkmal beachtet, das zu dessen genauem Erforschen beitragen konnte. Fiorelli sorgte dafür, daß man alles, was weiter in Angriff genommen wurde, mit Klugheit durchführte. Bald zeigte sich in Pompeji in allem und jedem die Fähigkeit des Mannes, den Victor Emanuel ii., der weise und glückliche Herrscher des zur vollen Einigung fortschreitenden neuen Italiens, bestellt hatte.

Eines Tages im Jahre 1864 grub man in der Nähe der Stabianer Thermen, als die Arbeiter plötzlich in einem kleinen, schmalen Gäßchen, das von den Thermen zum Forum führte, eine Höhlung fanden, in der ein Skelett zu sein schien. Fiorelli, der befürchtete, daß die Arbeiter durch Unvorsichtigkeit Wichtiges und Schönes zerstören könnten, hatte ein für allemal den Befehl gegeben, sowie sich die ersten Anzeichen von irgend etwas Ungewöhnlichem zeigten, die Grabung sofort einzustellen, ihm Meldung zu erstatten und die Arbeit erst nach seinem Eintreffen an Ort und Stelle wieder aufzunehmen. So geschah es auch diesmal. Fiorelli eilte herbei, besichtigte das vorgefundene Erdloch und ließ es zuerst nur wenig erweitern, damit ein besserer Überblick möglich wäre. Dann aber, als er den Kopf des menschlichen Gerippes erblickte, kam er auf den Gedanken, die Höhlung, in der es lag, mit flüssigem Gips auszufüllen. Dies geschah, und erst als er erhärtet war, legte man den Hohlraum nach oben frei. Und siehe da, man hatte so vier menschliche Figuren gewonnen, deren Gliederlage, ja der in seltener Treue erhaltene Ausdruck ihrer Gesichter, den Stempel schreckensvollsten Sterbens und furchtbarsten Grauens wiedergab, das diese Leute dereinst in jenen Augenblicken erfüllte, da die Asche sich um sie legte und sie begrub. Vier Gestalten in Gips rund um die echten Skelette hatte man so erlangt, darunter zwei, anscheinend Mutter und Tochter aus vornehmem Stamm, denn ihre Glieder waren fein und zierlich. Neben der älteren Frau fanden sich drei Paar goldene Ohrringe, mehr als hundert Silbermünzen und zwei Eisenschlüssel. An der Knochenhand trug sie noch zwei Silberringe; der eine Arm war gebrochen, der linke wie zur Abwehr zum Haupt erhoben. Hinter ihr lag offenbar ihre Tochter, vierzehnjährig, den Kopf auf die Arme gelegt. Nicht weit davon der Körper einer dritten Frau einfacher Herkunft, was schon der eiserne Ring am Finger bewies. Noch weiter rückwärts fand sich ein riesenhafter, auf dem Rücken liegender Mann, ein wahrer Koloß, auch er mit einem Eisenring am Finger und noch deutlich erkennbaren Sandalen an den Füßen.

Durch den genialen Einfall Fiorellis, der seither oft wieder versucht worden ist, gewann man nunmehr ein menschlich unendlich ergreifendes Bild des grauenhaften Unglücks. Der Vorgang war dadurch möglich geworden, daß die Asche, welche die Leichen begrub, schon erhärtete, solange sie noch lebenswarm erhalten waren. Sie bewahrte die Formen des Körpers, der dann natürlich zerfiel und verweste, während nur das Gerippe in den so naturgemäß im Boden entstandenen harten Höhlungen in Menschenform zurückblieb. Die so zurückgewonnenen Körperformen sind heute im kleinen Museum in Pompeji zu sehen. Man gewöhnte sich daran, das Gäßchen, in dem diese Leichen gefunden und abgeformt worden waren, Vicolo degli scheletri zu nennen. Es waren also förmlich von Pompejanern abgenommene Totenmasken, nur mit dem Unterschied, daß nicht nur der Kopf, sondern der ganze Körper der erstickt in die Asche Hinsinkenden abgeformt worden war. Dieses Verfahren ist natürlich nur bei jenen Lebewesen möglich, die in der feuchten Asche umgekommen waren; von den in Lapillischichten Eingesunkenen oder in Hohlräumen Erstickten blieben nur die blanken Gerippe übrig.

1869 besuchte König Victor Emanuel die Ausgrabungsstätten Pompejis unter der sachkundigen Führung Fiorellis. Er war von allem, was er gesehen, so befriedigt und interessiert, daß er neben den laufenden Zuschüssen zur Förderung der Grabungen noch aus eigenem einen Betrag von 30000 Lire spendete. Fiorelli benutzte diese Gelegenheit, um die Bitte anzubringen, auch Herculaneum wieder in den Kreis der Arbeiten einzubeziehen. Der König willigte ein, gab den Befehl dazu, und von dem Tage an machte man sich daran, noch zwei weitere Häuservierecke oder Insulae Herculaneums und insbesondere die Südseite der Thermen dieser Stadt aufzudecken. Im Jahre 1875 mußte man jedoch die Arbeiten hier wieder einstellen, denn es drohten zahlreiche Häuser von Resina einzustürzen und die Besitzer der in Betracht kommenden Landstücke setzten den Ausgrabungen und damit der Zerstörung ihrer Felder, Bäume und Wiesen erbitterten Widerstand entgegen. Überdies hatte man auch mehr erwartet und ein weiteres Gebäude voll herrlicher Kunstwerke erhofft, wie sie seinerzeit in der Villa dei Papiri gefunden worden waren.

Der neuerliche Stillstand fiel mit dem Abgehen Fiorellis zusammen, der in diesem Jahre als Generaldirektor aller Museen und Ausgrabungen nach Rom berufen wurde. Dies war zwar für die Arbeiten an den vom Vesuv zerstörten Städten ein schwerer Schlag, der aber dadurch gemildert wurde, daß seine Nachfolger im Amt, zunächst Michele Ruggiero, dann Giulio de Petra, getreue und gelehrige Schüler waren, die in seinem Sinne und Geiste weiterwirkten.

Am 3. Juli des Jahres 1875 gelang wieder eine interessante Entdeckung. Bisher waren in Pompeji keine Schriften gefunden worden, außer jenen an Wänden und Häusern. Während sich in Herculaneum Papyrusrollen verkohlt erhalten hatten, waren sie in der nur von Asche und Lapilli begrabenen Nachbarstadt gänzlich zugrunde gegangen, verwest, zerfallen und verschwunden. So hatte man schon längst darauf verzichtet, hier etwas Ähnliches zu suchen. Da fand man mit einem Male in dem Hause des Bankiers Lucius Cäcilius Jucundus in einem eisenbeschlagenen zerbrochenen Koffer jene von Plinius geschilderten, wohlbekannten römischen Holztäfelchen, die innen mit feinem Wachs überzogen waren, in das man die Schrift mit einem Metallstift eindrückte. Sie waren durch die Art ihrer Aufbewahrung besser geschützt gewesen und so dem Schicksal sonstiger Holzgegenstände in Pompeji entgangen, wohl auch gänzlich verkohlt, aber sonst gut erhalten. Die Siegel waren noch sehr gut erkennbar und hie und da innen auch die Wachsschicht noch vorhanden. Da die Stichel die Schriftzeichen durch das Wachs hindurch auch in das Holz eingegraben hatten, war man imstande, von den 153 Täfelchen 127 völlig zu entziffern. Es waren meistens Quittungen, die dieser Jucundus, der alle möglichen Geschäfte betrieb und den man etwa als »Hausjuden« großer pompejanischer Familien bezeichnen kann, in den Jahren 52 bis 62 n. Chr. gegeben hatte. Sie waren sämtlich mit Zeugenunterschriften versehen, oft von Verwandten jener Leute, die in Pompeji in den letzten Jahren öffentliche Stellen bekleidet hatten. Dies war ein Fund, der die wissenschaftliche Welt überaus begeisterte und neuerlich die Hoffnung erweckte, daß man auch in Pompeji vielleicht, wie in Herculaneum entsprechend gut gesichert gewesene Papyrusrollen oder Bücher finden könnte, eine Hoffnung, die allerdings noch nicht bestätigt worden ist. In Pompeji sind seither außerhalb des Hauses des L. Cäcilius Jucundus nur vereinzelte kleine Wachstafelfunde zutage getreten.

In der abgelaufenen Zeit hatte man sich bemüht, das Aufwickeln und Entziffern der seinerzeit in der Villa dei Papiri aufgefundenen Bücherrollen fortzusetzen. Das erforderte ungeheure Mühe, und man kam doch nicht recht weiter. Auch andere Regierungen und Akademien der Wissenschaften als jene Neapels und Italiens bemühten sich, dabei Hilfe zu leisten. So hatte noch zur Zeit der bourbonischen Herrschaft der damalige Prinz von Wales, spätere König Georg iv., die Erlaubnis erbeten, auf eigene Kosten einzelne Papyri aufrollen und abzeichnen zu lassen. Der Prinz hatte damals einen gewissen Hayter nach Neapel gesandt, der von 1802 bis 1806 etwa zweihundert Rollen mit größerem oder geringerem Erfolg aufwickelte, 96 davon abzeichnete und nach Oxford brachte, wo sie zum Teil veröffentlicht wurden. Die darauf einsetzende Franzosenherrschaft machte diesen englischen Arbeiten in Neapel ein Ende. Später überließ die wiederhergestellte bourbonische Regierung sowohl England wie Frankreich weitere Papyri zur Bearbeitung, die ein wechselndes Schicksal hatten. In England zum Beispiel bot sich ein gewisser Sickler an, die Rollen nach einem neuen Verfahren zu öffnen. 1819 wurde eine Kommission eingesetzt, vor der er sein Können zeigen sollte; dabei zerstörte der Mann aber sieben Papyri vollkommen und hätte alle verdorben, wenn die Vorsitzenden nicht Einhalt geboten hätten. Bis zum Jahre 1879 waren im ganzen überhaupt nur etwa 341[88] Papyri aufgerollt worden, von denen bloß 18 lateinisch waren. Alle anderen waren griechisch und viele Werke des Epikur gleich in mehreren Stücken vorhanden. Auch hier griffen die neuen Verhältnisse im geeinigten Italien durch, und es wurde mit der Zeit unter der Leitung des Museums von Neapel eine eigene Abteilung zur Erforschung der Papyri gebildet, die, nunmehr der dortigen Nationalbibliothek überstellt, noch bis zum heutigen Tage mit der Weiterführung dieser unendlich schwierigen und bisher ziemlich undankbaren Arbeit beschäftigt ist. Die Hoffnung aber, besonders in den in Herculaneum noch nicht aufgedeckten Stadtteilen inhaltlich wertvollere Papyrusrollen zu finden, bleibt bestehen, und die Zukunft wird zeigen, ob sie berechtigt ist.

Im allgemeinen war man natürlich vor allem bestrebt, die beiden Städte freizulegen, von denen ja noch ein sehr großer Teil unerforscht dalag, und vereinigte dazu alle Bemühungen, Arbeitskräfte und Geldopfer. Wie wir wissen, hatte aber der Vesuv nach seinem großen Ausbruch vom Jahre 79 nicht nur diese beiden Ortschaften, sondern auch noch andere und überdies eine Unzahl von über das ganze Land zerstreuten Einzelhäusern und Villen unter Lapilli und Asche begraben. Manchmal will es der Zufall, daß das eine oder das andere davon gefunden wird. So legte eines Tages ein gewisser M. Pulzella im Gebiet der Ortschaft Boscoreale den Grundstein zu einer Mauer, mit der er sein Land gegen die Straße zu abgrenzen wollte. Dabei fand er Spuren von antiken Bauten und eine große Anzahl bauchiger Wein- und Ölbehälter. Als Fiorelli in Rom davon erfuhr, meinte er sogleich, daß dies ein römisches Landhaus gewesen sein werde, in dem Wein gekeltert wurde. Sofort beorderte man einzelne Arbeiter von Pompeji dahin, die eine regelrechte Ausgrabung begannen. Sie förderten auch wirklich bald ein Zimmer mit Mosaikboden, eine altrömische Küche und einen Stall zutage. Damit war aber das beschränkte Besitztum des Pulzella überschritten, und man hätte in dem Weingarten seines Nachbarn, eines alten Geistlichen namens Angelo Andrea de Prisco weiterarbeiten müssen. Dieser aber widersetzte sich der »Verwüstung« seines Besitzes, und so wurde die Arbeit dort mit dem Ende des Jahres 1876 eingestellt. Man ahnte nicht, was ihre Fortführung eines Tages ans Licht fördern sollte.

1879 wurde eine Erinnerungsfeier abgehalten, die dem Gedenken an das Unglück geweiht war, das vor 1800 Jahren blühende Städte und Dörfer unter namenlosen Leiden der Bevölkerung wohl vernichtet, der Nachwelt aber die unersetzlichen Denkmäler römischen Daseins und römisch-griechischer Kultur so treu bewahrt hat. Zu diesem Jahre gaben Giulio de Petra, der nunmehrige Leiter der Ausgrabungen, und Domenico Comparetti ein wertvolles Gedenkbuch mit hochinteressanten Aufsätzen heraus[89].

In der Folge wurden bei völligem Stilliegen der Arbeiten in der Nähe von Herculaneum alle Anstrengungen und zur Verfügung stehenden Mittel dazu verwendet, um weitere Teile der Stadt Pompeji freizulegen. Die Ausgrabungstechnik wurde stets verbessert, man arbeitete vorsichtiger, wissenschaftlicher und siebte die weggeschaffte Erde; das hatte zwar große Vorteile, aber es ging natürlich nicht schnell und kostete auch sehr viel Geld. Trotzdem schritt man stetig vorwärts und gewann auch neue Anhaltspunkte für die Erkenntnis der letzten schweren Stunden der Bevölkerung von Pompeji. So fanden sich in den Jahren 1880 und 1881 südlich der Stadt gegen das Meer zu, vielleicht bei der antiken Einmündungsstelle des Sarnoflusses, dessen Bett seither verlegt ist, die Gerippe zahlreicher Flüchtlinge mit einer Unmenge wertvoller Goldsachen. Im Ort selbst traten Haus um Haus, Straße um Straße zutage, die alle aufzuzählen hier kein Platz ist, die aber die zahlreichen Führer, darunter die modernsten des Professors Maiuri, genau verzeichnen. Fand man ein besonders schönes Haus, wie zum Beispiel 1896 das der Vettier an der Merkurstraße, dann ging die Kunde davon durch die ganze Welt und brachte stets ruckweise ein größeres Interesse und eine reiche Unterstützung mit Geld auch von privater Seite.

In jenem Gebäude lebten dereinst zwei Brüder, vermögende Kaufleute, die mit vielen Dingen, aber vor allem mit Wein ihre Geschäfte machten. Auf den im Haus der Vettier gefundenen Weinamphoren war genau verzeichnet, unter dem Konsulat welcher Männer, also in welchem Jahr der Wein gewachsen war, wann er gekeltert wurde und wieviel Fässer davon vorhanden waren. In der Küche dieses Hauses fand man noch die Asche der verwendeten Brennmaterialien und auf Dreifüßen stehende Kochtöpfe, die noch Knochen des darin vor mehr als 1800 Jahren zum Mahle bereiteten Fleisches enthielten. Reizend wirkten das Peristyl und der Garten, entzückend die vielen kleinen Statuen und Eroten- oder Heinzelmännchenfriese, die nicht nur einem altrömischen Dutzendmaler, sondern der Hand eines echten Künstlers entstammen. Sie lehren auf anschaulichste Weise römische Kulturgeschichte; man sieht zum Beispiel dargestellt, wie Spezereien entstehen und welchen Weg sie von der gepflückten Blume bis zum Gebrauch des Parfüms durch die schöne Römerin durchlaufen. Auf einem anderen Bild zeigen die Heinzelmännchen die Arbeit der Goldschmiede und Juweliere und auch gleich ihre vornehmen Kundinnen, die die Ware eitel an ihrem Arm blitzen lassen und dann über den hohen Preis erschrecken. In neuerer Zeit hat man das Haus der Vettier fast gänzlich wiederhergestellt und es bildet heute eine der größten Sehenswürdigkeiten Pompejis. Ein kleiner Raum mit außerordentlich gewagten Fresken und einer marmornen Priapstatuette scheint ein geheimes, nur der Liebe geweihtes Gemach gewesen zu sein. Die mit Eisen und Bronze beschlagenen Geldkisten stehen am selben Platz wie einst, im Garten hat man nach verschiedenen verkohlten Überresten dieselben Blumen und Sträucher neu gepflanzt, die ihn vor 1800 Jahren geschmückt haben, und aus den antiken Bleiröhren der Leitung quillt wie früher das Naß, das der Garten und seine Wasserspiele brauchen.

So verging in langsamer, aber zielbewußter Arbeit an Pompeji Jahr um Jahr. Indessen war jener alte Abbate gestorben, dem das Gebiet bei Boscoreale gehörte, von dem man wußte, daß es antike Überreste berge. Sein viel klügerer Erbe begann am 10. September 1894 auf jenem Grund mit weiteren Ausgrabungen, die äußerst geschickt geleitet wurden. So gelang es, ein riesiges Landhaus mit seinen Wohnräumen, Bädern, Plätzen zum Herstellen und Aufstapeln von Wein und Olivenöl sowie den Raum zum Pressen der Früchte aufzudecken. Es war das herrliche Anwesen des Lucius Herennius Florus, der auf Grund der einträglichen Weinlandwirtschaft ein luxuriöses Leben aufbauen konnte. Ein in den Trümmern gefundener Siegelstock verriet den Namen des einstigen Eigentümers.

Hier sahen sich die Ausgrabenden vor einem einzelnen Besitz, dessen Einrichtung und Möbel völlig unberührt waren. Jedes Ding stand an seinem Platz, seit mehr als 1800 Jahren war niemand mehr dort gewesen. Bronzene, auf Löwenköpfen ruhende Badewannen traten so zutage, als wollten sie gleich wieder ihrer Bestimmung dienen. In einem großen Kasten fanden sich nicht weniger als fünfzig Schlüssel zugleich mit einzelnen Silbergeschirren; in der Küche lag der Hund an der Kette tot, im Stall die Geripppe mehrerer Pferde, die meisten noch angebunden, nur einem Tier war es gelungen, sich loszureißen. Im Hof der Weinpressen deckte man die ersten drei Toten auf und darunter auch die Gebeine einer Frau mit herrlichen Gold- und Topasohrringen, die vielleicht die Herrin des Hauses war. Man konnte sich aus der ganzen Art, wie die Dinge und die Toten lagen, ihre letzten Augenblicke lebendig vergegenwärtigen.

Der Hauptfund in dieser Villa aber gelang zu Ostern, und zwar besonders am 13. April 1895[90]. Man wollte die Arbeiter gerade zu den Feiertagen entlassen, und es blieben nur einige wenige zurück, um noch schnell die eben freigelegten zwei Schächte der Weinpresse zu reinigen. Ein Mann namens Michele stieg dazu in den engen Gang hinab. Bald aber kehrte er wieder zurück und erklärte, es gebe da giftige Dämpfe, und man könne darin nicht atmen. Daraufhin hatte keiner der Leute mehr Lust, hinunterzusteigen, und der Aufseher verzichtete schon auf die Reinigung dieser Schächte. Nun verließen alle den Platz, nur Michele nicht. Er blieb etwas zurück, ging zu dem Besitzer des Hauses und sagte ihm: »Herr, ich habe unten das Weinreservoir ganz leer gefunden, bloß ein Toter lag darinnen und rings um ihn herrliche Silbergefäße, Armbänder, Ohr- und Fingerringe, eine schwere doppelte Goldkette und ein Sack mit unzähligen goldenen Münzen.«

Der Gutsbesitzer beschwor den Mann, den Mund zu halten und über Nacht hier zu bleiben. Als es ganz dunkel geworden war, stiegen er und sein glücklicher Arbeiter mit Laternen und Körben in das Weinreservoir hinab, und es gingen ihnen nun die Augen über, als sie sahen, welche Schätze rings um das mit dem Gesicht zur Erde auf Knie und Hände gefallene Geripppe lagen. Neben zahllosen herrlich getriebenen Silbergefäßen war ein Ledersack mit noch erkennbarer Aufschrift, der nicht weniger als tausend Goldmünzen in ununterbrochener Reihenfolge von Augustus bis Domitian enthielt, die späteste vom Jahre 76 n. Chr. Darunter fanden sich auch Goldstücke der Kaiser Galba, Otho und Vitellius, die zu den allerseltensten römischen Münzen zählen, weil diese drei Männer innerhalb nur eines Jahres herrschten, also jeder seine Würde nur wenige Monate bekleidete. Die Münzen von Augustus und Tiberius waren stark abgenutzt, die 575 Stücke von Nero aber sehr gut erhalten. Einige sahen so neu aus, als wären sie eben aus der Münze gekommen. Das Gold war völlig tadellos, das Silber etwas geschwärzt und schwefelig.

Die glücklichen Finder bargen die Dinge in aller Heimlichkeit und brachten alles an einen sicheren Ort; sie hatten die Absicht, den Fund so zu verwerten, daß die für dergleichen in Italien geltenden Ausfuhrverbote umgangen werden konnten. Michele erhielt wohl eine Belohnung und nach einiger Zeit auch ein tüchtiges Schweigegeld, ging aber damit in das Wirtshaus und betrank sich. Der Wein löste ihm die Zunge, und nun begann er prahlend von der Entdeckung zu erzählen. Wie ein Lauffeuer verbreitete sich die Nachricht in der Gegend und kam dadurch auch den Behörden zur Kenntnis, die sogleich eine Untersuchung einleiteten; der Schatz war jedoch schon im Ausland in Sicherheit gebracht. 117 Silbergegenstände und der Sack mit den Münzen befanden sich bereits im Mai 1895 in Paris, und man bot sie dem Louvre an. Die Verkäufer forderten eine halbe Million Franken, das Museum wollte aber nur die Hälfte zahlen und dies in fünf Jahresraten. So wurden die Verhandlungen abgebrochen. Nun bot man die Dinge dem Freiherrn Edmond von Rothschild an, der sie auch ankaufte und mit Zurückbehaltung einiger weniger für seine eigene Sammlung, 109 Stücke des Silberschatzes und alle Münzen dem Louvre überließ.

Unter den in Boscoreale gefundenen Silbergefäßen sind zwei ganz besonders interessante, sogenannte Skelettvasen, die gleichsam dazu bestimmt sind, durch den Vorhalt des Todes die Menschheit zu mahnen, das Leben zu genießen, solange es noch Zeit ist. Auf der einen sind der Tragödiendichter Sophokles, dann der tragische Dichter Moschion sowie der Stoiker Zenon dargestellt, auf der anderen die Gerippe des Euripides, des Menander und des Kynikers Monimos. Diese vertreten Dichtkunst, Musik und Philosophie, während die anderen auf den Gefäßen sichtbaren Gerippe die Menschheit im allgemeinen verkörpern. Moschion und Menander, die in ihrer Zeit die Geheimnisse der Liebe enthüllten, halten auf dem Bilde die weiblichen Masken in der Hand, die die Heldinnen ihrer Stücke bedeuten. Inschriften in punktierter griechischer Schrift erklären die einzelnen Figuren. Das ganze zeigt im Sinne der Alexanderzeit und des Hellenismus die epikuräische Lebensauffassung dieser Epoche. »Genieße, solange du lebst«, besagt eine griechische Inschrift darauf, »denn das Morgen ist unsicher. – Das Leben ist ein Theater, Genuß das höchste Gut, Wollust der höchste Schatz, sei heiter, solange du am Leben bist.« So sollen die Totengerippe auf den silbernen, für köstlichen Wein bestimmten Gefäßen den fröhlich tafelnden Gästen den Tod vor Augen führen und ihnen sagen: »Sieh diese traurigen Gebeine an, trink' und unterhalte dich solange es geht, denn so wirst du dereinst nach dem Tode aussehen.«

Der zweite großfigurige Zyklus von Wandmalerei befand sich in der Villa von Boscoreale. Zu ihm gehörte die Leierspielerin, hinter deren Stuhl eine Dienerin hervorsieht. Es ist noch nicht gelungen, die Figuren zweifelsfrei zu deuten.

Der Isiskult in Herculaneum ist durch zwei Wandgemälde bezeugt, von denen das abgebildete eine feierliche Kulthandlung darstellt. Der Priester auf den Stufen des Tempels weist den Gläubigen ein Gefäß, wohl mit dem heiligen Nilwasser, während am Altar im Vordergrund ein Opfer vollzogen wird. Die Priester und Ministranten tragen ägyptisierende Gewänder. Zum Bildrepertoire gehört auch der heilige Ibis.

Der Verkauf der Schätze, zu denen auch diese beiden bemerkenswerten Gefäße gehörten, hatte noch ein Nachspiel vor dem italienischen Parlament, aber die Gegenstände waren nun einmal außer Landes und schon im Besitz Dritter und so konnte dagegen nichts mehr unternommen werden. Im Jahre 1900 wurde in der Nähe des Landhauses von Boscoreale noch eine Villa entdeckt, in der sich schöne Malereien zweiten Stiles fanden, darunter das Bild einer sitzenden Frau, die die Kithara schlägt, während rückwärts an der Lehne des Sessels ein junges Mädchen ihrem Spiele lauscht. Es ist eine der lebendigsten Fresken, die je in diesen Gebieten zutage traten.

Die Nachrichten von den herrlichen Funden von Boscoreale hatten das Interesse der Welt für die Grabungsarbeiten in den verschütteten Städten nächst dem Vesuv wieder in verstärktem Maße geweckt. Neuerdings strömten Fürstlichkeiten und vornehme Fremde herbei, wiederholt kam auch die Kaiserin Elisabeth von Österreich auf ihren Mittelmeerreisen dahin und stattete jedesmal dem Museum von Neapel und Pompeji einen Besuch ab. Sie war von den Bronzestatuen der beiden aufeinander zustürzenden Athleten, die seinerzeit auch in der Villa dei Papiri in Herculaneum gefunden worden waren, so entzückt, daß sie 1896 davon Abgüsse machen ließ, die sie dann auf der Terrasse ihrer Märchenvilla zu Korfu aufstellte.

In der gesamten gebildeten Welt bedauerte man, daß nicht genügend Mittel zur Verfügung standen, den Fortgang der Grabungen zu beschleunigen und wenigstens Pompeji und Herculaneum in ihrer Gesamtheit in verhältnismäßig kurzer Zeit ans Tageslicht zu fördern. So bahnte sich der Gedanke internationaler Zusammenarbeit in der ersten Zeit nach der Jahrhundertwende einen Weg. Es war besonders ein englischer Archäologe, Doktor Charles Waldstein, der diese Idee aufgriff und sich bemühte, sie zu verwirklichen. Er stellte einen großzügigen Plan zusammen, wie man der Aufgabe sowohl technisch als finanziell beikommen könnte. Er dachte aber zunächst nur an das Freilegen Herculaneums, wohl mit dem Hintergedanken, daß sich, wenn nur einmal mit dieser Stadt der Anfang gemacht wäre, die Maßnahmen wohl auch auf Pompeji erweitern würden. Er wollte förmlich eine große Armee von Archäologen, Technikern und Arbeitern aller Völker aufbieten, die, unterstützt von den Geldspenden der reichsten Männer der Welt, Herculaneum in einem Nu wiedererstehen lassen könnten. Aber man ging nicht allzu geschickt zu Werke. Es war klar, wie sehr man Empfindlichkeiten schonen mußte, und daß selbstverständlich und stets der italienische Monarch und die italienische Regierung an der Spitze des Unternehmens stehen müßten. Anfänglich waren in Rom auch alle Türen dafür geöffnet worden, man war sogar für die Sache begeistert, und schon machte der rührige Waldstein eine Reise nach den Vereinigten Staaten von Amerika, um dort reiche Geldleute zu interessieren. Er wollte sich zu Pierpont Morgan begeben und ihn bitten, an der Sache tätig teilzunehmen. Da veröffentlichte zwei Tage vorher ein New Yorker Abendblatt ein Telegramm aus Rom, in dem amtlich erklärt wurde, daß der Engländer keinerlei Berechtigung hätte, über die Angelegenheit zu verhandeln. Überdies war da behauptet, die italienische Regierung sei gegen seine Pläne. Der plötzliche Wandel in Rom war auf ein unglückliches Geschwätz von Zeitungsleuten zurückzuführen, das besagte, Waldstein hätte dem Präsidenten der Vereinigten Staaten, Theodore Roosevelt, den Vorsitz in der zu gründenden internationalen Gesellschaft zur Hebung Herculaneums angetragen und dieser neige dazu, ihn anzunehmen. Nun war es klar, daß selbstverständlich ein solcher Vorsitz nur dem König von Italien gebührte, und das hatte auch niemand ernstlich in Abrede stellen wollen. Aber so wurde der Plan zu einer Frage nationaler Würde; man betrachtete damals und auch heute noch die Ausgrabungen als eine Ehrensache Italiens und beschloß, sie selbständig und auf eigene Rechnung fortzuführen auf die Gefahr hin, daß sie länger dauern würden als mit internationaler Unterstützung. Diese Entscheidung war auch gut, denn nur so blieben Leitung und Einfluß ausschließlich bei jenen gelehrten und erfahrenen Männern italienischen Stammes, die ihr ganzes Leben in den Dienst dieser Sache stellten und noch stellen.

Der Vesuv hatte indes wechselndes Verhalten gezeigt, war aber stets mehr oder minder tätig geblieben. Er veränderte seine Form fortwährend. Um die Jahrhundertwende und in den ersten Jahren danach kamen mehrfach starke Gipfelausbrüche. 1905 wurde der Vesuvkegel mit 1335 Metern gemessen[91] und hatte damit die höchste Höhe erreicht, die bisher festzustellen war. Im April 1906 kam es wieder einmal zu einem gewaltigen Ausbruch. Wie aus einem platzenden Dampfkessel stieg am 8. jenes Monats unter furchtbarem Getöse eine Wolken- und Rauchsäule angeblich nahezu 13 000 Meter in die Höhe; ungeheure Gasmengen wurden ausgestoßen, aber in den nächsten Tagen auch graue und weiße Asche. Riesige Massen ausgeworfenen Materials wurden in die Luft geschleudert, der Vesuv war nachher über 100 Meter niedriger. An mehreren Orten, wie in Ottajano, wurde schwerer Schaden verursacht. Die von der Firma Cook erbaute Vesuvdrahtseilbahn und ihre Stationen waren wie vom Erdboden verschwunden. Seither ist der Berg, auf dem noch in bourbonischer Zeit im Jahre 1841 an entsprechender Stelle ein Observatorium errichtet wurde, ständig in Tätigkeit geblieben. Einem Auspuff gleich stößt er täglich und stündlich, bald mehr, bald weniger starke, mit Steinen untermischte Rauchwolken aus, und im Innern des Berges steigen die Lavamassen zur Krateröffnung auf, um zeitweise überzufließen und die unmittelbare, nun völlig kahle Umgebung zu überschütten. Das Vorhandensein dieses Ventils schiebt wohl gewaltige Ausbrüche weiter hinaus, hindert aber nicht, daß mit solchen nach wie vor zu rechnen ist.

An der Aufdeckung Pompejis haben neben den berufenen italienischen, deutsche Gelehrte in hervorragendem Maße teilgenommen und sich bedeutende Verdienste erworben. In der Zeit Fiorellis war es J. Overbeck, der eng mit diesem Mann zusammenarbeitete und die Ergebnisse seiner Studien in seinem 1875 erschienenen berühmten Buch über Pompeji niederlegte[92]. Später war es insbesondere August Mau, der bis zur Jahrhundertwende sein ganzes Leben in den Dienst der Grabungen stellte und Hand in Hand mit dem ihn in ausgiebiger Weise unterstützenden Deutschen Archäologischen Institut in Rom große Erfolge erzielte. Auch er hat sich selbst und seinem Werk in dem Buch »Pompeji in Leben und Kunst« ein unvergängliches Denkmal gesetzt.

Es war klar, daß mit beginnender größerer und gründlicherer wissenschaftlicher Erkenntnis von dem Leben und Treiben der alten Römer, von dem Aussehen und der Bauart ihrer Häuser und Tempel auch der Wunsch auftauchte, sich mit etwas Einbildungskraft im Geist in jene Zeit zu versetzen, da all die Gebäude, Tempel und Privatvillen, die heute nur in Trümmern und traurigen Resten zutage liegen, in stolzer Pracht zum Himmel ragten. Dieser Phantasie konnten die archäologischen Ergebnisse wohl unter die Arme greifen, aber immerhin bestand doch stets die Gefahr, daß sie auf ihren Flügeln den wissenschaftlichen Krücken entfloh und mehr vor das geistige Auge des Rückschauenden zauberte, als dereinst wirklich gewesen war. So erging es C. Weichardt, einem auch für die Antike begeisterten Deutschen, der uns in einem Werk »Pompeji vor der Zerstörung« diese Stadt in Abbildungen so vor Augen zu führen sucht, wie er glaubte, daß sie einst gewesen. Mit der vorhin gemachten Einschränkung ein durchaus verdienstliches Werk, das zum Verständnis und zum Gesamtbild, das man sich von jenem Ort macht, nicht wenig beiträgt. Einer ähnlichen Aufgabe unterzog sich der Italiener Aloisius Fischetti, der in geschickter Weise unmittelbar unter seinen Wiederherstellungsversuchen immer das Abbild der Ruinen gibt, wie sie noch heute bestehen.

Die Art der Ausgrabungen wurde in der Zeit bis zu dem schicksalsschweren Einschnitt unserer Tage, dem Weltkrieg, sehr verbessert. A. Sogliano, der unermüdlich und begeistert an der wissenschaftlichen Erschließung auch der Geschichte Pompejis noch heute weiterarbeitende Gelehrte, leitete sie in den Jahren 1905 bis 1910[93]. Unter ihm und V. Spinazzola, der den Grabungen durch zwölf Jahre bis 1924 vorstand, verdiente Seine Exzellenz, der heutige Leiter der Ausgrabungen und Mitglied der königlich italienischen Akademie, Professor Amedeo Maiuri, seine ersten Sporen. Langsam entwickelten dieser Mann und seine Mitarbeiter einen ganz neuen Vorgang, der vor allem darin gipfelte, einen vollkommenen Überblick nicht nur über den Inhalt, sondern auch das einstige äußere Aussehen der zutage tretenden Häuser zu geben. Jeder Teil eines Gebäudes, der sich abgebrochen oder sonst beschädigt vorfindet, wird wieder an Ort und Stelle gebracht, wo er dereinst war. Der gesamte Wandschmuck, die Mosaiken auf den Fußböden werden unter entsprechenden Schutzmaßnahmen belassen und ebenso jener Teil künstlerischer und häuslicher Gegenstände, die für die Tätigkeit im gefundenen Hause bezeichnend sind. So soll jeder Bau, jedes Geschäft einen Eindruck geben, als lebten die Inwohner noch, als käme man mit der silbernen Münze Neros, um sich beim Bäcker ein Brot zu kaufen oder in einer Bottega im Winter ein warmes Getränk zu sich zu nehmen.

In der Zeit vor und während des Weltkrieges arbeitete man in der Strada dell' Abbondanza, jener zweiten gewaltigen Straße, die ganz Pompeji vom Forum bis zur Porta di Sarno von West nach Ost durchzieht, und zwar in jenem Teil, der bereits östlich der großen Nord-Süd-Verbindung läuft, die die Strada Stabiana bildet. Da öffnete sich ein solches Thermopolium auf die Straße zu, auf dem Schranktisch waren bronzene Gefäße eingelassen mit den warmen und kalten Getränken für die Pompejaner, die sich im Vorübereilen schnell eine Erfrischung gönnen wollten. Noch steht das Geschirr in Bronze da, die Laterne hängt darüber, und am Tisch liegt noch das Geld, das der letzte Kunde gezahlt hat. Man wollte sogar noch eine antike Flüssigkeit in dem luftdicht abgeschlossenen Bronzegefäß gefunden haben. Draußen an der Mauer des Thermopoliums sollten weithin farbig leuchtende Wandgemälde mit Götterzeichnungen, Elefanten oder sonstigen, auf den Namen des Geschäftes hinweisende Malereien die Gäste anziehen. Das gleiche bezweckten Inschriften mit den Namen von in der Bottega bedienenden Mädchen, deren Gunst man vielleicht in dem Stockwerk darüber genießen konnte.

Der Ausbruch des Weltkrieges im Juli 1914 sah Italien vorerst noch neutral. Daher konnten die Ausgrabungen an der Strada dell'Abbondanza fortgesetzt werden, die unter anderem wieder eine besonders gut erhaltene Tuchwalkerei mit einer Presse für Kleider und dem Becken zum Waschen der Stoffe zutage gefördert hatten. Hier waren besonders die Küche mit vielen Geräten und das Klosett des Hauses völlig unversehrt und gut erhalten, das merkwürdiger- und unappetitlicherweise in vielen Häusern Pompejis, auch den größten und reichsten, unmittelbar anstoßend an die Küche angelegt war. Man deckte damals auch das Geschäft eines Bronzegießers auf, der Verus hieß und seine Arbeitsstätte mit einer großen Bronzelampe beleuchtete, die die Gestalt eines Phallus besaß. Bei ihm erhielt man auch ein Gerät für Landvermessungsarbeiten, das die Professoren Matteo della Corte und L. Jacono als erste als solches erkannten und durch Hinzufügen der verschwundenen Holzteile vollkommen wiederhergestellt haben.

Unweit davon befand sich ein Haus, das über einem gewaltigen Gewölbe, einem sogenannten Kryptoportikus erbaut war. Dieser Hohlgang war mit zahlreichen Wandgemälden, Szenen aus dem Trojanischen Krieg, geschmückt, aber stark beschädigt. Es war jenes unterirdische Gewölbe, in das sich zunächst zahlreiche Hausbewohner flüchteten, um es dann, als sie dort zu ersticken drohten, wieder zu verlassen und den Versuch zu machen, durch den Garten zu entkommen. Dort aber ereilte sie ihr Schicksal. Erschüttert betrachteten die Ausgrabenden die acht Opfer, die da unter allen Anzeichen furchtbarster Qualen und grauenvollsten Schreckens hilfesuchend ineinander verkrampft gefunden worden waren. Von einzelnen konnte man einen Gipsabguß gewinnen, besonders von einer älteren Frau und einem Mädchen, das sich in seiner Verzweiflung förmlich mit ihrem Kopf in den Körper ihrer älteren Begleiterin, vielleicht ihrer Mutter, einbohrte.

Im allgemeinen aber gingen die Ausgrabungen bei der wachsenden politischen Spannung natürlich auch langsamer vor sich und wurden ganz besonders gehemmt, als Italien im Mai 1915 in den Weltkrieg eintrat. Man mußte sich darauf beschränken, das bisher zutage Geschaffte zu erhalten und gelegentlich da und dort an der Strada dell' Abbondanza weiterzugraben. Diese Verhältnisse änderten sich auch nicht viel, als nach jahrelangem Kampf der Feldzug für das Königreich günstig beendet wurde. Die unausbleiblichen Erschütterungen sozialer und wirtschaftlicher Natur in der Nachkriegszeit trafen jedoch Italien genau so wie alle anderen beteiligten Länder. Dementsprechend konnte die Ausgrabungstätigkeit nur in bescheidenem Maße gefördert werden trotz aller Bemühungen des Königshauses, dessen Interesse sich damals in dem münzkundigen Monarchen und der begeisterten Person des Kronprinzen verkörperte, der für alles Historische das glücklichste Verständnis besaß.

Da erschien im Jahre 1919 der Kampfbund der Frontsoldaten, der fascio di combattimento, auf dem Plan, der von dem damals sechsunddreißigjährigen Benito Mussolini gegründet worden war. Der spätere Führer Italiens trat mit seinen Schwarzhemden von Neapel aus den Marsch auf Rom an, verlangte die Macht im Staate und kam 1922 an die Spitze der Regierung. Nun setzte eine Erneuerung der nationalen, politischen und wirtschaftlichen Kräfte Italiens ein, die auch den Ausgrabungen vorerst in Pompeji einen neuen Auftrieb gaben. Einige glückliche Funde belebten wieder das allgemeine Interesse. Dazu gehörte vor allem die Bronzestatue eines Epheben, die der Pompejaner P. Cornelius Teges bei der Katastrophe aus dem Garten in sein Haus hatte retten wollen. Unversehrt kam dieses herrliche Bildwerk aus den Lapilli hervor. Dabei lagen sogar noch Reste jenes Schutztuches, das Teges damals darüber hatte werfen lassen. In dem gleichen Gebäude fand man auch vier Groteskstatuen eines alten Kuchenverkäufers von obszöner, abstoßender Nacktheit, aber von ganz unglaublich realistischer Kunstfertigkeit. Man sieht förmlich, wie dieser alte Mann von dem lauten Ausschreien seiner Ware ganz heiser und sein Körper unter den ewigen Anstrengungen hinfällig und häßlich geworden ist. Neben einer edelsten hellenischen Idealgestalt aus der Blütezeit griechischer Kunst ein abstoßendes, aber als Kunstwerk nicht weniger großartiges Zeugnis antiken Könnens. Zwei Jahre darauf gelang Professor Maiuri das Aufdecken eines Hauses, das nach dem dort befindlichen großen Wandgemälde des Komödiendichters Menander benannt wurde[94]. Es war die reich ausgestattete Wohnung einer jedenfalls hervorragenden Persönlichkeit, die ungewöhnlichen Geschmack und besondere Kultur besaß und dies sowohl in der Literatur als der bildenden Kunst, was sich in den Fresken des Hauses deutlich aussprach. Ein Zimmer war zweifellos Bibliothek gewesen, aber die Holzregale und Papyrusrollen waren hier in Pompeji nicht nur verkohlt wie in Herculaneum, sondern leider völlig verschwunden.

Der Besitzer scheint im Augenblick der Katastrophe nicht im Hause gewesen zu sein, wohl aber senkte der getreue Hüter des Hauses im letzten Augenblick einen Kasten mit kostbarem Silbergeschirr in einen unterirdischen Kellerraum hinab und brachte ihn so in Sicherheit. Eines Abends wollte sich Professor Maiuri, der der Ausgrabung beigewohnt hatte, gerade nach Hause begeben, da hörte man Rufe und Schreie eines kleinen, etwa zehnjährigen Jungen, der durch ein schmales Loch in einen unterirdischen Raum gekrochen war. Dort erblickte er einen stark mitgenommenen, eisenbeschlagenen Kasten, verlangte heraufgezogen zu werden und berichtete nun aufgeregt über das, was er gesehen. Professor Maiuri befahl darauf, das Loch sofort so sehr zu erweitern, daß er gerade noch mühsam durchkommen konnte. Dann ließ er sich, oder besser gesagt fiel er durch dieses in den unterirdischen Raum hinab. In der so entdeckten antiken Kiste fanden sich zahlreiche herrliche Stücke altrömischen Silbergeschirrs, dessen größter Teil zur Zeit der Katastrophe im Jahre 79 noch fast ganz neu war. Einzelne dieser Gefäße rein hellenischen Stiles aber wiesen Beschädigungen auf, die schon vor jenem Unglücksjahre durch starken Gebrauch eingetreten sein mußten. Es ist heute zweifellos, daß sich unter diesen kostbaren Stücken hellenistische Originale befinden, die also damals schon Antiquitätenwert besaßen, daher köstliche Überbleibsel griechischen Kunstgewerbes darstellen. In dem Hause des Menander fand man auch die Toten als Gerippe auf, dort wo sie bei der Verschüttung hingesunken waren. Zusammengedrängt, ineinander verkrampft lagen sie da rund um die große zylindrische Bronzelampe, die der Hand des sie tragenden Sklaven entfallen war.

Bis 1927 hatte man alle Mühe und Arbeit nur dem Aufdecken Pompejis gewidmet, der neuen Ausgrabungsleitung aber lag auch das Weiterführen der Arbeiten in Herculaneum am Herzen. Dieser Wunsch fand bei Benito Mussolini, dem einstigen Schirmherrn der antiken Schätze seiner schönen Heimat, das wärmste Verständnis. Im Mai 1927 erteilte die italienische Regierung den Befehl, die Grabungen in Herculaneum wieder aufzunehmen und stellte neue Mittel dafür bereit. Man nahm sich zunächst vor, die Arbeiten in jenem Teil weiterzuführen, der noch südlich der Häuser Resinas liegt, also von der äußersten Südgrenze der antiken Stadt Herculaneum bis ungefähr zur vermuteten Gegend des Forums. Weiter aber gebietet das von nicht weniger als dreißigtausend Menschen bewohnte Resina mit seinen dicht aneinanderliegenden Häusern Halt. Wenn diese Grenze einmal erreicht ist, plant man die südlichen, westlichen und östlichen Vororte Herculaneums bzw. das anliegende Gebiet näher zu untersuchen, das, wie man weiß, von zahlreichen antiken Villen übersät war.

Die Hoffnung wurde durch die Entdeckung eines solchen Landhauses, der herrlichen Villa dei Misteri[95], außerhalb Pompejis in Richtung gegen den Vesuv über die Gräberstraße hinaus neu belebt. In dieser Gegend hatte der Besitzer eines Hotels namens Aurelio Item Anfang April 1909 auf die Kunde, daß sich antike Mauerreste gezeigt hätten, die Erlaubnis der Regierung erlangt, auf eigene Kosten die Ausgrabung beginnen zu dürfen. Damit begann die Arbeit, die zu dem Freilegen jenes beispiellos großartigen Gebäudes mit seinen unvergleichlichen antiken Wandmalereien führte, die alles übertreffen, was je in dieser Art vorgefunden worden ist. Während durchschnittlich die Höhe der gefallenen Lapilli und Asche und des darüber gewachsenen Terrains oberhalb der antiken Fläche in Pompeji etwas über fünf Meter beträgt, lag die Villa dei Misteri unter Schichten von nicht weniger als acht Metern, wobei besonders jene der Lapilli eine äußerst dicke war. Das Haus war nämlich an eine Erhöhung im Boden angelehnt gewesen, an der sich die Steinchen so hoch aufhäuften. Als man die ersten Gebäude freigelegt hatte und bis zum unterirdischen Hohlraum, dem von Lapilli vollkommen freien Kryptoportikus vorgedrungen war, in dem die Gerippe einst erstickter Pompejaner ruhten, mußten die Grabungen eine Weile ausgesetzt werden, denn noch waren in dem Hohlraum die gleichen giftigen Gase eingeschlossen, an denen die dorthin Geflüchteten vor zirka 1850 Jahren zugrunde gegangen waren.

Wundervoll, als wären sie erst gestern fertiggestellt worden, traten in dem herrlichen Saal die Malereien hervor, die die geheimen Zeremonien bei Einweihung einer Frau zur Aufnahme in die dionysischen Mysterien enthüllten. Vielleicht stellen sie die Weihe der einstigen Hausfrau dieser Villa dar, und die Novize, die auf den Bildern in prachtvoller Schönheit die Hauptrolle spielt, ist die Herrin selbst gewesen. Es ist daraus zu ersehen, daß die hier dargestellten Szenen in der Enthüllung des Symbols der Zeugungskraft des Menschen vor der zu weihenden Jungfrau gipfelten. Ihre volle Deutung ist bisher vielfach versucht worden, aber sehr verschieden ausgefallen und das letzte Wort darüber noch lange nicht gesprochen. Wir stehen da vor einem Originalwerk des späten Hellenismus, das, um die Mitte des ersten Jahrhunderts v. Chr. gemalt, ein Beweis ist, wie weit die römische Welt sowohl in Kunst wie in Religion hellenisiert worden war.

Im Augenblick der Katastrophe wurden in jener Villa gerade große Umwandlungsarbeiten gemacht. Man wollte auch eine Statue der Kaiserin Livia aufstellen und fand sie jetzt noch wie hierzu hergerichtet und nur vorläufig an eine Mauer angelehnt. Aber die Arbeiter waren nicht mehr dazugekommen, und die wenigen Bewohner, die die Villa zur Zeit der Verschüttung beherbergte und die nicht rechtzeitig geflohen waren, gingen sämtlich zugrunde. Ergreifend ist der Abguß der Gestalt des Türstehers, der in treuer Erfüllung seiner Aufgabe, das Haus bis zum letzten zu hüten, erstickt auf die Erde niedersank.

Hand in Hand mit solch großartigen Entdeckungen gingen auch kleine Einzelfunde, die aber nicht weniger interessant sind, weil sie oft gewaltige Fragen blitzartig beleuchten und klären, beziehungsweise neue Probleme aufwerfen. Ein Fund dieser Art glückte in neuester Zeit im Oktober 1938 in einem Gebäude nächst dem schönen Hause, das prächtige Malereien aller vier Stile Pompejis aufwies. In der Ecke eines Gemaches fand sich der Aschenabdruck eines einstmals hier gewesenen hölzernen Kastens, der im Laufe der Zeit völlig zerfallen und verschwunden war. Nach gewonnenen Erfahrungen hatte Professor Maiuri angeordnet, daß die nächste Umgebung eines solchen Abdruckes immer durchgesiebt werden sollte, weil darin fast stets Dinge lagen, die man dereinst in den Kästchen aufbewahrte. In solchen wurde, wie wir es auch heute noch in unseren gläsernen Schaukästen tun, die wertvollsten und hübschesten kleinen Dinge des Hauses vereinigt. So war es auch in diesem Falle, und da fand sich unter anderem auch eine in mehrere, aber leicht zusammensetzbare Stücke zerfallene Elfenbeinstatuette der indischen Venus[96] in Form einer dicken Frau mit großen Brüsten und weit ausladenden rückwärtigen Teilen, alles in allem ein Anblick überfließender, herausfordernder Fleischlichkeit. Es war das antike Abbild Laksmis, der Göttin der Schönheit nach orientalischem Geschmack, Herrin des Glücks und Gattin des bisher in neun verschiedenen Gestalten zur Erde niedergestiegenen Gottes Wischnu, gefunden in jener Stadt Unteritaliens, deren große Beschützerin die ihr verwandte Venus war. Es ist das erstemal, daß man irgendwo an den Küsten des Mittelmeeres dergleichen ausgegraben hat und auch dem Alter nach einzig dastehend, denn man kannte die indische Elfenbeinkunst bisher nur von wenigen sehr beschädigten Stücken aus spätmittelalterlicher Zeit. Diese Entdeckung gestattete aber auch den Rückschluß darauf, daß die antike römische Welt durch das Rote Meer und den Persischen Golf hindurch dank den Bestrebungen des Tiberius und des Nero weithin bis nach Indien Handel trieb.

Die Arbeiten an der Strada dell' Abbondanza (siehe Plan auf Seite 70, Region III) werden zunächst bis an die gegen den Sarno zu gelegene Porta, eines der noch nicht ausgegrabenen Tore der Stadt im Osten, geführt werden. Als man in der Umgebung des Amphitheaters grub, das seinerzeit eines der ersten zutage getretenen Gebäude war, kam ein Stadion, d. h. die Stätte zum Vorschein, an der die pompejanische Jugend ihre Kräfte in körperlicher Ertüchtigung maß. Es war eigentlich in Anbetracht der geringen Bedeutung der kleinen Handelsstadt Pompeji eine unverhältnismäßig großartige Anlage, die gleich dem Amphitheater nicht nur für die Pompejaner, sondern offenbar auch für die umliegenden Orte gedacht war.

Ein Gebiet von rund 140 mal 110 Metern war da von einem gewaltigen, von mehr als 130 Säulen getragenen Porticus umgeben, der bis auf die eine Seite des Rechtecks, die beim Vesuvausbruch glatt umgelegt worden war, in prächtiger Erhaltung wiedererstand. In der Mitte lag ein Schwimmbecken, gleichsam modernster Gestaltung, von nicht weniger als 30 Meter Seitenlänge; rundherum eine Laufbahn, die, um die Athleten vor den sengenden Sonnenstrahlen zu schützen, von hohen, schattenspendenden Platanen gesäumt war. Die Bäume fielen freilich dem grauenhaften Naturereignis sämtlich zum Opfer, ihre Wurzeln aber kann man noch heute durch Gipsabguß genau nachformen. In dieser Palästra[97] scheinen im Augenblick der Katastrophe gerade sehr viele Leute, Athleten und Zuschauer, mit Sport und Spiel beschäftigt gewesen zu sein. Sie flüchteten zu Beginn des Lapilliregens zunächst in die umgebenden Säulenhallen und Stiegen, dann selbst in die Latrinen. Erst als auch diese einzufallen begannen, suchten die Pompejaner die einzig heilbringende Flucht ins freie Feld. Aber sehr vielen gelang diese nicht mehr, sie hatten mit dem Schutzsuchen unter den Hallen zuviel Zeit verloren. So lagen im Gebiet der Palästra überall Gerippe zuhauf, darunter auch ein ganz zusammengekauert hockender Toter unter einer Stiege. Hier fanden sich weitaus die meisten bisher in Pompeji auf einem Platz beisammen aufgedeckten Toten, fast an hundert. Unter ihnen war auch ein Arzt, wohl der Vorstand der auch in der Antike auf jedem Sportplatz eingerichteten Hilfsstätte, bei dessen Leiche ein vollkommenes Necessaire mit den allerfeinsten chirurgischen Instrumenten vorgefunden wurde. Hier besonders zeigen sich die Bilder des Grauens, die das furchtbare Geschehen über die reiche, so lebenslustige und betriebsame Stadt gebracht hatte.

Bei der Aufdeckung und Freilegung dieser Turnstätte neben dem Amphitheater machte Professor Della Corte, der unermüdliche Arbeiter an Pompeji, der nicht nur in den »Notizie degli Scavi«, sondern auch in zahllosen anderen Schriften wichtige pompejanische Funde und Fragen erörterte[98], einen bedeutsamen Fund, geeignet lebhaften Streit der Meinungen hervorzurufen. Er bemerkte nämlich im weißen Stuck einer Säule die folgende Inschrift:

```
      R  O  T  A  S
      O  P  E  R  A
      T  E  N  E  T
      A  R  E  P  O
      S  A  T  O  R
```

Zuerst wußte man nicht, was sie bedeuten sollte, denn die vier Worte, die lateinisch waren, gaben scheinbar keinen Sinn und AREPO findet sich in keinem Lexikon. Das Merkwürdigste ist, daß diese fünfundzwanzig Buchstaben, von welcher Seite immer gelesen, stets wieder dieselben fünf Worte ergeben, und daß man ein klares christliches Kreuz erhält, wenn man das Wort TENET einrahmt.

Der Sinn dieser Worte wurde mannigfach und auch dahin zu deuten versucht, der Unbekannte, der sie zusammenstellte, wollte die Menschen dahin ermahnen, Gott (sator), das heißt der Säer und Schöpfer, halte ihre Handlungen (opera), sowie die Bewegungen der Gestirne (rotas) in seiner Hand. Das Wort »arepo« allerdings bleibt ungeklärt. Matteo della Corte und Felix Grosser wiesen darauf hin, man könne die Buchstaben auch so anordnen, daß sich die ersten Worte des von Jesus Christus diktierten Gebetes Pater noster in Kreuzesform ergeben. Della Corte schloß daraus, dies sei zweifellos ein Geheimzeichen der christlichen Sekte gewesen, das die Anwesenheit von Anhängern derselben in Pompeji beweise.

In neuester Zeit vertritt neben vielfachen sonstigen Deutungen Ludwig Diehl die bestechende Ansicht, das Rätsel sei nach der in »ältesten Schriften«, besonders auch der deutschen Runenschrift, manchmal angewandten »Pflugwendeform« zu lesen. Das heißt, man hätte die erste Zeile von rechts beginnend nach links, die zweite umgekehrt und die dritte wieder von rechts beginnend zu lesen. Das ergäbe dann: »Sator opera tenet; tenet opera sator.« »Der Sämann hält die Werke (in seiner Hand), die Werke hält (in seiner Hand) der Sämann.« Nur der Sinn kann dabei nicht voll befriedigen.

Seit dem Erscheinen der ersten Ausgabe des vorliegenden Buches sind dem Verfasser gerade in bezug auf dieses Kryptogramm unzählige Lösungsversuche zugegangen. Restlos befriedigt keine Deutung, aber immerhin Diehls, dann auch die von Ludwig Wagner vertretene Ansicht, daß das Satorquadrat »so wie in alter Zeit geschrieben wurde, abwechselnd eine Zeile von der rechten zur linken, dann die nächste von der linken zur rechten Seite usf. gelesen werden muß«, bleibt bestechend. Wagner meint auch etwas freideutend, daß Sator gleich Creator = Schöpfer zu setzen ist, wodurch also die drei Worte heißen würden: Gott erhält die Welt und ihre Werke (opera) oder: Gott ist Schöpfer und Erhalter. Etwas zuviel Phantasie scheint aber auch hier vorzuwalten. Theodor Valentiner meint dazu noch, das Wort *Arepo*, das umgekehrt *Opera* ergibt, sei eine Abkürzung der in Zeitbestimmungen oft gebrauchten Worte: *A rerum extremarum principio omni*. So würde es also heißen: »Gott hält die Werke der Menschen in seiner Hand, von Anbeginn der alleräußersten Dinge der Welt.«

Wie dem auch sei, das Kryptogramm in Pompeji ist bisher die älteste Fundstätte dieses Spruchspieles. Die nächstälteste findet sich in einer Ruinenstätte am Euphrat, aus der ersten Hälfte des 3. Jahrhunderts n. Chr. Dann später ist dieses Kryptogramm oder wie man es auch nennt, das Sator-Quadrat, in den folgenden Jahrhunderten in Kirchen, Bibeln, Büchern vielfach festzustellen. Es wurde als eine Art Zauberspruch behandelt, dem geheimnisvolle, glückbringende Kräfte zuzuschreiben sind. Jedenfalls ist das Interesse, der vollen Bedeutung dieses Kryptogrammes auf die Spur zu kommen, nach wie vor äußerst rege.

Im Jahre 1939 fand sich im ersten Stock eines Hauses von Herculaneum eine Einkerbung in Kreuzesform. Sie war in den Stuck der Mauer eines abgeschlossenen kleinen Raumes eingedrückt. Dies ist um so interessanter, als die ersten bis heute bekannt gewordenen Kreuze aus den Katakomben nur auf das 2. oder 3. nachchristliche Jahrhundert zurückgehen, während jene von Herculaneum und Pompeji also aus der Zeit vor dem Jahre 79 datieren. Es ist nicht unmöglich, daß sich damals schon Christen in Pompeji befanden, eine jüdische Gemeinde war jedenfalls vorhanden. Wir wissen aus den Apostelbriefen, die über die erste Reise des heiligen Paulus nach Rom berichten, daß sie von Syrakus über Reggio und Pozzuoli, das nur zwölf Kilometer von Neapel liegt, nach Rom führte und spätestens etwa im Jahre 60 n. Chr. vor sich ging. Doch kann man weder aus dem mysteriösen Buchstabenquadrat der Palästra noch aus dem Kreuzabdruck in dem bescheidenen Dienerzimmer eines sonst mit heidnischen Fresken überreich bemalten Hauses mit Sicherheit auf die Existenz von Christen schließen. Das Rätsel von Pompeji könnte sich wohl mit der jüdischen Religion vertragen, das in einem Betraum versteckte Kreuz von Herculaneum könnte aber doch auf das Vorhandensein heimlicher Anhänger der christlichen Lehre hinweisen. Hoffentlich bieten künftige Ausgrabungen noch wertvollere und klarere Beweise dafür[99].

Seit dem Jahre 1748, das man als den Beginn der Ausgrabungsarbeiten bezeichnen kann, sind mehr als zwei Jahrhunderte dahingegangen, ohne daß, obgleich unzählige Kriege über Europa dahingebraust sind, der Friede der Ausgrabungsstätten von Pompeji und Herculaneum an Ort und Stelle selbst gestört worden wäre. Es war erst unserer wahnsinnigen Zeit vorbehalten, im Jahre 1943 diesen Frieden durch Kriegslärm und Bomben zu durchbrechen.

Im Zweiten Weltkrieg war durch die Alliierten eben von Afrika her die Besetzung Siziliens durchgeführt worden und am 3. September jenes Jahres begann die 8. britische Armee an der Südspitze Kalabriens zu landen. Am selben Tage schied Italien aus dem Krieg aus und kapitulierte bedingungslos, womit die »Achse« in Stücke brach.

Eine weitere Landung britisch-amerikanischer Truppen in der Gegend des Golfes von Neapel wurde gleichzeitig vorbereitet. Man hatte dazu das Gebiet der Halbinsel von Sorrent sowie das südlich davon gelegene Küstenland ausersehen. Infolgedessen begann schon früher, in den letzten Augusttagen, eine ausgiebige Luftaufklärung über den umliegenden Gebieten, die ja Pompeji so nahe sind. Das erstemal in größerem Umfang am 24. August. Es galt festzustellen, ob sich nicht auch etwa im Ruinengebiet von Pompeji und in der nächsten Umgebung deutsche Truppen aufhielten. In nächtlicher Aufklärung wurde mit einemmal das Gebiet der schlafenden antiken Stadt durch an Fallschirmen hängende Leuchtkugeln strahlend erhellt. Da und dort fanden sich auch wirklich, wenn auch nur ganz vereinzelt, deutsche Fliegerabwehrgeschütze, Militärautos und dergleichen. Grund genug, daß der Eindruck erweckt wurde, tatsächlich befänden sich in der Ruinenstadt Truppen, ja man sprach sogar von einer deutschen Panzerdivision, die sich da verbarg. Und dies in der Meinung, daß die Scheu vor Beschädigung der dort zutage geförderten antiken Kulturschätze die Truppen vielleicht besser als alles andere schützen könnte[100].

So wurden denn schon in jener Augustnacht Bomben über Pompeji abgeworfen, deren eine mitten auf dem Forum explodierte, während eine andere das kleine Museum am Eingang voll traf, in dem jene erst von Giuseppe Fiorelli im Jahre 1864 ausgegossenen Toten neben tausend anderem wertvollen Ausgrabungsgut in sauberen Glaskästen aufbewahrt waren. Da lagen nun überall in Trümmern, zerbrochen und zerstört, weithin verstreut die so sorglich zusammengetragenen Zeugen antiken Lebens und antiker Kultur, denen ein Fiorelli, ein Maiuri ihre ganze Lebensarbeit gewidmet hatten. Der letztere war herbeigeeilt, angsterfüllt, verzweifelnd fast hatte er versucht, in Telegrammen, in Vorsprache bei Befehlsstellen, in Versuchen aller Art, sein Pompeji vor den Schrecken des Krieges zu schützen. Aber vergebens. Ratlos flüchtete er zu dem großen Philosophen Italiens Benedetto Croce nach Sorrent, ob nicht er irgendwelche Hilfe wüßte; denn schon waren nicht nur das Museum mit seinem so kostbaren Inhalt, sondern auch andere pompejanische Häuser und ein Teil der Stadtmauern den Bomben zum Opfer gefallen.

Doch nun kam der 9. September und damit die Landung der Angloameri-
kaner im Gebiet von Salerno. Wieder überflogen die Flugzeuge das Gebiet
von Pompeji, und das Feuer der Abwehrbatterien, die dort und da versteckt
waren, zog weitere Bomben nach sich. Dazu war aus dem Landungsgebiet
der britisch-amerikanischen Truppen eine Unzahl von Menschen vor der
sich dort entspinnenden Schlacht geflohen und hatte vielfach in Pompeji
Schutz gesucht. So wurde auch der Eindruck verstärkt, daß sich dort Trup-
penansammlungen befänden. In den Tagen von Mitte September wurden
nun nicht weniger als hundertfünfzig weitere Bomben über der Stadt abgeworfen, die glücklicherweise vielfach nur geringen Schaden verursachten.
Freilich, die schöne Säulenmauer der Palästra, die Villa des Diomedes, die
Häuser des Faun, der Vettier und des Trebius Valens wurden mehr oder
weniger beschädigt. Aber man muß dennoch Gott danken, daß nicht noch
viel mehr geschehen ist. Es war, als ob viele dieser Bomben von einer sorg-
lichen, kulturschützenden Hand auf freies Feld, auf steinernes Pflaster und
auf weniger bedeutende Ruinenstätten gelenkt worden wären. Aber immerhin, die Verwüstungen waren arg genug, um dem leidenschaftlichen Liebhaber seines Werkes, dem Erwecker antiker Kultur ohnegleichen, Professor
Amedeo Maiuri, ans Herz zu greifen. Er mußte schließlich Pompeji inmitten
des Feuers und des Wütens der Landungsschlacht mit dem Rade flüchtend
verlassen und wurde dabei selbst durch eine Maschinengewehrkugel verwundet.

Zu Ehren der Landenden sei gesagt, daß sie sich sofort nach dem Abebben
der militärischen Ereignisse des verwundeten Pompeji annahmen, die Schäden besichtigten und alles taten, um weitere Zerstörungen zu verhindern,
die durch das Andenkensuchen tausender militärischer Besucher Pompejis,
dann aber auch durch Plünderer, die die herrschende Unordnung ausnutzen
wollten, hätten entstehen können. Der amerikanische Major Gardner, der
dann auch nach Wien kam, mit dem Verfasser sprach und einen Vortrag
über seine Erlebnisse hielt, nahm sich sofort mit höchstem Eifer Pompejis
an, zur größten Freude Professor Maiuris, dessen Wunde sich glücklicherweise als verhältnismäßig leicht herausstellte. Nun steht der leidenschaftliche Betreuer seines stolzen Pompeji vor der Aufgabe, nicht nur die Schäden, soweit sie überhaupt heilbar sind, zu beheben, sondern nach wie vor
den noch begrabenen Schätzen unter den so erschwerten Umständen der
Nachkriegszeit und ihrer Geldarmut ans Tageslicht zu helfen. Und das insbesondere nicht nur in Pompeji, wo die Art der Bedeckung der Dinge keine
solche Schwierigkeiten bietet, sondern auch in Herculaneum, in welchem

Ort meterhoch zu Stein gewordene Lava über den Häusern der antiken Stadt liegt.

Soweit es möglich ist, werden dort nach wie vor reizend eingerichtete, oft mit kostbaren Statuen, wie zum Beispiel einem von Hunden angefallenen Hirsch, geschmückte Wohnungen mit vielfarbigen, schönen Mosaiken aufgedeckt. Es zeigt sich immer wieder, daß hier in der Wohnkultur größerer Reichtum und glänzendere Prachtentfaltung als in Pompeji vorwalteten. Um so mehr ist zu bedauern, daß in Herculaneum gerade das Herz der Stadt, das Forum mit seinen jedenfalls prächtigen Gebäuden, noch immer unausgegraben unter seiner harten Lavadecke liegt. Und dies, weil die Ortschaft Resina auf dieser Lavadecke steht und es bisher ein ungelöstes Problem geblieben ist, wie man diese Bevölkerung anderswo ansiedeln und entschädigen könnte.

Da läge ein weites Feld für neuerliche britisch-amerikanische Unterstützung der Ausgrabungen in Pompeji, wie sie im abgelaufenen 19. Jahrhundert trotz Empfindlichkeit der italienischen Regierung schon vielfach und wirksam geboten wurde. Und dies um so mehr, als die durch die gebieterischen, militärischen Notwendigkeiten entstandenen Schäden den Regierungen dieser beiden Staaten selbst ans Herz gegriffen haben. So ist für die Zukunft trotz aller Schwierigkeiten die Hoffnung auf weiteren guten Fortschritt gegeben. Die Leidenschaft für die Zeugnisse antiken Lebens beherrscht nach wie vor den Leiter der Ausgrabungen Professor Amedeo Maiuri und seine Gelehrten und Arbeiter. Sie ist der beste Antrieb für künftige neue Erfolge. So ist es kein Wunder, daß die Hoffnung stets neu belebt wird, weitere reiche, vielleicht ungeahnt herrliche, heute noch im Erdboden ruhende Schätze zu heben.

So sind wir in der Entwicklung des Wiederauferstehens der einst durch den Vesuv verschütteten Städte in unseren Tagen angekommen. Die moderne Archäologie und Ausgrabekunst hat in den fabelhaften technischen Errungenschaften der Zeit einen mächtigen Bundesgenossen geworben. Fliegeraufnahmen aus großer Höhe gestatten, die Punkte besser zu erkennen, an denen solche Arbeiten erfolgversprechend sein können, gewaltige elektrische Bohrmaschinen erleichtern es, auch der härtesten Lava zu Leibe zu rücken, die modernen Beförderungsmittel ermöglichen es, Erdmassen rasch von einem Ort zum anderen zu bringen und vieles mehr.

Wer heute über Pompeji hinwegfliegt, wird deutlich erkennen können, daß der zutage liegende Teil der Stadt etwas mehr als drei Fünftel der antiken Ortschaft darstellt. Der Rest, und zwar insbesondere der dem Meere abgewandte Bezirk westlich[101] sowie nordwestlich[102] des Amphitheaters, endlich ein schmaler Nordteil unmittelbar an jenem Mauerabschnitt, der die Porta del Vesuvio mit der Porta di Nola verbindet, harren noch der Erschließung. Immer wieder erlebt man beim Graben Überraschungen, die blitzartig in das Dunkel der Geschichte hineinleuchten und uns die wertvollsten Erkenntnisse vermitteln. Wir können solche auch noch in der Zukunft erwarten, allerdings etwas weniger in Pompeji, denn gerade der südöstliche, noch nicht ausgegrabene Teil der Stadt gegen das Amphitheater zu, scheint auch innerhalb der Stadtmauer noch nicht durchwegs bebaut gewesen zu sein, sondern weite Flächen für Sportplätze und dergleichen zu enthalten, die naturgemäß eine geringere Ausbeute versprechen. Die bedeutendsten Gebäude dürften schon zutage liegen und daher in dem noch zu durchforschenden Teil meist nur Privatwohnungen und Geschäfte zu finden sein. Überhaupt ist immer zu bedenken, daß man bei den Ausgrabungen in Pompeji die Erwartungen schon deshalb geringer spannen muß, weil hier, wo es nach der Katastrophe verhältnismäßig leichter war, etwas zu retten, die Bewohner bekanntlich sogleich zurückkehrten und soweit es mit ihren damaligen Mitteln möglich war, doch vieles und meist natürlich gerade das Wertvollste davontrugen.

Heute ist die Lage aller noch nicht ausgegrabenen Teile Pompejis genau erforscht. Von den acht Toren der Stadt sind drei noch nicht zutage gefördert. Der Zug der Mauern dazwischen ist gegeben. Man weiß genau, wie die Straßen sich fortsetzen, auch dort, wo sie noch nicht freigelegt sind. Das heutige Verfahren des bestmöglichen Erhaltens der gesamten Gebäude und vorsichtigen Ausgrabens von oben her bedingt freilich ein langsameres Fortschreiten der Arbeiten, gibt aber die Gewähr, daß alles viel verläßlicher und unbeschädigter zutage treten kann als je zuvor.

Das Wiederauferstehen auch der letzten zwei Fünftel Pompejis ist also nur mehr eine Frage der Zeit und der Mittel, und es ist sicher, daß Italien nicht ruhen noch rasten wird, bis die ganze Stadt ans Licht gebracht und damit eine der gewaltigsten Errungenschaften der Wissenschaft gesichert ist. Doch selbst wenn diese Arbeiten glücklich zu Ende geführt sind, bleibt noch unendlich viel zu tun übrig. Dann gilt es noch die vor den Mauern Pompejis vermuteten Vororte und verstreuten Villen und Gehöfte zu erforschen und auszugraben, die gleichfalls völlig verschüttet sind und deren Lage natürlich nicht so einfach gegeben und klar erkennbar ist, wie jene der Gebäude innerhalb der Umfassungsmauern. Diese Suche wird gewiß noch zu großen Überraschungen führen und auch vielen künftigen Generationen von Ausgräbern und Archäologen unerschöpflichen Stoff für hochinteressante Arbeit geben.

Soviel über Pompeji. In Herculaneum liegen die Dinge anders. Hier sind die elektrisch betriebenen Bohrmaschinen und die von Professor Maiuri erstmalig verwendeten mechanischen Schaufeln von größtem Vorteil, weil sie die steinhart gewordene, tiefe Schlammschicht, die über der versunkenen Stadt liegt, viel leichter angreifen können, als dereinst die einfache Hacke in menschlicher Hand. Dagegen bietet die darüberliegende, engbesiedelte Ortschaft Resina nach wie vor ein schwieriges Hindernis. Doch muß man bedenken, daß es sich da zumeist um ärmliche Häuser und Wohnstätten handelt, die auch unter anderen Verhältnissen einmal dem sozialen Fortschritt und der vom Staat eifrig betriebenen gesundheitlichen Obsorge für das Volk weichen müßten. So ist es unzweifelhaft, daß die italienische Regierung, die noch ganz andere Probleme des Erschließens denkwürdiger Stätten sowie der Sanierung volksgesundheitlich rückständiger Gebiete zu lösen gewußt hat, auch dieser Aufgabe in großzügiger Weise Herr werden und damit auch das völlige Freilegen Herculaneums ermöglichen wird. Dies verspricht hier eine ganz besonders köstliche Ausbeute, denn was der flüchtende Bewohner nicht unmittelbar während der Katastrophe eilends zu sich stecken und bei sich tragen konnte, das ist an Ort und Stelle verblieben und durch die erstarrende Schlammerde festgebannt worden. Hier, wo die Ortschaft unter 15 bis 20 Meter starker, steinharter Decke lag, konnte kein nach dem Unglück Zurückkehrender etwas bergen. So blieb in Herculaneum alles mehr oder weniger unverändert und steht in den noch unausgegrabenen Teilen der Stadt da wie einst. Es ist daher kein Zufall, daß hier zum Beispiel die gesamten Schätze der Villa dei Papiri unberührt und unversehrt vorgefunden wurden; wäre sie ebenso nur unter Lapilli und Asche begraben worden wie Pompeji, so wären auch die herrlichen Bronzen und Marmorstatuen, die man da in reichster Fülle gefunden hat und die das Museum in Neapel heute wunderbar schmücken, fortgetragen worden und im Laufe der Zeit verschwunden.

Dabei ist wegen der Härte der darüberliegenden Schichten nicht einmal diese bereits 1752 aufgefundene, herrliche Villa schon gänzlich durchforscht. Noch ist ein Teil ihrer Wohnräume nicht aufgeschlossen, denn das Gebäude ist nicht frei zutage gefördert, sondern nur unterirdisch zugänglich gemacht worden. Das in Herculaneum bis heute Ausgegrabene ist im Verhältnis ein bedeutend kleinerer Teil der Stadt als das gleiche in Pompeji. Da besteht also noch ein unendlich großes Aufgabengebiet für die Zukunft, wenn einmal mit energischer Hand eine Lösung gefunden wird, die es ermöglicht, den Bewohnern von Resina eine andere Unterkunft zuzuweisen, die sie voll entschädigt und das freie, rücksichtslose Arbeiten in dem Bereich dieser Stadt erlaubt.

Sind aber Pompeji und Herculaneum in ihrem engeren Umkreis fertig ausgegraben, wird man sich erst weiteren Räumen zuzuwenden haben. Dann wird man gründlich darangehen müssen, auch die übrigen vielen Ortschaften und Einzelsiedlungen festzustellen und mit der Zeit zu heben, die außerhalb unserer beiden verschütteten Städte im Jahre 79 n. Chr. oder bei späteren Ausbrüchen des Vesuv zugrunde gegangen sind. Gewaltig ist schon jetzt das Ergebnis der bisherigen Grabungen, besonders auch in wissenschaftlichem Sinne. So verdanken wir ihnen nebst allem anderen die Erkenntnis, wie innig hier römisches und hellenistisches Wesen verschmolzen sind und einander ergänzt haben. Nun sind der Forschung viele weitere Ziele gesteckt.

Früher begnügte man sich mit dem Studium der vorgefundenen Kunstwerke und Einzelgegenstände, heute aber untersucht man das gesamte wirtschaftliche und gesellschaftliche Leben und Treiben, das sich in diesen beiden aus der Antike in unsere Zeit hinübergeretteten Städten abspielte und aus den Funden wunderbar in unmittelbare Anschauung zurückgezaubert werden kann.

Aber nicht nur künstlerische, historische und kulturgeschichtliche Erkenntnisse werden durch diese Ausgrabungen gewonnen. Schließlich sind doch der Mensch und sein Schicksal das Wichtigste und Interessanteste. Und was im

Falle Pompejis und Herculaneums besonders packt, ist die Möglichkeit, auch noch fast zweitausend Jahre nach einem Unglück dieses selbst und das grauenvolle Los der Bewohner der betroffenen Städte so anschaulich, so ergreifend, so unmittelbar vor Augen zu führen, daß uns auch heute noch tiefes Mitleid mit den einstigen Bewohnern erfaßt. Besonders in Pompeji sind überall, wo man bisher gegraben, die stummen und doch so beredten Spuren menschlichen Unterganges, die Skelette, verstreut. Hier werden es ungefähr nahe an zweitausend Menschen sein, die in Häusern und Gewölben, auf Straßen oder auf freiem Platz tot dahingesunken sind. Unzählige weitere Flüchtlinge werden noch außerhalb der Stadt auf den gegen das Meer oder die Stadt Neapel hinführenden Wegen im Aschenregen den Tod gefunden haben.

In Herculaneum dagegen finden sich nur sehr wenige Skelette, etwa zwanzig bis dreißig, nicht viel mehr. Die Bewohner dieser Ortschaft sind zumeist heil entkommen.

Die Überreste der Toten aber in beiden Städten erinnern den Besucher, der sich unter den Anregungen und dem Anschauungsunterricht der ausgegrabenen Stätten mit dem Studium des öffentlichen und des Privatlebens der Alten, ihrer Kunst und ihrer Bauten beschäftigt, in erschütternder Weise an die Menschen, die sie belebten, und ihr furchtbares Ende. Sie mahnen in besonders eindrucksvoller Weise an die Vergänglichkeit alles Irdischen und die Gleichheit jedes lebenden Wesens vor der Gewalt der allmächtigen Natur. Über alledem aber steht nach wie vor in ewiger Majestät der Berg, der soviel Unglück rings um sich gesät hat und immer noch dräut und droht. Und wenn man heute vor der Frage steht, ob man all die herrlichen Zeugnisse antiker Kultur dort belassen soll, wo sie gefunden wurden, oder aber ihre Entfernung aus der gefährlichen Nähe des Vulkans angezeigter wäre, ist der Gedanke nicht von der Hand zu weisen, es könne wie in früheren Zeiten einmal wieder ein Tag kommen, da ein noch furchtbarerer Ausbruch des Vesuv als jener von 79 n. Chr. auch das alles erneut begraben würde, was in jahrhundertelanger Mühe und Arbeit der Erde wieder abgerungen worden ist.

Die jüngsten Entdeckungen in den Vesuvstädten

Conte Cortis zuversichtliche Hoffnung, daß Pompeji auch fernerhin interessante neue Ergebnisse liefern werde, hat sich in den Jahren nach der letzten von ihm selbst besorgten Auflage seines Buches in reichem Maße erfüllt. Der erste großartige Fund gelang bereits, als man das Museum neu errichtete. Man stieß unter ihm auf die Reste einer prachtvollen Villenanlage, deren Wandmalereien zum Schönsten gehören, was wir an Wanddekorationen des frühen dritten Stils aus den Vesuvstädten besitzen. Ein großer Porticus lehnt sich auf eine Strecke von etwa 80 Metern an die Stadtmauer an, die zur Erbauungszeit der Villa aufgegeben war. Vor dieser Säulenhalle wurden Teile eines Gartens ausgegraben, der sich über die ältere Straße hinzog, die zur Porta Marina führte. Ein zweiter, von einer Säulenhalle umzogener Garten lag gegen Süden hin, und im Winkel zwischen diesen beiden Anlagen stehen die heute noch erhaltenen Räume, von denen ein weiter Saal von 6×8,80 Metern elegant und qualitätvoll mit Bildern aus der Theseussage und mit dem Sturz des Icarus geschmückt ist. Die Lage der Villa auf einer Terrasse vor der Stadtmauer gestattete einen prächtigen Blick auf den ganzen Golf von Castellammare. Man hat den Bau schon bald nach seiner Auffindung als »Villa Imperiale« bezeichnet, in der Meinung, daß nur ein Kaiser oder ein Angehöriger des Kaiserhauses sich ein solch großartiges, reiches Haus mit solch feinen Malereien in einer derart schönen Lage erbaut haben könnte. Der Name des Besitzers ist aber noch nicht gefunden.

In ähnlicher Situation liegt nördlich der Porta Marina ein weiteres köstliches Haus, dessen weiße, unten rot bemalte Arkaden heute das Bild des Westrandes der Stadt beherrschen. Es gehörte wahrscheinlich einem gewissen Marcus Fabius Rufus. Noch der Veröffentlichung harrend, wie auch die Villa Imperiale, birgt es wertvolle Malereien vierten Stils. Offensichtlich befand es sich im Umbau oder in Wiederherstellung, als die Katastrophe des Vesuvausbruchs Pompeji vernichtete. Hier an der Seeseite sind die Grabungsarbeiten in vollem Gange – sie haben sich schon auf die Nachbarhäuser ausgedehnt, und so darf man noch auf reiche Funde hoffen.

Im übrigen erstreckten sich die Grabungen vor allem auf den weißen Fleck im Stadtplan Pompejis, das Gelände der Nuovi Scavi, wo besonders in den Regionen I und II eine ganze Reihe von Insulae aufgedeckt worden ist.

Unter den ausgegrabenen Häusern seien aufgeführt die sogenannte Casa di Venere, so bezeichnet nach dem Gemälde einer Venus, die, von zwei Amorknaben geleitet, in einer Muschel schwimmt (ein mehr durch seine Größe als durch seinen künstlerischen Wert auffallendes Bild), und die zum zweiten Male wieder ans Licht gebrachte Villa der Julia Felix, die im vorderen Teil ihres Hauses eine Art Gaststätte, Zimmer im Oberstock und ein elegantes Bad zu vermieten suchte, vielleicht, weil sie durch das Erdbeben und dessen Folgen für die Wirtschaft Pompejis in Not geraten war.

Nördlich der Via dell'Abbondanza wird seit Jahren das Haus des Gaius Iulius Polybius ausgegraben, mit großem Peristyl, an dem Räume mit sehr qualitätvollen Malereien des dritten und vierten Stiles liegen. Der straßenseitige Trakt weist noch ein großes Zimmer ersten Stils auf, wie auch die Fassade Elemente der vorrömischen Architektur zeigt. Interessanterweise haben sich von den bemalten Decken und von den Ziegeldächern beträchtliche Reste gefunden. Nach der von Professor Alfonso De Franciscis mit Erfolg angewandten Methode werden die ausgegrabenen Teile bereits restauriert, während die Freilegung der übrigen im Gange ist[103].

Nach Süden vorstoßend, erreichten die Ausgräber 1954 die Porta di Nocera und trafen vor ihr, außerhalb der Mauern, auf eine Nekropole, die sich an Reichtum der Grabtypen und in der Ausdehnung durchaus mit der altbekannten vor dem Herculaner Tor messen kann. Neben Gräbern aus der Zeit der römischen Republik mit Statuen und Büsten, neben kaiserzeitlichen Mausoleen, Columbarien und Grabaltären begegnet uns hier auch das Grab jener Priesterin Eumachia, die das große Gebäude für die Zunft der Tuchwalker am Forum gestiftet hatte.

1972 wurde die Porta del Sarno freigelegt, die zum Teil vom Aushub der Grabungen bedeckt war und im letzten Krieg Bombenschäden erlitten hatte. Die Reinigungsarbeiten erstreckten sich auch auf die Stadtmauer, die nach Norden hin weiter ausgegraben wurde – augenblicklich ist bereits der Abschnitt zwischen dem Nolaner und dem Vesuvtor erreicht. Dabei machte man im August 1976 einen besonders glücklichen Fund: Außerhalb des Nolaner Tors stieß man auf das Grab des Marcus Obellius Firmus, dessen schönes, teilweise noch mit Malereien des zweiten Stils geschmücktes Haus in der Via di Nola seit langem bekannt ist. Der ehemalige Ädil und duumvir iure dicundo war eine hochangesehene Persönlichkeit, denn nach der Inschrift stellte der Stadtrat den Grabplatz zur Verfügung und spendete die beachtliche Summe von 5000 Sesterzen für das Begräbnis, die pagani eines nicht näher genannten pagus beteiligten sich daran mit Räucherwerk und stifteten einen »clupeus«, also wörtlich einen Rundschild, worin man vielleicht eine »imago clipeata« sehen darf, das Bildnis des Verstorbenen auf einem schildförmigen Reliefgrund. Ein weiterer clupeus war die Gabe der Ministri Fortunae, eines in Pompeji wohlbekannten Kollegiums, das außerdem noch Wohlgerüche für 1000 Sesterzen beisteuerte.

Zu den interessantesten neuen Forschungen in Pompeji zählen die Untersuchungen der Gärten durch Frau Professor Wilhelmina F. Jashemski. Neben dem Grundstück der Julia Felix, nördlich vom Amphitheater, grub die amerikanische Wissenschaftlerin einen großen Weingarten aus. Die einzelnen Weinstöcke, durch die Höhlungen zu identifizieren, die sie im Boden zurückgelassen hatten, waren durch Pfähle gestützt und in langen parallelen Reihen angeordnet, zu Seiten eines kreuzförmig angelegten Weges. Gleichzeitig aber hatte man längs dieses Weges, wie es auch heute in modernen Weingärten geschieht, zwischen die erste und zweite Reihe der Weinstöcke Bäume gepflanzt. Im Nordwesteck lag ein Raum, in dem einst die Weinpresse stand; neben ihm sowie beim Südeingang, also dem Amphitheater gegenüber, ist je ein Triclinium gefunden worden. So konnte man den Wein an seiner Produktionsstätte genießen. In der Nähe des Amphitheaters hat der Besitzer sicher recht gute Geschäfte gemacht!

In der dritten Insula westlich von der Palästra hat Wilhelmina Jashemski einen zweiten großen Garten ausgegraben. Das dort gelegene »Haus des Schiffes Europa« war einst ein vornehmes Besitztum, wurde aber nach dem Erdbeben in einen Geschäftsbetrieb umgewandelt. Die große Gartenfläche wurde kommerziell genutzt. Unter den dort kultivierten Obstbäumen und Gemüsepflanzen ließen sich Mandeln, Trauben und Bohnen identifizieren. Besonders bemerkenswert war der Fund von 28 Tontöpfen, die an verschiedenen Stellen längs der Gartenmauer in unterschiedlicher Tiefe in der Erde steckten. Fast alle hatten ein Loch im Boden und drei Löcher an den Seiten. Dies entspricht der Beschreibung, die Plinius von der Einfuhr von Zitronenbäumen gibt. Es ist also mit Sicherheit anzunehmen, daß in diesem Garten, dessen Erzeugnisse auf dem Markt verkauft werden sollten, auch importierte Obst- oder Gemüsesorten gezogen wurden[104].

Auch die deutsche Forschung hat sich in den letzten Jahren wieder in Pompeji betätigen können. Auf Grund einer großzügig erteilten Grabungslizenz konnte das Deutsche Archäologische Institut Tiefgrabungen im Haus des Fauns vornehmen, die, unter der Leitung von Professor Arnold Tschira stehend, die Frühgeschichte dieses wichtigen Baues klären sollten. In einem Raum in der Südostecke des großen Gartenperistyls wurden dabei mehrere frühere Umbauphasen festgestellt, deren älteste bis in den Anfang des 2. Jahrhunderts v. Chr. zurückreicht. Unter anderem sind Reste eines Privatbades und früher Kalksteinhäuser aufgedeckt worden. Der interessante Befund ist dank des liebenswürdigen Entgegenkommens des damaligen Leiters der Neapler Altertümerverwaltung, Professor Alfonso De Franciscis, sichtbar erhalten worden. Dr. Karlfriedrich Ohr hat die Basilika untersucht und dabei die alte Streitfrage, ob der imposante Bau gedeckt war oder einen Mittelhof unter freiem Himmel besaß, zugunsten der ersteren Annahme entscheiden können. Es hat sich dabei ferner herausgestellt, daß die heutige Rekonstruktion des sogenannten Tribunals mit einem Giebel falsch ist. In den Stabianer Thermen arbeitete Dr. Hans Eschebach, um die von Professor Heinrich Sulze vor dem Krieg im Auftrag des Deutschen Archäologischen Instituts durchgeführten Untersuchungen zu komplettieren. Es ist dabei vor allem gelungen, für die frühen Phasen des Baues neue Erkenntnisse zu gewinnen. So ließ sich der Grundriß eines Hauses rekonstruieren, das an der Stelle des Westflügels der Thermen gelegen hatte.

Auch sonst fanden ausländische Tiefgrabungen statt, wie die der Holländer im Haus des Lucretius Fronto, der Universität Tokio im Haus der Ceres und im Haus des Schiffes Europa, von Hans Eschebach im Haus des Ganymed. Sie alle dienten der Untersuchung des vorrömischen Pompeji. Durchgeführt werden konnten sie nur dank der großherzigen Hilfsbereitschaft von Professor Alfonso De Franciscis und von Frau Dr. Giuseppina Cerulli Irelli, der heutigen Direktorin der Grabungen von Pompeji. Beide haben damit ein leuchtendes Beispiel internationaler Zusammenarbeit gegeben. Es bleibt zu hoffen, daß es Nachfolge finden möge!

Ein besonders interessanter Fund außerhalb der Stadt wird dem Zufall verdankt. Im Mai 1959 stieß man bei der Anlage der Autostrada Pompeji–Salerno in der Gemarkung Murecine auf antike Reste. Die von den Bauern der Umgebung verständigte Direktion der Grabungen in Pompeji unter der tatkräftigen und umsichtigen Leiterin Frau Professor Olga Elia nahm sich des Platzes unverzüglich an und konnte wenigstens teilweise ein eigenartiges Gebäude freilegen, dessen übrige Teile, da sie unter der Trasse der Autobahn lagen, leider unzugänglich bleiben mußten. Immer wieder eindringendes Wasser gestaltete die Untersuchungen besonders schwierig[105]. Aber die Ausgräber wurden reich belohnt: Um einen Garten gruppiert, den ein eleganter Porticus rahmte, lagen nebeneinander eine Reihe von Triclinien, drei an der Nordseite, zwei an der nicht voll ausgegrabenen Ostseite. Sie sind alle ähnlich gestaltet, mit Mosaikfußböden, marmorverkleideten Ruhebetten und einem fest eingebauten Tisch in der Mitte; die Wände dekorierten prachtvolle Malereien des vierten Stils aus der letzten Zeit Pompejis; es scheint, als sei das Haus noch in einem Umbau begriffen gewesen, den vielleicht das Erdbeben verursacht hatte.

Im zweiten Triclinium nun fand sich auf einem Bett ein Flechtkorb, der eine beträchtliche Anzahl von Wachstafeln enthielt – nach dem Archiv des Caecilius Iucundus der zweite bedeutende Fund dieser Art. Er ist noch nicht völlig veröffentlicht – nach dem tragischen Tode von Giovanni Oscar Onorato liegt die interessante Aufgabe nun in den Händen von Carlo Giordano, aber auch Francesco Sbordone und Lucio Bove haben sich dazu geäußert[106]. Schon jetzt zeigt sich, daß der Inhalt der Tafeln wesentlich weniger einheitlich ist als der der Geschäftsakten des Iucundus. Es gibt gerichtliche Vorladungen, Schuldverschreibungen und andere Rechtsverträge unter ihnen, aber etwa auch Ankündigungen von Versteigerungen. Da oft der Name C. Sulpicius Cinnamus auftaucht und als Gerichtsort Puteoli genannt wird, hat man bereits die Hypothese aufgestellt, daß Cinnamus der Besitzer des Hauses gewesen und von Puteoli mit seinem ganzen Archiv nach Pompeji gezogen sei. Dies wird sich aber erst sicher sagen lassen, wenn der ganze Fund publiziert ist. Jedenfalls kann das Gebäude, dessen Obergeschoß recht einfach gehalten war und die Wirtschaftsräume umschloß, mit seinen vielen Speiseräumen kein reines Privathaus gewesen sein. Sein halböffentlicher Charakter, seine Lage nahe der einstigen Küste, Art und Inhalt des Archivs und auch der Fund eines eisernen Ankers ließen Olga Elia an den Sitz eines Handelshauses oder einer Schiffahrtsgesellschaft denken. Es ist sehr bedauerlich, daß der wichtige Komplex nicht sichtbar erhalten werden konnte. Die Malereien aber sind abgenommen und ins Museum von Pompeji gebracht worden.

In Herculaneum, dessen Grabungsbefunde Amedeo Maiuri in einem prachtvollen ersten Band veröffentlicht hat[107], konzentrierten sich die Arbeiten auf die Südwestseite der Stadt, auf das Gelände der riesigen Palästra, in der der bronzene Brunnen in der Mitte des Wasserbeckens gefunden wurde, und auf das Nordeck des bisher freigelegten Areals. An der Seeseite kam neben der »Area sacra«, in der zwei kleine Tempel liegen, die prächtige Anlage der »Terme suburbane«, der vor der Stadt gelegenen Thermen, zum Vorschein. Ein relativ kleiner Bau, gemessen an den Bädern Pompejis, aber mit verschwenderischem Reichtum geschmückt. Bemerkenswert ist schon der Vorraum, das Vestibulum, zu dem neun Stufen hinabführen, und das in seiner Anlage an ein viersäuliges Atrium erinnert, nur daß auf den Säulen eine zweistöckige Bogenstellung ruht. Fast alle Räume sind statt mit dem üblichen Mosaik mit weißen oder farbigen Marmorplatten ausgelegt, dasselbe Material ziert auch den Sockel der Wände, worüber dann vielfach eine qualitätvolle Stuckdekoration folgt, so in einem Saal neben dem Frigidarium, der in seinen mit eleganten Ranken gerahmten Wandfeldern Kriegerfiguren in Stuckrelief zeigt. Der Bau scheint 79 n. Chr. noch nicht fertig gewesen zu sein. Glücklicherweise wurde er von den Ausgräbern der vergangenen Jahrhunderte so wenig berührt, daß er relativ intakt ist.

Im Nordeck des ausgegrabenen Bereiches brachten die neuen Arbeiten das noch nicht freigelegte Gebiet der Insula VI ans Licht und stießen in die Zone des Forums vor, wo ein monumentaler vierseitiger Bogen entdeckt wurde, vor dem große Basen für Reiterstandbilder standen. Das interessanteste und wohl auch besterhaltene der neugefundenen Gebäude ist der Sitz des Collegiums der Augustales, denen die Pflege des Kaiserkultes oblag. Man tritt von der Straße in eine weite, in der Mitte basilikal überhöhte Halle ein, an deren Enden man zu dem um zwei Stufen erhöhten Kultraum gelangt. Feine Malereien des vierten Stils dekorieren ihn – die beiden mythologischen Bilder an den Seitenwänden zeigen Hercules mit Juno und Minerva und mit Poseidon und Amphitrite. In der Mitte der Rückwand steht die Basis, die einst die Statue des Kaisers trug. In dieser Cella konnten Kulthandlungen stattfinden, während die Halle Raum zu feierlichen Gastmählern bot, deren erstes, bei der Einweihung von den Augustalen Proculus und Julianus ausgerüstetes, eine Inschrift nennt.

Wenn es gelingt, die modernen Häuser an der jetzigen Grabungskante niederzulegen und die Untersuchungen gegen Nordosten weiterzuführen – die ersten Schritte dazu sollen bereits unternommen sein –, dann ist in den nächsten Jahren hier noch eine Reihe interessanter und wichtiger Ergebnisse zu erhoffen.

Mittlerweile entsteigt ein dritter Ort dem Schutt: Stabiae. Seine Entdeckung ist nicht zuletzt das Verdienst von Professor Libero D'Orsi, dem einstigen ehrenamtlichen Konservator des Antiquariums von Castellammare[108]. Bis heute sind hoch über dem jetzigen Ort, am Rande einer Terrasse mit wundervollem Blick auf das Meer, mehrere großartige Villen angeschnitten worden. In dieser herrlichen Lage nämlich, etwa 80 Meter über dem Meeresspiegel, zog sich in der römischen Kaiserzeit das Luxusviertel von Stabiae hin, dessen Heilquellen die Gäste von nah und fern anzogen. Die dortigen Villen sind auch zunächst von Olga Elia für komfortable Anlagen eines Kurbetriebs gehalten worden, der den Anforderungen einer anspruchsvollen Oberschicht zu genügen hatte, wie an der anderen Seite des Golfes von Neapel im berühmt-berüchtigten Baiae. Doch läßt sich diese These wohl doch nicht halten.

Der imponierendste und am vollständigsten ausgegrabene Bau ist die Villa in der Gemarkung San Marco[109]. Ihren monumentalen Kern bildet ein von Säulenhallen umzogener Innenhof, dessen Abschluß an der Hangseite ein halbrundes Nymphäum darstellt; aus seiner zurückgesetzten Mittelnische floß das Wasser in das lange Becken in der Mitte des Peristyls. Je zwei Reihen von Platanen rahmten einst die Langseiten des Bassins, an dessen anderem Ende ein großer Aufenthaltsraum (Diaeta) lag, von dem aus man die unvergleichliche Aussicht genoß. Ein zweites Peristyl liegt auf einem etwas höheren Niveau im Westflügel der Villa. Seine stuckierten Säulen sind mit spiralig sich um den Schaft windenden Kanneluren verziert, seine Wände tragen prächtige Malereien vierten Stils, wie alle Teile des großen Baues, der im Ostteil eine kleine, aber elegante Badeanlage umschließt. Bunter Stuck dekoriert das erwähnte Nymphäum.

Die Villa wurde 1752 unter den Bourbonen schon teilweise durch Stollengrabung erforscht, was hier wie in der Nachbarvilla von Varano zur Folge hat, daß eine Reihe von Bildern an den Wänden heute fehlen. Aber die Ausbeute ist auch so überreich. Man hat in mühevoller Kleinarbeit Decken und Wände restauriert. Jetzt kann man einen großen Teil der abgenommenen Malereien in dem hübschen kleinen Antiquarium von Castellammare bewundern. Zweifellos waren in den Stabianer Villen Könner ersten Ranges am Werk, die mit lockerem Strich und fein abgestufter Farbskala ihre Bilder und Ornamente an die Wände zauberten. Köpfe von unmittelbarer Ausdruckskraft, das Gespann des Sonnengottes mit feurigen Rossen, das mit Phaeton vom Himmel stürzt, die einzigartige Darstellung eines Himmelsglobus: die Augen werden nicht müde all der Kostbarkeiten. Von einer weiteren Villa stammt ein Zimmer vierten Stils, das im Museum wieder aufgebaut worden ist: In schönen roten Wänden mit schwebenden Figürchen sitzen große Gemälde mythologischen Inhalts, darunter ein köstlicher Seethiasos und ein bacchisches Stiergespann, geführt von einem elegant zum eigenen Flötenspiel tänzelnden Satyr und begleitet von einem reitenden Silen und einem kleinen Pan.

Das jüngste Kind der italienischen Forschungen in den Vesuvstädten ist Oplontis. Dies ist der antike Name eines Ortes, der an der Stelle des heutigen Torre Annunziata, zwischen Herculaneum und Pompeji, lag. 1964 begann Professor Alfonso De Franciscis dort die Ausgrabungen einer Villa, die zum Großartigsten gehört, was von der römischen Villenarchitektur am Vesuv bekannt ist. Leider sind der Grabung im Westen durch eine Straße und im Süden durch einen Kanal Grenzen gesetzt – man kann nur hoffen, daß diese Schwierigkeiten noch überwunden werden können. Ihretwegen kennen wir heute noch nicht den westlichen Teil des Repräsentationstraktes.

Die Achse der einst in ganzer Breite auf das Meer geöffneten Villa bilden ein Atrium von erstaunlichen Ausmaßen, ein Durchgangsraum an der Stelle des Tablinums, auf den ein Gärtchen folgt, und schließlich ein großer, nach Norden geöffneter Saal. Diesen flankieren zwei dreiflügelige Portiken, welche ein weites Viridarium, einen Ziergarten, rahmten. Auch neben dem Atrium liegen zwei Säulenhallen, ja, es sieht fast so aus, als sei die ganze Villa im Süden von einer Kolonnade umzogen. Westlich von der genannten Achse liegen die reichsten, vornehmsten Räume des Hauses, während sich im Osten, wo sich eine Reihe von Schlafzimmern fand, der Wirtschaftsteil ausdehnte, dessen Grenze immer noch nicht erreicht ist.

Dieser Herrschaftssitz wurde rund um die Mitte des ersten Jahrhunderts v. Chr. erbaut. In augusteischer Zeit erhielt der Trakt mit dem Privatbad seine endgültige Form, der Salon im Norden wurde vergrößert und bekam in der Gartenfront das Aussehen eines Propylons. Damals wurden wohl auch die Portiken angelegt. An Erdbebenschäden haben die Ausgräber wenig erkannt, jedoch scheint die Villa im Jahre 79 nicht bewohnt gewesen zu sein, weil Bauarbeiten im Gange waren. Auf diese deuten etwa die noch nicht versetzten Säulen hin, die längs der Wände des großen Salons im Norden lagen, oder die in einem Zimmer gestapelten Lampen. Auch die Skulpturen, die gefunden wurden, waren offensichtlich von ihrem ursprünglichen Standort entfernt worden, so eine Gruppe von zwei männlichen und zwei weiblichen Kentauren von hellenistischer Bewegtheit, die im westlichen Nordporticus lag, oder eine graziöse sandalenbindende Venus, die in einem Raum im Wirtschaftstrakt offenbar zusammen mit anderen Figuren abgestellt war.

Aus julisch-claudischer Zeit stammt ein Indiz auf die Besitzer des Hauses: Auf einer Amphora stand die gemalte Aufschrift SECVNDO POPPAEAE. Der Adressat der Weinsendung war also ein Freigelassener, vielleicht sogar der Verwalter einer Poppaea. Der Familie der Poppäer, die in Pompeji gut bezeugt ist, entstammte Poppaea Sabina, die zweite Frau des Kaisers Nero. Der Ruhm der Villa sind ihre großartigen Wandmalereien zweiten Stils, vor allem im Atrium, einem einige Räume weiter westlich gelegenen Triclinium und einem anschließenden Saal. Es handelt sich um Architekturprospekte, die zum Imposantesten zählen, was wir aus der Zeit der römischen Republik an bemalten Wänden kennen. Dabei weisen zart ausgeführte Details, wie Früchte in Körben, Glasgefäße oder die Nachbildung von Edelsteinen im Rankenwerk um die Säulen, das hohe Können der Maler aus. Die engsten künstlerischen Beziehungen bestehen zu dem Atelier, das die Villa von Boscoreale ausgemalt hat – der Gedanke, daß dieses auch in Oplontis tätig war, liegt nicht fern[110].

Während an dieser Villa noch gearbeitet wird – die Restaurierung folgt der Grabung auf dem Fuße –, hat bereits die Ausgrabung einer zweiten Villa in Torre Annunziata begonnen. Ob sich hier das Finderglück von Stabiae wiederholen wird? Wir wünschen es den italienischen Kollegen aufrichtig! So haben also die letzten Jahre eine ganze Reihe wertvoller Funde erbracht. Freilich sind nicht alle hier geschilderten Anlagen schon öffentlich zugänglich; dies gilt für das Haus des Fabius Rufus ebenso wie für das des Julius Polybius. Doch die Villen von S. Marco und Oplontis sind für die Besichtigung freigegeben. Bei den anderen Objekten muß die Restaurierung erst soweit fortgeschritten sein, daß der Besuch durch die Touristen möglich ist. Alfonso De Franciscis hatte diese Notwendigkeit klar erkannt und sich als eines der vordringlichsten Ziele gesetzt.

Schwere Verluste hat die italienische Pompeji-Forschung in den letzten 20 Jahren erlitten. Im Februar 1962 starb Matteo della Corte, der sein reiches Wissen ein Leben lang in den Dienst Pompejis gestellt hatte, und im April 1963 schloß Amedeo Maiuri für immer seine Augen, deren geschultem Blick wir so viele und reiche Erkenntnisse verdanken. Die einstige Direttrice der Ausgrabungen in Pompeji, Olga Elia und ihr langjähriger Mitarbeiter Dr. Pietro Soprano weilen nicht mehr unter den Lebenden. Auch das arbeitsreiche Leben Libero D'Orsis ist vollendet. Alfonso De Franciscis hat jüngst das Amt des Soprintendenten mit einem Lehrstuhl an der Universität Neapel vertauscht. Sein Nachfolger ist Professor Fausto Zevi, neben dem als Leiterin der Grabungen in Pompeji Frau Dr. Giuseppina Cerulli Irelli tätig ist. Sie stehen vor einer schweren, verantwortungsvollen Aufgabe. Wir wünschen ihnen von Herzen, daß sie die lange, ruhmreiche Pompeji-Tradition in fruchtbarem Wirken fortsetzen können und daß sie alle Möglichkeiten finden, ihr gerecht zu werden.

Theodor Kraus

ANMERKUNGEN

[1] Zur italischen Vorgeschichte siehe jetzt G. v. Kaschnitz-Weinberg, Handbuch der Archäologie 11 (München 1950), 311 ff.

2 Siehe Strabo, Erdbeschreibung, v. Buch, 4. Kap., 8.

[3] Wahrscheinlich von oskisch »pompe« = fünf: s. A. W. van Buren, Pauly-Wissowas Realencyklopädie XXI, 2023 s. v. Pompeji.

4 Ältestes Beispiel eines solchen Hauses ist jenes des »Chirurgen« in Pompeji, so genannt, weil sich dort eine große Anzahl chirurgischer Instrumente aus römischer Zeit vorfand.

5 Amedeo Maiuri, Studi e ricerche sulla fortificazione di Pompei. Rom 1930.

[6] Vom Kultbild ist nur die Basis gefunden worden. Zu den übrigen Statuenfunden A. Mau, Pompeji in Leben und Kunst (2. Aufl., Leipzig 1908), 82 ff.

[7] Zur Deutung der dargestellten Schlacht siehe H. Fuhrmann, Philoxenos von Eretria (Göttingen 1931), 148 ff. A. Rumpf, Athen. Mitteilungen 77, 1962, 229 ff.

[8] sog. Alexander-Exedra.

9 Oscar Jäger, Geschichte des Altertums, Seite 432.

10 Gaston Boissier, Promenades archéologiques. Rome et Pompéi. Paris 1901.

11 Siehe M. della Corte, Il Crittogramma del »Pater Noster«, Napoli, Estratto dal volume XVII dei Rendiconti della Reale Accademia di Archeologia, Lettere ed Arti, Società di Napoli 1937.

12 Siehe Amedeo Maiuri, Sulla scoperta della Croce ad Ercolano. In »Le arti«. 1939 bis 1940, Seite 187.

13 Siehe Dr. Hieronymus Geist, Pompejanische Wandinschriften. München 1936. Seite 29.

[14] Zum Datum (62 statt 63) siehe vor allem M. Hammond, Memoirs of the American Academy in Rome XV (1938), 29 ff.

15 Zum Beispiel im großen Triclinium des Vettierhauses.

16 Illustrazione delle piante rappresentate nei dipinti pompeiani. Artikel von Dr. O. Comes.

17 Siehe Dr. Hieronymus Geist, a. a. O.

18 M. della Corte, Pompei, I nuovi scavi e l'anfiteatro. Pompei 1930. Seite 37.

19 Am Türpfeiler eines Hauses im Vico dei Soprastanti.

20 Plinius der Jüngere in seinem Brief an den Historiker Tacitus.

21 Via di Mercurio, Via della Fortuna und Via di Nola sowie die Hauptgeschäftsstraße Strada dell'Abbondanza.

22 Im Hause Regio IX, Ins. 1, Nr. 26.

23 Auch werden Ortschaften genannt, die Tora, Sora, Cossa, Leucopetra geheißen haben sollen.

24 Der heutige Monte Somma.

25 Siehe S. Herrlich, Die antike Überlieferung über den Vesuvausbruch im Jahre 79 in »Klio«, Beiträge zur alten Geschichte. Leipzig 1904.

26 44. Epigramm des IV. Buches des Martial.

27 Historia Romana, Buch LXVI.

28 C. B. Alfano und I. Friedlaender, Die Geschichte des Vesuv. Berlin 1929. Seite 22.

29 Siehe die Darstellung des Ausbruches und auch die weiter unten wiedergegebene Proklamation des Vizekönigs in Alfano und Friedlaender, a. a. O. Seite 27 f.

30 Camillo Pellegrino, Apparato alle Antichità di Capua ovvero discorsi della Campania felice. Napoli 1651.

31 Prinz d'Elboeuf beim Passieren Roms an die Gemahlin Kaiser Karls VI. in Wien. 1707. Wien, Staatsarchiv.

32 Dr. Heinrich Benedikt, Das Königreich Neapel unter Kaiser Karl VI. Wien 1927. Seite 54 f.

33 Für diesen Fund sind die wichtigsten Quellen: Symbolae litterariae Opusculum

Varia, Vol. 1. Florentiae 1748, Admiranda Antiquitatum Herculanesium Notizia 1. di alcuni insigni Monumenti antichi, scavati alla Real Villa di Portici l'anno MDCCXI data da D. Giuseppe Stendardo. Architetto Napolitano, al Sig. Bindo Simone Peruzzi, Patrizio Fiorentino; weiteres Giornale dei Letterati d'Italia. Tomo quinto Seite 399. Venezia 1711; weiteres Johann Heinrich Keerl, Über die Ruinen Herkulanums und Pompejis, Gotha 1791; ferner Giuseppe Fiorelli, Giornale degli Scavi di Pompei, Napoli 1860–1864, und Beckers Augusteum, Dresden, I/108 bis 110.

34 Das betreffende Schreiben des Prinzen Eugen soll nach Arneth, Prinz Eugen, III/542, vom 1. Februar 1713 datiert sein und im Wiener Kriegsarchiv liegen. Ich konnte aber trotz eifriger Suche weder das Schreiben noch auch einen Hinweis darauf im Kriegsarchiv vorfinden.

35 Giornale dei Letterati d'Italia. Tomo quinto. Venezia 1711. Seite 399.

36 Michelangelo Schipa, Il regno di Napoli al tempo di Carlo di Borbone. Napoli 1904. Seite 76.

37 Alfred Arneth, Prinz Eugen von Savoyen. Wien 1858, Bd. III, Seite 501.

38 Johann Joachim Winckelmann, Gedanken über die Nachahmung der griechischen Malerei und Bildhauerkunst. Dresden-Leipzig 1756.

39 Carl Justi, Winckelmann und seine Zeitgenossen. Leipzig 1898. Bd. I, Seite 235.

40 Marchese Venuti an Antonio Francesco Gori, Rom, 31. November 1739. (Gori, Symbolae litterariae opuscula varia 1748.)

41 Die heutige Zeit hat Morriconi teilweise Gerechtigkeit widerfahren lassen; viele der von ihm gefirnißten Bilder wurden jedoch wieder von dem Öl befreit und zeigen leuchtende, gut erhaltene Farben.

42 Und zwar etwa 200 Meter vom Tempel der Fortuna Augusta in Pompeji, links der Straße nach Nola und nächst der Kreuzung der Stabianer und Nolaner Straße.

43 Michelangelo Schipa, a. a. O., Seite 716.

[44] Das Haus der Julia Felix wurde 1952–53 erneut freigelegt.

45 Justi, a. a. O., II/171.

46 Narrazione istorica di quel che è avvenuto nel erruzione del dì 23 dicembre 1759.

47 Justi, a. a. O., Seite 203.

48 Graf Neipperg an Kaiserin Maria Theresia. Neapel, 26. Juli 1763. Wien Staatsarchiv.

49 Giudicio delle Opere dell'Abbate Winkkelmann intorno alle scoperte di Ercolano, contenuto in una lettera ad un amico. Napoli 1765.

50 Ernst Graf von Kaunitz-Rittberg an seinen Vater, den Reichskanzler Kaunitz, Neapel, 24. Januar 1767. Wien, Staatsarchiv.

51 Graf Kaunitz an seinen Vater, Neapel, 20. Oktober 1767, Wien, Staatsarchiv.

52 Graf Kaunitz an seinen Vater, Neapel, 28. Oktober 1767. Wien, Staatsarchiv.

53 Kaiserin Maria Theresia an Gräfin Lerchenfeld 1763. Siehe Eugen Guglia, Maria Theresia. München-Berlin 1917. II/202.

54 Briefe der Kaiserin Maria Theresia an ihre Kinder und Freunde. Herausgegeben von A. von Arneth 1881. IV/488.

55 Graf Kaunitz an seinen Vater, Neapel, 20. Januar 1768. Wien, Österreichisches Staatsarchiv.

56 Graf Kaunitz an seinen Vater, Neapel, 27. Juli 1768. Wien, Staatsarchiv.

57 Graf Kaunitz an seinen Vater, Neapel, 15. März 1768. Wien, Staatsarchiv.

58 Kaiser Joseph II. an Kaiserin Maria Theresia, Florenz, 21. April 1769. Wien, Staatsarchiv.

59 Es war dies jenes Haus, das heute mit Regio VIII, Ins. 2, Nr. 39, in Pompeji bezeichnet wird und auch jetzt noch »Casa dell'Imperatore Giuseppe II« genannt wird.

60 Kaiser Joseph II. an Kaiserin Maria Theresia, Florenz, 21. April 1769. Wien, Staatsarchiv.

61 Vorrede Seite 5, Bemerkung Rambach. Halle 1773.

62 Joh. Bernouilli, Zusätze zu den neusten Nachrichten von Italien. Leipzig 1778. Seite 293.

63 Alexander Polovtsoff, The Call of the Siren. London 1939. Seite 136.

64 Alfano und Friedlaender, a. a. O., Seite 41.

65 Graf Lamberg an Fürst Kaunitz, Neapel, 31. August 1781. Wien, Staatsarchiv.

66 Marchese Don Marcello de Venuti, Descrizione delle prime scoperte dell'antica città d'Ercolano. Venezia 1749.

67 Polovtsoff, a. a. O., Seite 145 f.

68 Herculanensium voluminum quae supersunt Neapoli. Tomus I 1793, Tomus II 1809. Ex regia typographia.

69 Graf Esterházy an Fürst Kaunitz, Neapel, 9. Feber 1793. Wien, Staatsarchiv.

70 Graf Esterházy an den Minister des Äußeren, Franz Freiherrn von Thugut, Neapel, 29. März 1794. Wien, Staatsarchiv.

71 Regio VIII, Ins. 2, Nr. 1–5.

72 Francesco La Vega an Dr. Giuseppe Zurlo, Direktor und Sekretär der königlichen Finanzen, Portici, 15. Dezember 1799. Neapel, Staatsarchiv.

73 Gefunden 20. Juli 1755.

74 Königin Karoline von Bourbon an Ruffo, Neapel, 16. Juli 1805. Wien, Staatsarchiv.

75 Siehe Henri Thédenat, Pompéi. Paris 1928. I/34, 35.

76 Königin Karoline Murat an Königin Hortense, Portici, 14. November 1808. Lettres et documents pour servir a l'histoire de Joachim Murat 1767–1815, publiées par S. A. le prince Murat. Paris 1908. Bd. 11, S. A. le prince Murat. Paris 1908–1911. Bd. VI, Seite 407.

77 Königin Karoline Murat an Königin Hortense, Portici, 12. Oktober 1809. Lettres et documents, a. a. O., Bd. VIII, S. 58 f.

78 Charles François Mazois, Les ruines de Pompéi, dessinées et mesurées par F. M., architecte pendant les années 1809–1811. Paris 1812–1838. Continué par M. Gau, architecte.

79 I. de Clarac Fouille faite à Pompéi en présence de S. M. la Reine des deux Siciles le 18 mars 1813.

80 Freiherr von Helfert, Königin Karoline von Neapel und Sicilien im Kampfe gegen die französische Weltherrschaft 1790 bis 1814. Wien 1878. Seite 522.

81 Exkönigin Karoline Murat starb 1839 in Florenz.

82 August Mau, Pompeji in Leben und Kunst. Leipzig 1900. Seite 273.

83 Ernst Pfuhl, Meisterwerke griechischer Zeichnung und Malerei. München 1924. Seite 59.

84 Maximilian I. von Mexico, Aus meinem Leben. Leipzig 1867. Bd. I Reiseskizzen, Seite 111 ff.

85 Giuseppe Fiorelli, Pompeianarum antiquitatum historia. Napoli 1860.

86 Giuseppe Fiorelli, Giornale degli scavi di Pompei. Napoli 1861, 1862, 1865.

87 Via degli augustali, Reg. VII, Ins. 1, Nr. 36.

88 Herculanensium voluminum quae supersunt collectio altera 1862–1876. Damit waren von den 341 aufgerollten Papyri zu jener Zeit 195 veröffentlicht.

89 Giulio de Petra und Domenico Comparetti, Pompeji e la regione sotterrata dal Vesuvio nel 79. 1879.

90 Siehe Antoine Baron Héron de Villefosse, L'argenterie et les bijoux d'or du trésor de Boscoreale, Paris 1903, und August Mau, Ausgrabungen von Boscoreale. Römische Mitteilungen XI. 1896.

91 Alfano und Friedlaender, a. a. O., Seite 61 f.

92 J. Overbeck, Pompeji in seinen Gebäuden, Altertümern und Kunstwerken. Leipzig 1875.

93 In seinem neuesten, großangelegten Werk, Pompei nel suo sviluppo storico Pompei Preromana – 80 av. Cr. Roma 1937, verficht Antonio Sogliano vor allem die vielumstrittene These der etruskischen Herrschaft in Pompeji. [dazu jetzt H. Riemann, in: Neue Forschungen in Pompeji, 1975, 225 ff.]

94 Siehe die prachtvolle Veröffentlichung: Amedeo Maiuri, La casa del Menandro e il suo tesoro di argenteria. Pompei 1932. (Das Haus des Menander und sein Silberschatz.)

95 Siehe das prachtvolle Werk: Amedeo Maiuri, La villa dei misteri. Rom 1931.

96 Amedeo Maiuri, Statuetta eburnea di arte indiana a Pompei. Le arti anno I, fasc. II, dic.-genn. XVII (1939) Firenze.

97 Hierzu Amedeo Maiuris Bericht über die Sportanlagen Pompejis in den »Notizie degli Scavi 1939/40« und »Campo sportivo a Pompei« in »Sport fascista«, Milano 1939 sowie in dem neuesten Buch Amedeo Maiuris, »Pompei ed Ercolano«, Padova 1950. Seite 75.

98 Siehe ein Verzeichnis seiner verdienstvollen Arbeiten: »Studi e Pubblicazioni del Dr. M. della Corte dal 1908 al 1933.« Indice generale. Pompeji 1933.

99 Hierzu Amedeo Maiuri, Offizieller Bericht über solche Entdeckungen in den »Atti dell' accademia Pontificia«. Matteo della Cortes Arbeit über das Buchstabenkreuz, sowie der Artikel Guido della

Valles in »L'enigma dei cristiani a Pompei, svelato da un criptogramma« in L'Eco di Bergamo, 29. September 1937, und Ludwig Wagners Feuilleton, »Das Satorquadrat und seine Deutung«.

100 Siehe Maiuri, Pompeji a. a. O.: Kapitel Pompeji und der Krieg. Seite 100 ff.

101 Regio II und I.

102 Regio III und IX.

[103] Zu diesem Haus und einer Reihe von anderen hier erwähnten neuen Entdeckungen vgl. Cronache Pompeiane 1, 1975, 245 ff. und 2, 1976, 241 ff.

[104] Zu diesen und anderen Grabungen pompejanischer Gärten s. F. W. Jashemski, Cronache Pompeiane 1, 1975, 48 ff.

[105] O. Elia, Bollettino d'Arte 46, 1961, 200 ff.

[106] s. Rendiconti della Accademia di Archeologia, Lettere e Belle Arti, Napoli, 41, 1966, 107 ff.; 43, 1968, 197 ff.; 44, 1969, 25 ff.; 45, 1970, 211 ff.; 46, 1971, 183 ff.

[107] A. Maiuri, Ercolano, i nuovi scavi (1927–1958), Bd. 1 (1958).

[108] L. D'Orsi, Come ritrovai l'antica Stabia (1956). Derselbe, Gli scavi archeologici di Stabia e breve guida dell'antiquarium statale (o. J.).

[109] O. Elia, Pitture di Stabia (1957). Dieselbe, Napoli Nobilissima 2, 1962, 43 ff.

[110] Zur Villa: A. De Franciscis, in: Neue Forschungen in Pompeji (1975) 9 ff. Zu den Skulpturen: S. De Caro, Cronache Pompeiane 2, 1976, 184 ff.

Es übersteigt weitaus den Rahmen dieser Arbeit, hier eine erschöpfende Bibliographie über die Städte Pompeji und Herculaneum aufzuführen. Die folgenden Hinweise wollen nur einen Anhaltspunkt geben, wo man bei näherem Interesse solche Daten am besten finden kann.

Die Arbeit von Fr. Furchheim, Bibliografia di Pompei, Ercolano e Stabia, Neapel 1891, enthält die einschlägigen Werke bis zum Erscheinungsjahr ziemlich vollständig. Außerdem weisen die zweite Ausgabe von Maus Pompeji vom Jahre 1913 in einem von F. Drexel verfaßten Anhang sowie Paulys Realencyklopädie, Artikel Herculaneum und Pompeji, ausgiebige Literaturangaben auf.

Für die neuere Literatur seit jener Zeit sind vor allem die Arbeiten Amedeo Maiuris, des jüngst verstorbenen Leiters der Ausgrabungen, heranzuziehen, über dessen Schriften eine zusammenfassende Bibliographie noch fehlt. Endlich die Studien und Publikationen Matteo della Cortes, die in einem 1933 in Pompeji erschienenen »Indice generale« bis zu diesem Jahre zusammengefaßt sind.

Weiter sei auf die bis zum heutigen Tage fortgesetzten, in Rom herausgegebenen »Notizie degli scavi« und die Mitteilungen des Deutschen Archäologischen Institutes in Rom sowie auf die Fundberichte im »Archäologischen Anzeiger«, Beiblatt zum »Jahrbuch des Deutschen Archäologischen Instituts« hingewiesen. Sehr wertvoll sind die Arbeiten A. W. van Burens von der Amerikanischen Akademie in Rom, besonders der dort 1938 erschienene »Companion to the Study of Pompeji and Herculaneum«, der neben reichen, neuesten Literaturausgaben besonders bequem und wertvoll alle Erwähnungen der beiden Städte in den verschiedenen Klassikern im Originaltext wiedergibt. Von demselben Verfasser stammt auch der erwähnte Artikel über Pompeji in der Realencyklopädie. Endlich sei auf die ausgezeichneten kleinen Führer von Maiuri, Ippel, Mau und Engelmann aufmerksam gemacht.

Anmerkung des Herausgebers:
Eine sehr reichhaltige Bibliographie ist von G. Cerulli Irelli im Katalog der Pompeji-Ausstellung in der Villa Hügel, Essen, veröffentlicht worden: Pompeji, Leben und Kunst in den Vesuvstädten, Bongers, Recklinghausen 1973, 272 ff.